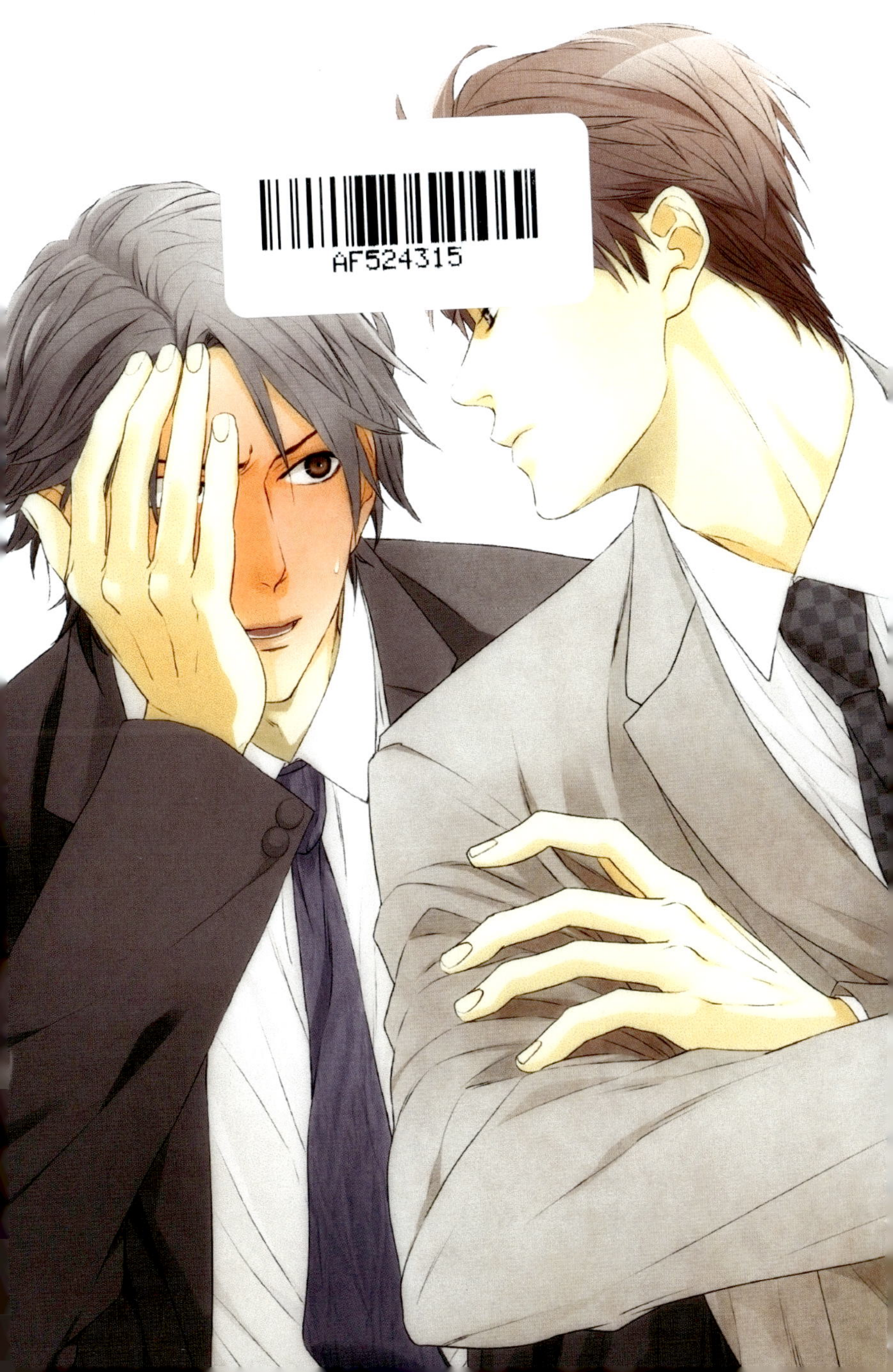

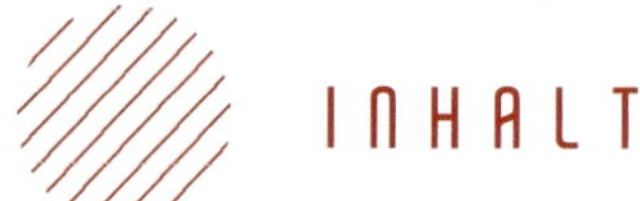

INHALT

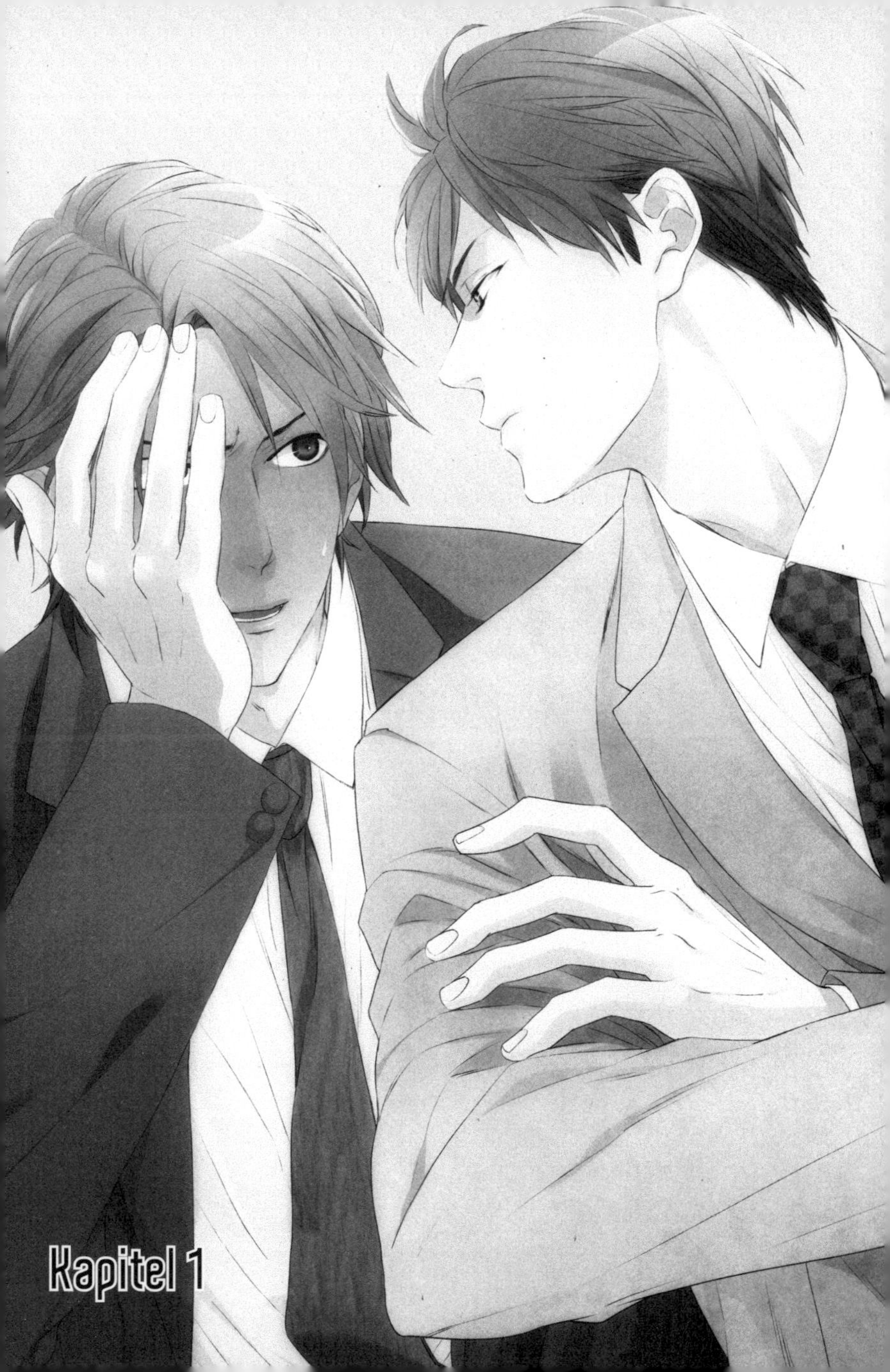
Kapitel 1

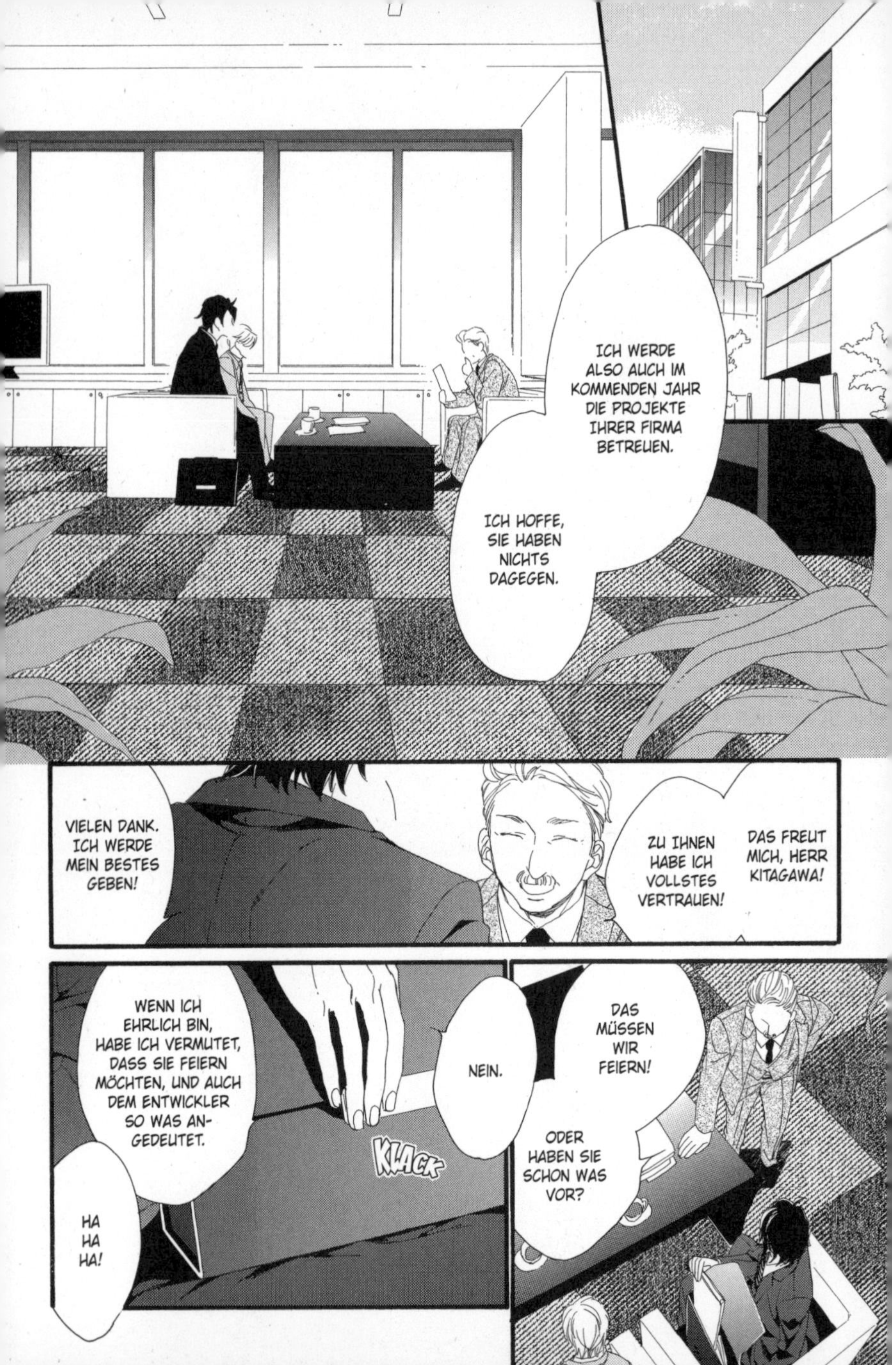
ICH WERDE ALSO AUCH IM KOMMENDEN JAHR DIE PROJEKTE IHRER FIRMA BETREUEN.
ICH HOFFE, SIE HABEN NICHTS DAGEGEN.
DAS FREUT MICH, HERR KITAGAWA!
ZU IHNEN HABE ICH VOLLSTES VERTRAUEN!
VIELEN DANK. ICH WERDE MEIN BESTES GEBEN!
DAS MÜSSEN WIR FEIERN!
ODER HABEN SIE SCHON WAS VOR?
NEIN.
WENN ICH EHRLICH BIN, HABE ICH VERMUTET, DASS SIE FEIERN MÖCHTEN, UND AUCH DEM ENTWICKLER SO WAS AN-GEDEUTET.
KLACK
HA HA HA!

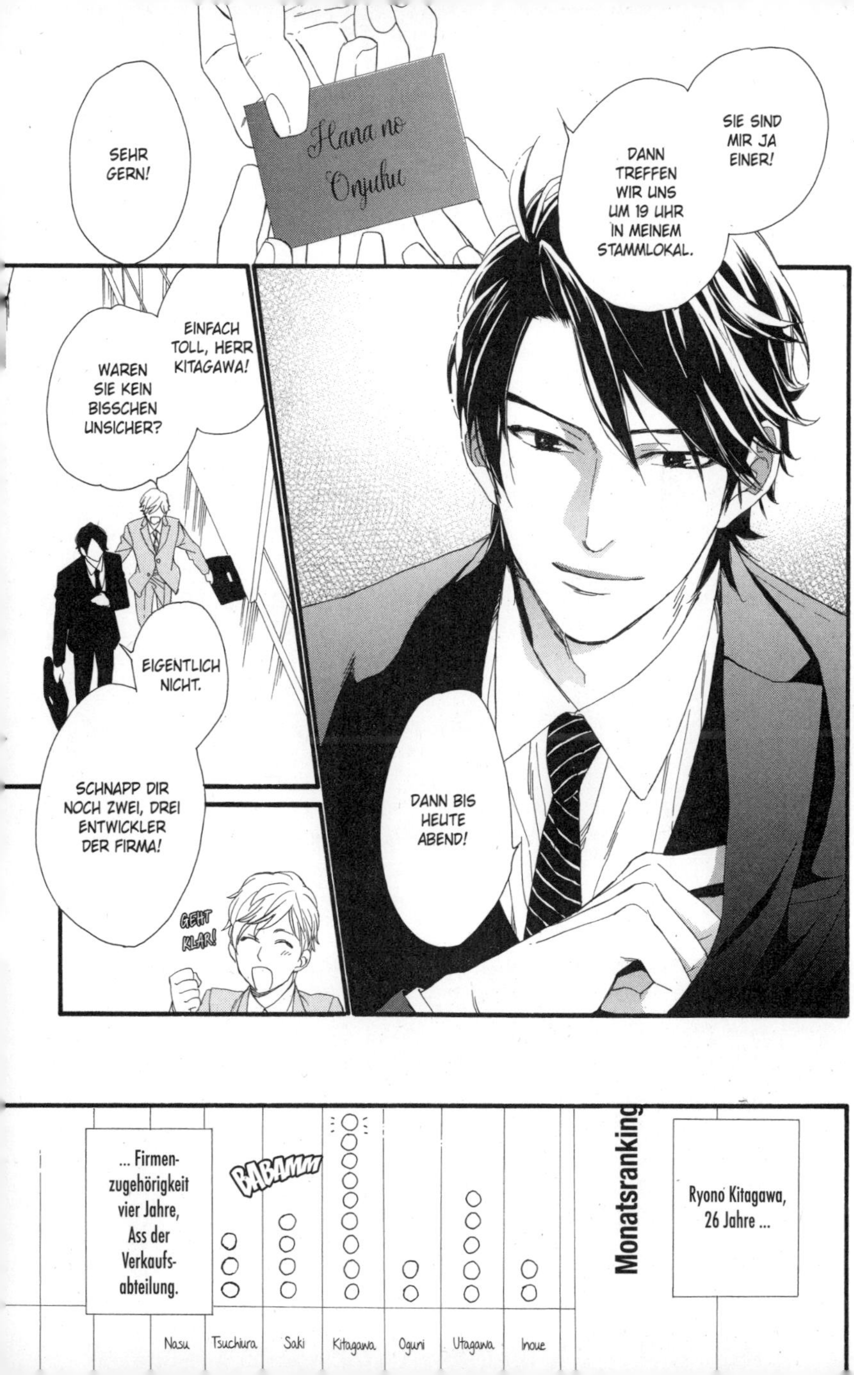

Hana no Onjuku

SIE SIND MIR JA EINER!

DANN TREFFEN WIR UNS UM 19 UHR IN MEINEM STAMMLOKAL.

SEHR GERN!

DANN BIS HEUTE ABEND!

EINFACH TOLL, HERR KITAGAWA!

WAREN SIE KEIN BISSCHEN UNSICHER?

EIGENTLICH NICHT.

SCHNAPP DIR NOCH ZWEI, DREI ENTWICKLER DER FIRMA!

GEHT KLAR!

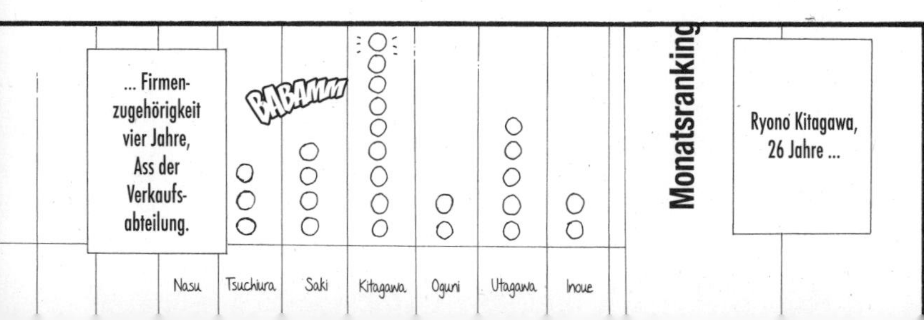

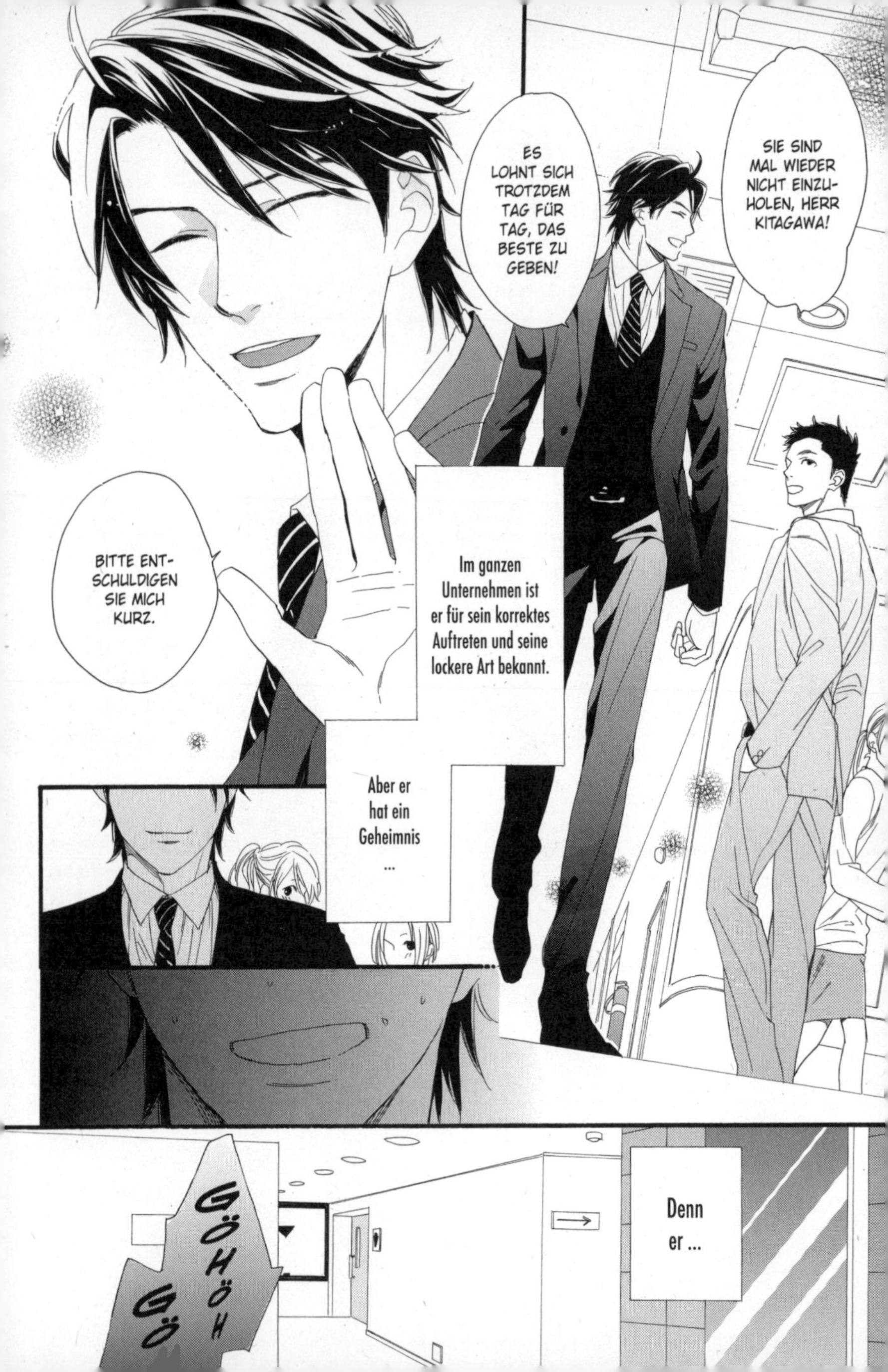
SIE SIND MAL WIEDER NICHT EINZU-HOLEN, HERR KITAGAWA!
ES LOHNT SICH TROTZDEM TAG FÜR TAG, DAS BESTE ZU GEBEN!
BITTE ENT-SCHULDIGEN SIE MICH KURZ.
Im ganzen Unternehmen ist er für sein korrektes Auftreten und seine lockere Art bekannt.
Aber er hat ein Geheimnis ...
Denn er ...
GÖHÖH
GÖ

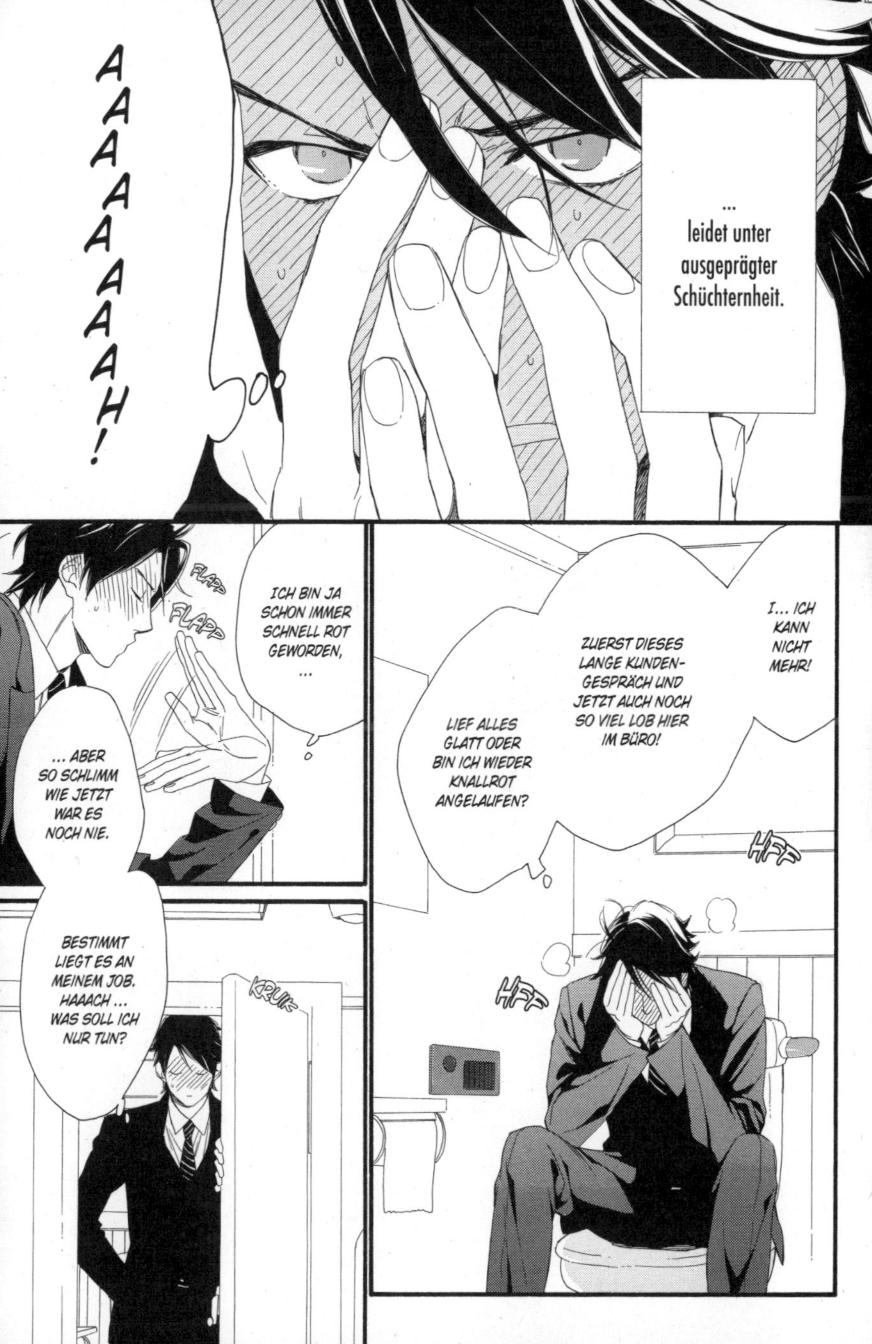
… leidet unter ausgeprägter Schüchternheit.
AAAAAAAAAAH!
I… ICH KANN NICHT MEHR!
ZUERST DIESES LANGE KUNDEN-GESPRÄCH UND JETZT AUCH NOCH SO VIEL LOB HIER IM BÜRO!
LIEF ALLES GLATT ODER BIN ICH WIEDER KNALLROT ANGELAUFEN?
HFF
HFF
FLAPP
FLAPP
ICH BIN JA SCHON IMMER SCHNELL ROT GEWORDEN, …
… ABER SO SCHLIMM WIE JETZT WAR ES NOCH NIE.
KRUK
BESTIMMT LIEGT ES AN MEINEM JOB. HAAACH … WAS SOLL ICH NUR TUN?

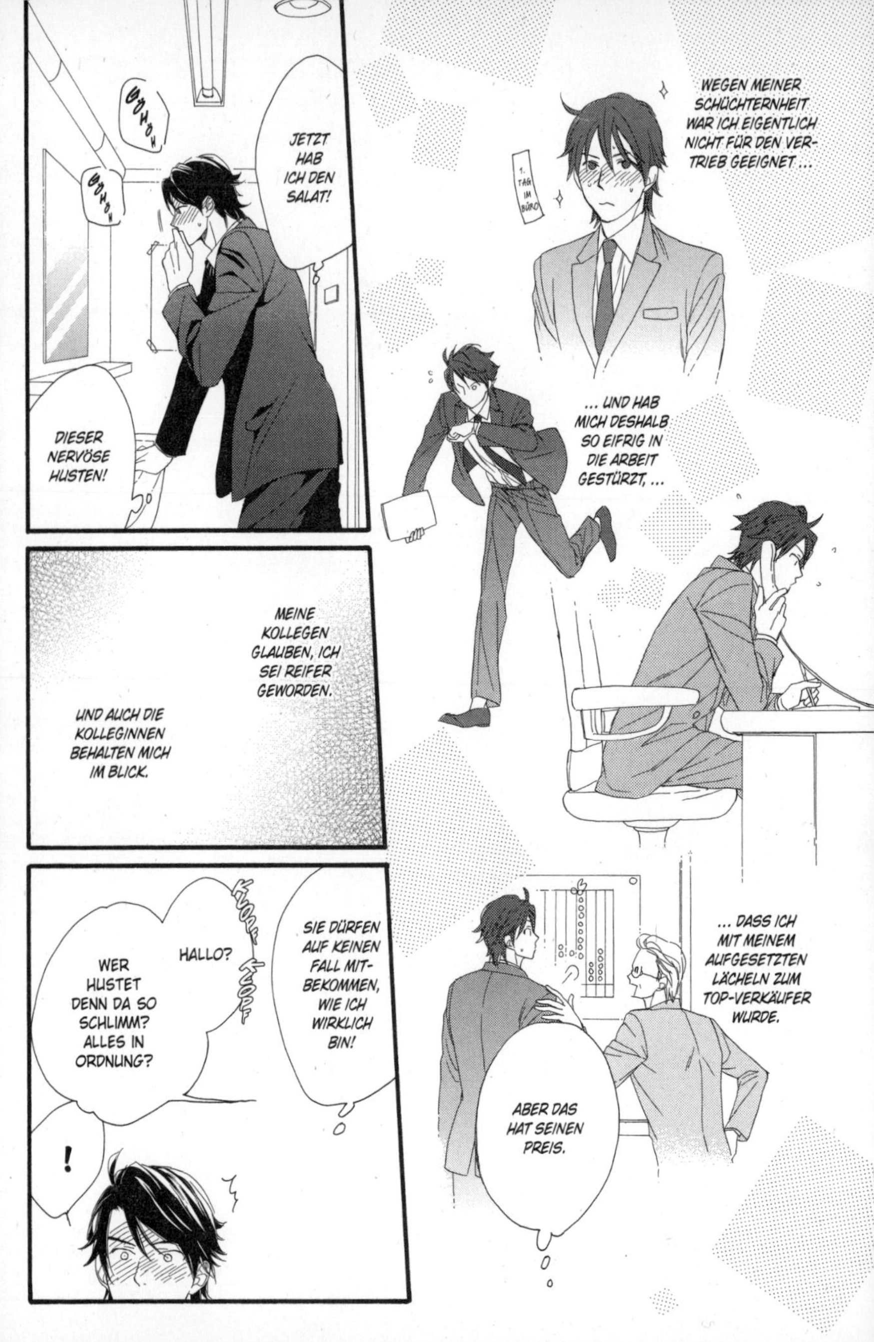
WEGEN MEINER SCHÜCHTERNHEIT WAR ICH EIGENTLICH NICHT FÜR DEN VERTRIEB GEEIGNET ...
1. TAG IM BÜRO
... UND HAB MICH DESHALB SO EIFRIG IN DIE ARBEIT GESTÜRZT, ...
... DASS ICH MIT MEINEM AUFGESETZTEN LÄCHELN ZUM TOP-VERKÄUFER WURDE.
ABER DAS HAT SEINEN PREIS.
JETZT HAB ICH DEN SALAT!
DIESER NERVÖSE HUSTEN!
MEINE KOLLEGEN GLAUBEN, ICH SEI REIFER GEWORDEN.
UND AUCH DIE KOLLEGINNEN BEHALTEN MICH IM BLICK.
SIE DÜRFEN AUF KEINEN FALL MITBEKOMMEN, WIE ICH WIRKLICH BIN!
HALLO?
WER HUSTET DENN DA SO SCHLIMM? ALLES IN ORDNUNG?
!

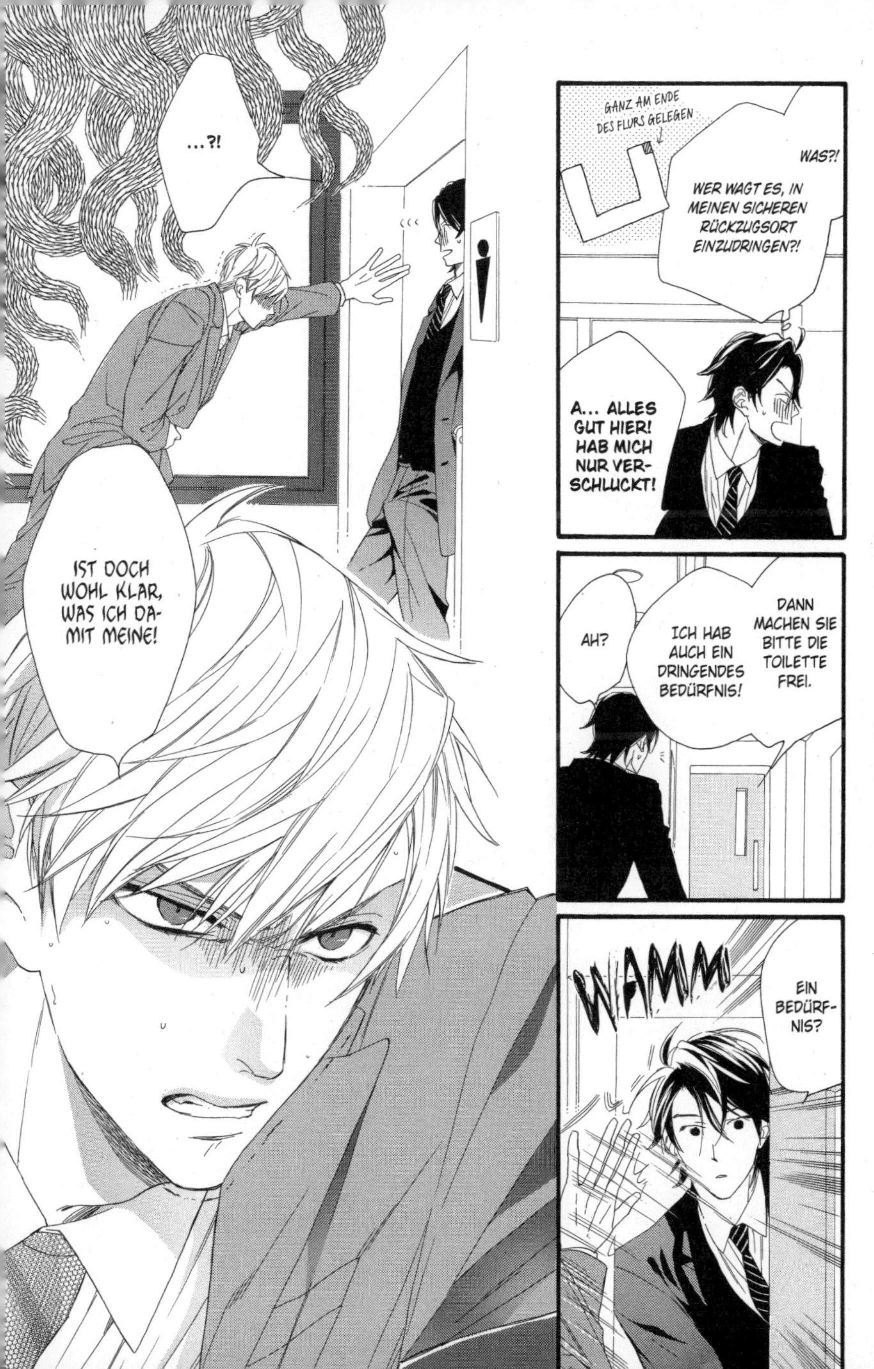
GANZ AM ENDE DES FLURS GELEGEN
WAS?!
WER WAGT ES, IN MEINEN SICHEREN RÜCKZUGSORT EINZUDRINGEN?!
A... ALLES GUT HIER! HAB MICH NUR VER-SCHLUCKT!
DANN MACHEN SIE BITTE DIE TOILETTE FREI.
ICH HAB AUCH EIN DRINGENDES BEDÜRFNIS!
AH?
EIN BEDÜRF-NIS?
WAMM
...?!
IST DOCH WOHL KLAR, WAS ICH DA-MIT MEINE!

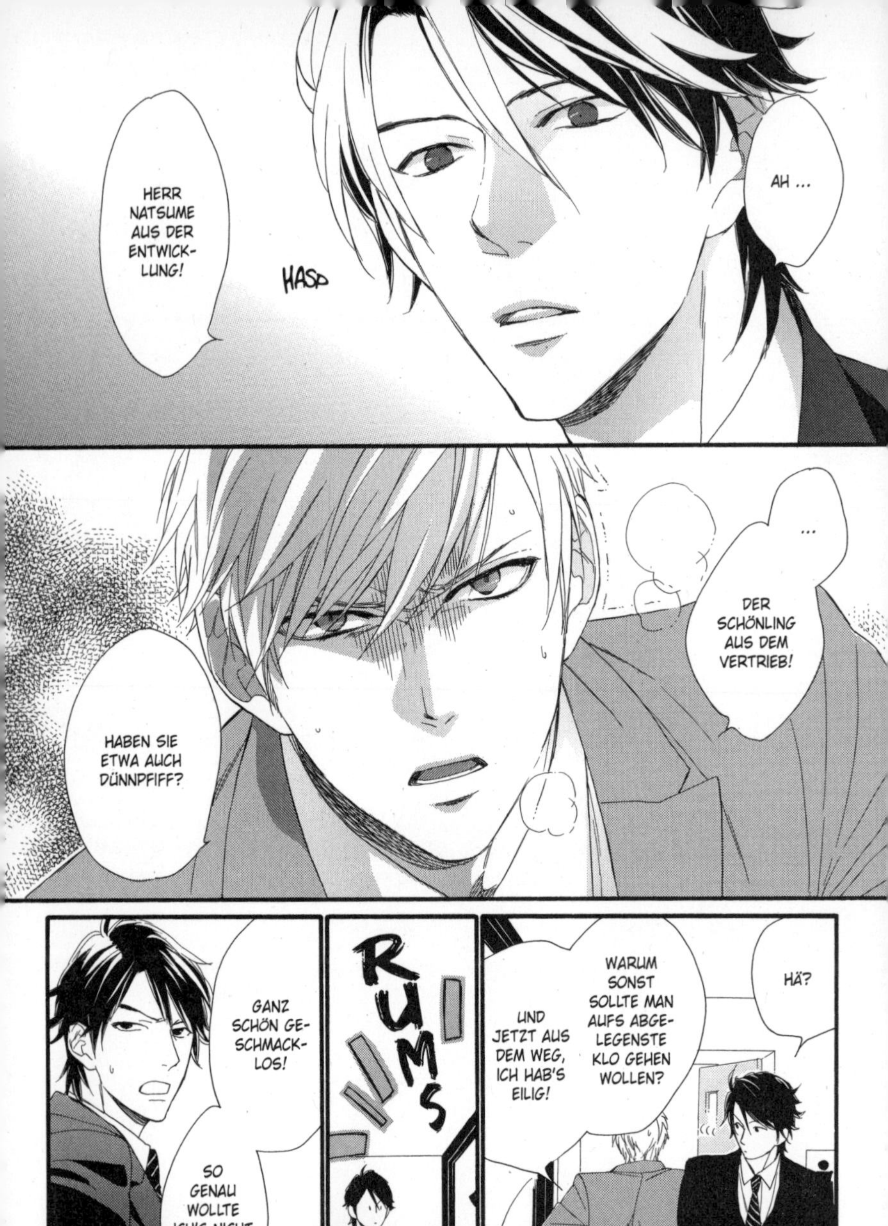
AH ...
HERR NATSUME AUS DER ENTWICKLUNG!
HASP
...
DER SCHÖNLING AUS DEM VERTRIEB!
HABEN SIE ETWA AUCH DÜNNPFIFF?
HÄ?
WARUM SONST SOLLTE MAN AUFS ABGELEGENSTE KLO GEHEN WOLLEN?
UND JETZT AUS DEM WEG, ICH HAB'S EILIG!
RUMS
GANZ SCHÖN GESCHMACKLOS!
SO GENAU WOLLTE ICH'S NICHT WISSEN!

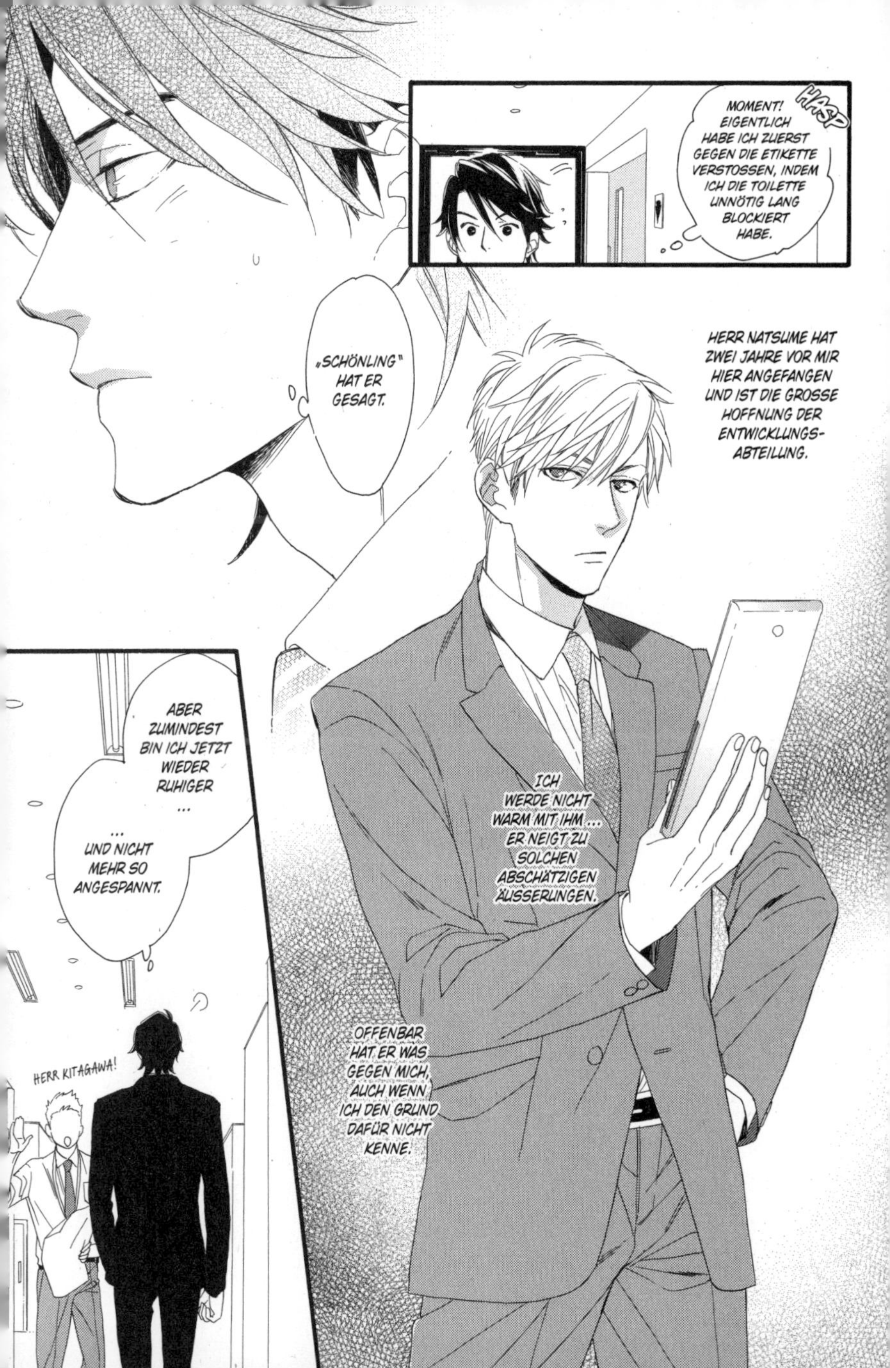
HASP
MOMENT! EIGENTLICH HABE ICH ZUERST GEGEN DIE ETIKETTE VERSTOSSEN, INDEM ICH DIE TOILETTE UNNÖTIG LANG BLOCKIERT HABE.
„SCHÖNLING" HAT ER GESAGT.
HERR NATSUME HAT ZWEI JAHRE VOR MIR HIER ANGEFANGEN UND IST DIE GROSSE HOFFNUNG DER ENTWICKLUNGS-ABTEILUNG.
ICH WERDE NICHT WARM MIT IHM ... ER NEIGT ZU SOLCHEN ABSCHÄTZIGEN ÄUSSERUNGEN.
OFFENBAR HAT ER WAS GEGEN MICH, AUCH WENN ICH DEN GRUND DAFÜR NICHT KENNE.
ABER ZUMINDEST BIN ICH JETZT WIEDER RUHIGER ...
... UND NICHT MEHR SO ANGESPANNT.
HERR KITAGAWA!

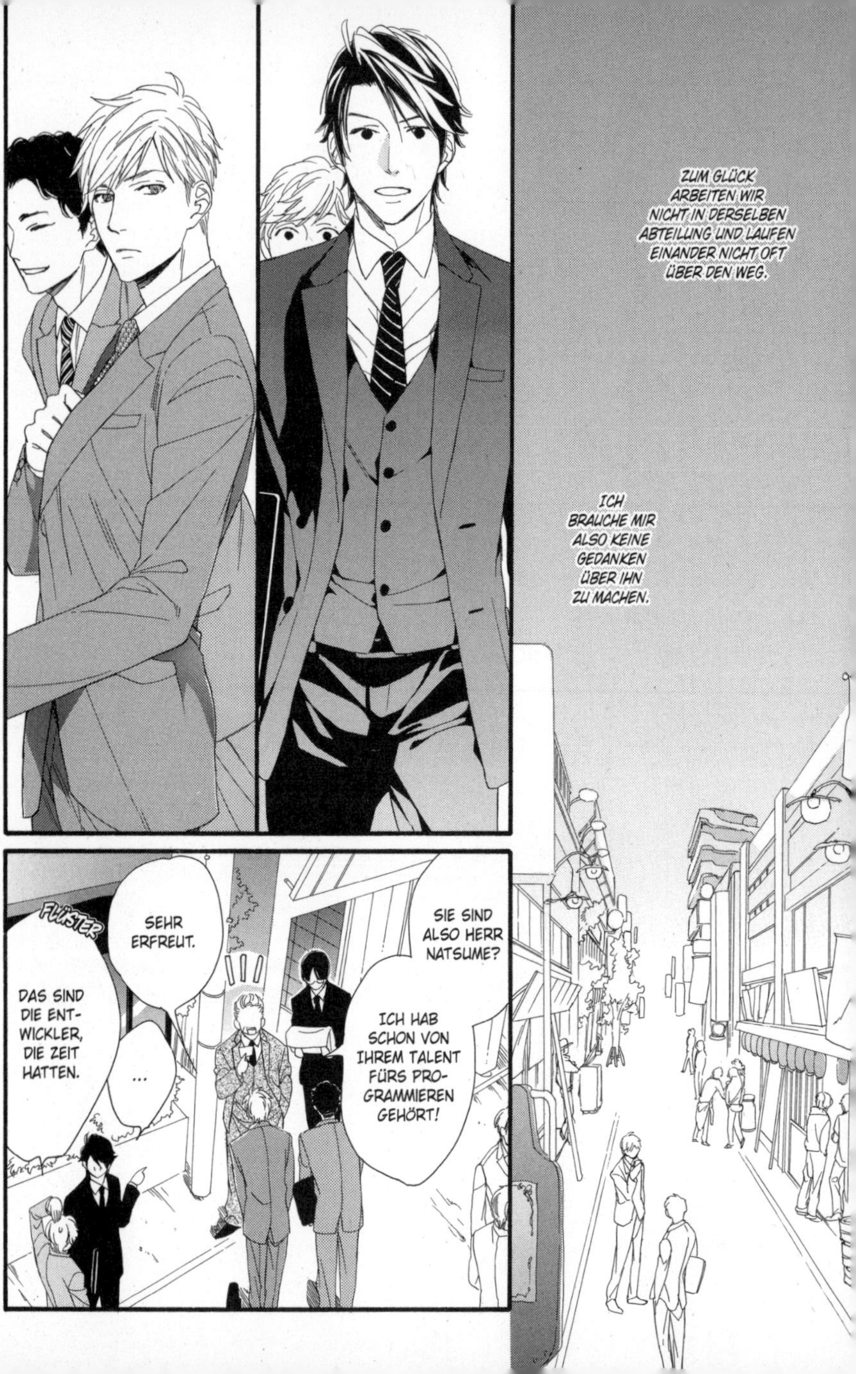

ZUM GLÜCK ARBEITEN WIR NICHT IN DERSELBEN ABTEILUNG UND LAUFEN EINANDER NICHT OFT ÜBER DEN WEG.

ICH BRAUCHE MIR ALSO KEINE GEDANKEN ÜBER IHN ZU MACHEN.

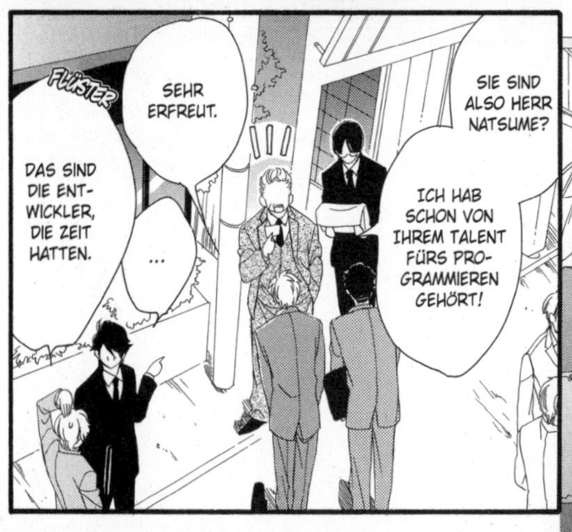

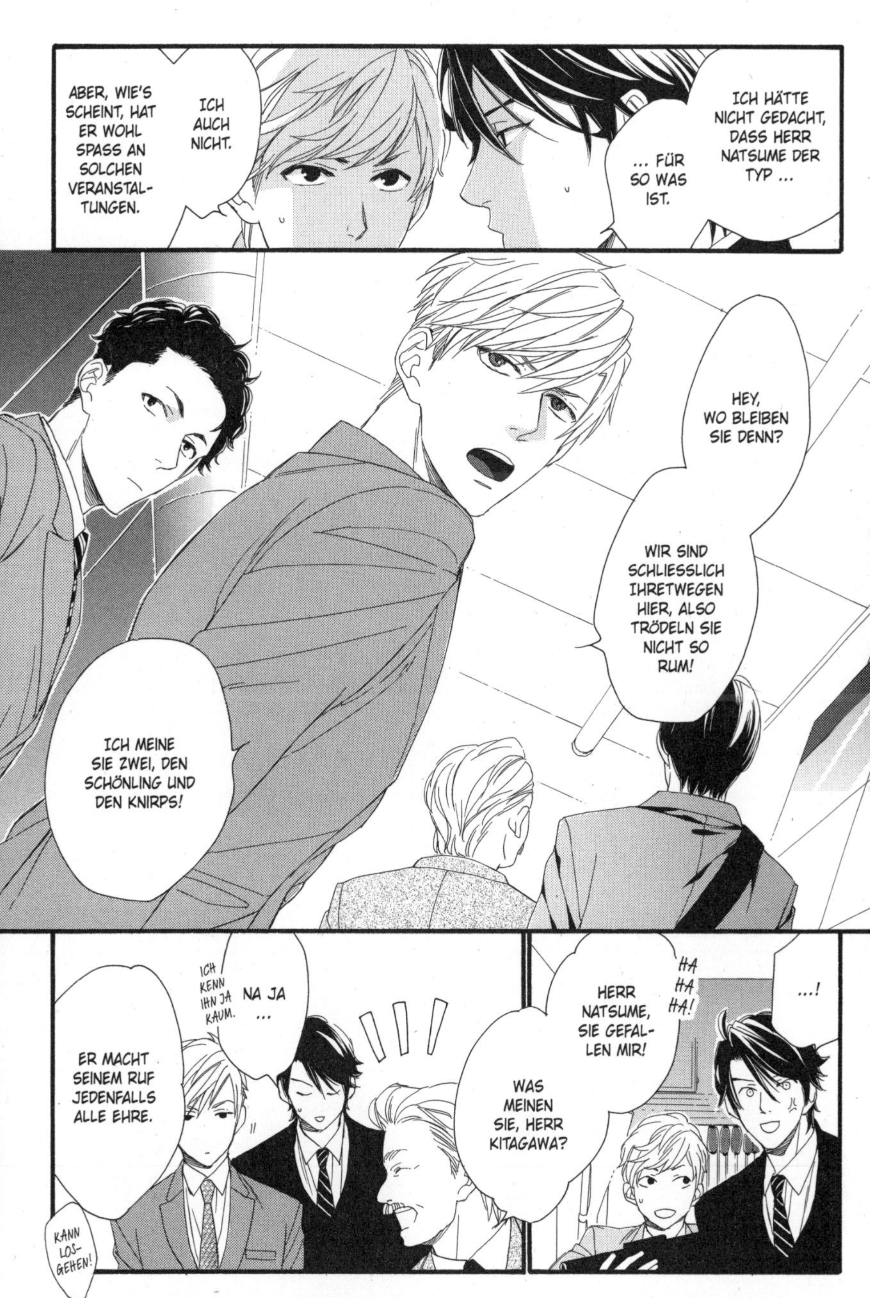
ICH HÄTTE NICHT GEDACHT, DASS HERR NATSUME DER TYP ...
... FÜR SO WAS IST.
ICH AUCH NICHT.
ABER, WIE'S SCHEINT, HAT ER WOHL SPASS AN SOLCHEN VERANSTAL-TUNGEN.
HEY, WO BLEIBEN SIE DENN?
WIR SIND SCHLIESSLICH IHRETWEGEN HIER, ALSO TRÖDELN SIE NICHT SO RUM!
ICH MEINE SIE ZWEI, DEN SCHÖNLING UND DEN KNIRPS!
...!
HA HA HA!
HERR NATSUME, SIE GEFAL-LEN MIR!
WAS MEINEN SIE, HERR KITAGAWA?
NA JA ...
ICH KENN IHN JA KAUM.
ER MACHT SEINEM RUF JEDENFALLS ALLE EHRE.
KANN LOS-GEHEN!

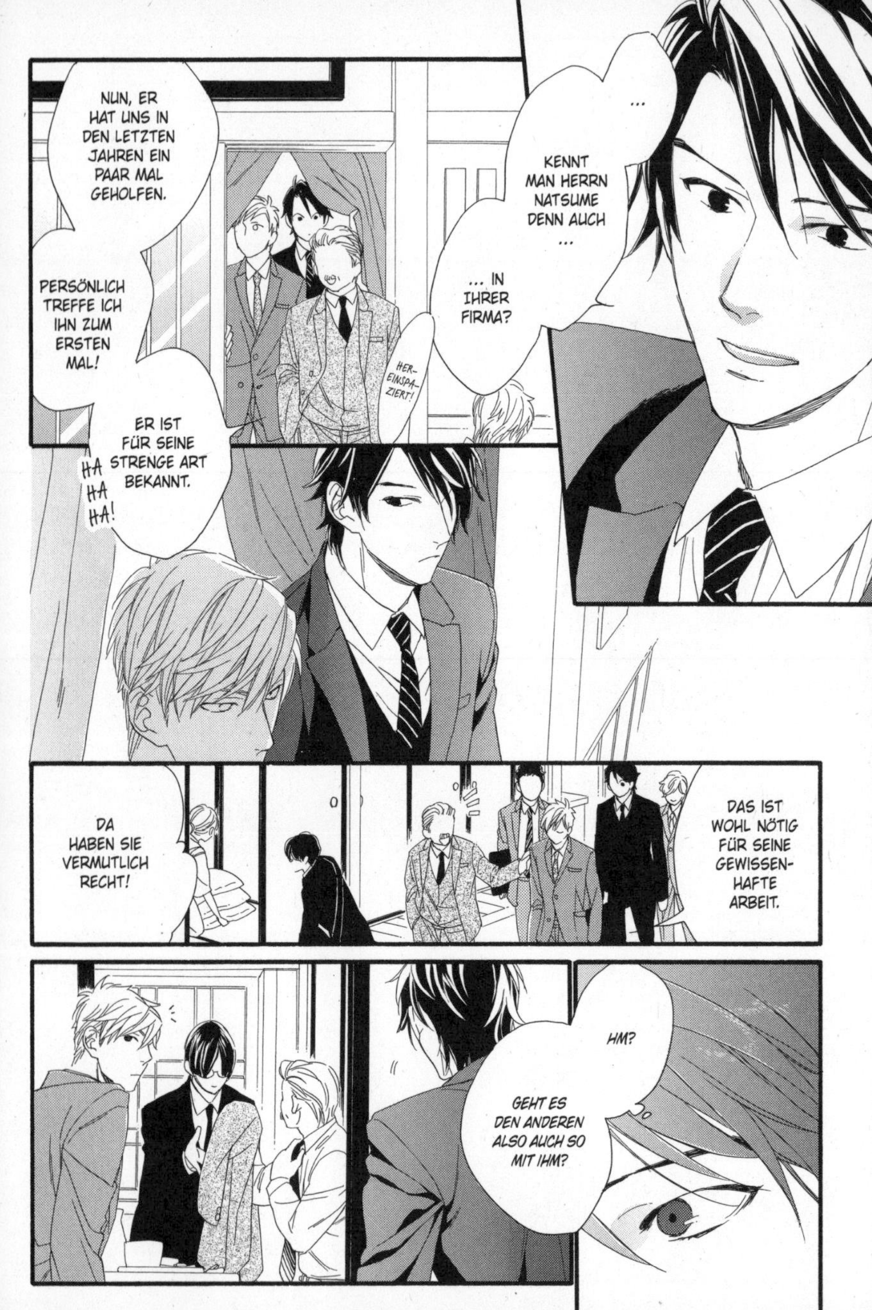
...
KENNT MAN HERRN NATSUME DENN AUCH ...
... IN IHRER FIRMA?
HEREINSPAZIERT!
NUN, ER HAT UNS IN DEN LETZTEN JAHREN EIN PAAR MAL GEHOLFEN.
PERSÖNLICH TREFFE ICH IHN ZUM ERSTEN MAL!
ER IST FÜR SEINE STRENGE ART BEKANNT.
HA HA HA!
DAS IST WOHL NÖTIG FÜR SEINE GEWISSENHAFTE ARBEIT.
DA HABEN SIE VERMUTLICH RECHT!
HM?
GEHT ES DEN ANDEREN ALSO AUCH SO MIT IHM?

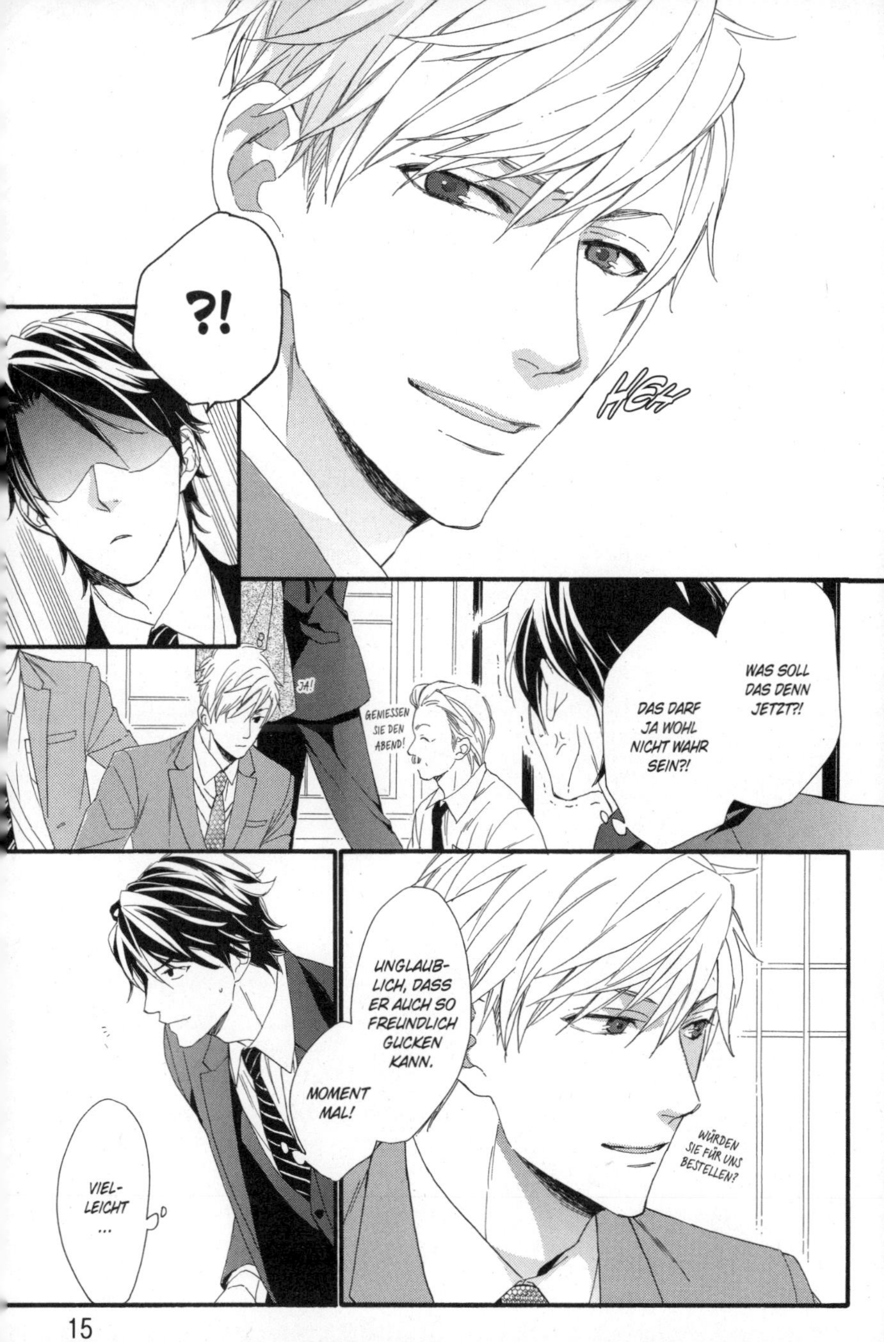

?!
HGH
WAS SOLL DAS DENN JETZT?!
DAS DARF JA WOHL NICHT WAHR SEIN?!
GENIESSEN SIE DEN ABEND!
JA!
WÜRDEN SIE FÜR UNS BESTELLEN?
UNGLAUBLICH, DASS ER AUCH SO FREUNDLICH GUCKEN KANN.
MOMENT MAL!
VIEL-LEICHT ...

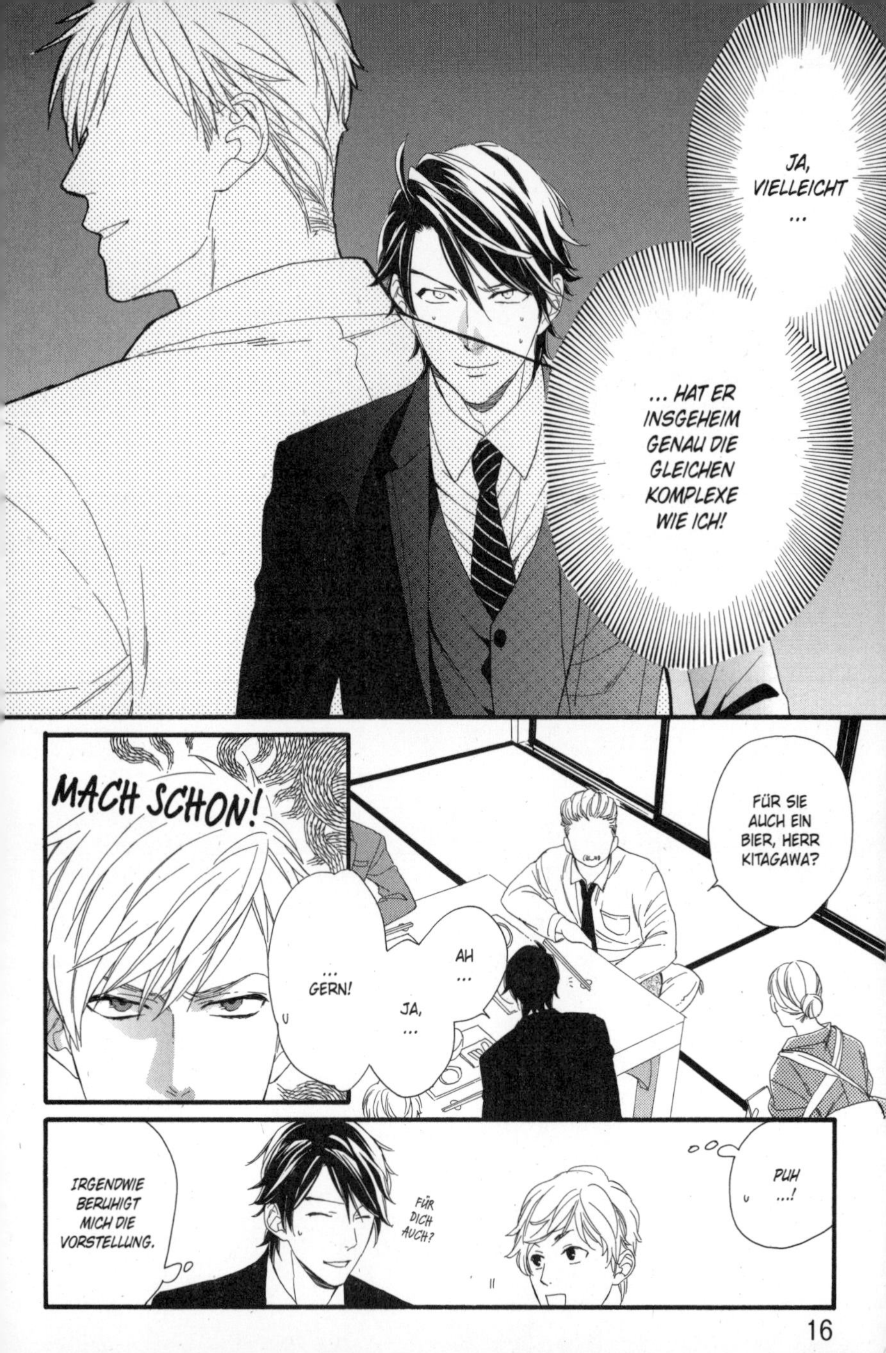
JA, VIELLEICHT …
… HAT ER INSGEHEIM GENAU DIE GLEICHEN KOMPLEXE WIE ICH!
FÜR SIE AUCH EIN BIER, HERR KITAGAWA?
MACH SCHON!
AH … JA, …
… GERN!
PUH …!
FÜR DICH AUCH?
IRGENDWIE BERUHIGT MICH DIE VORSTELLUNG.

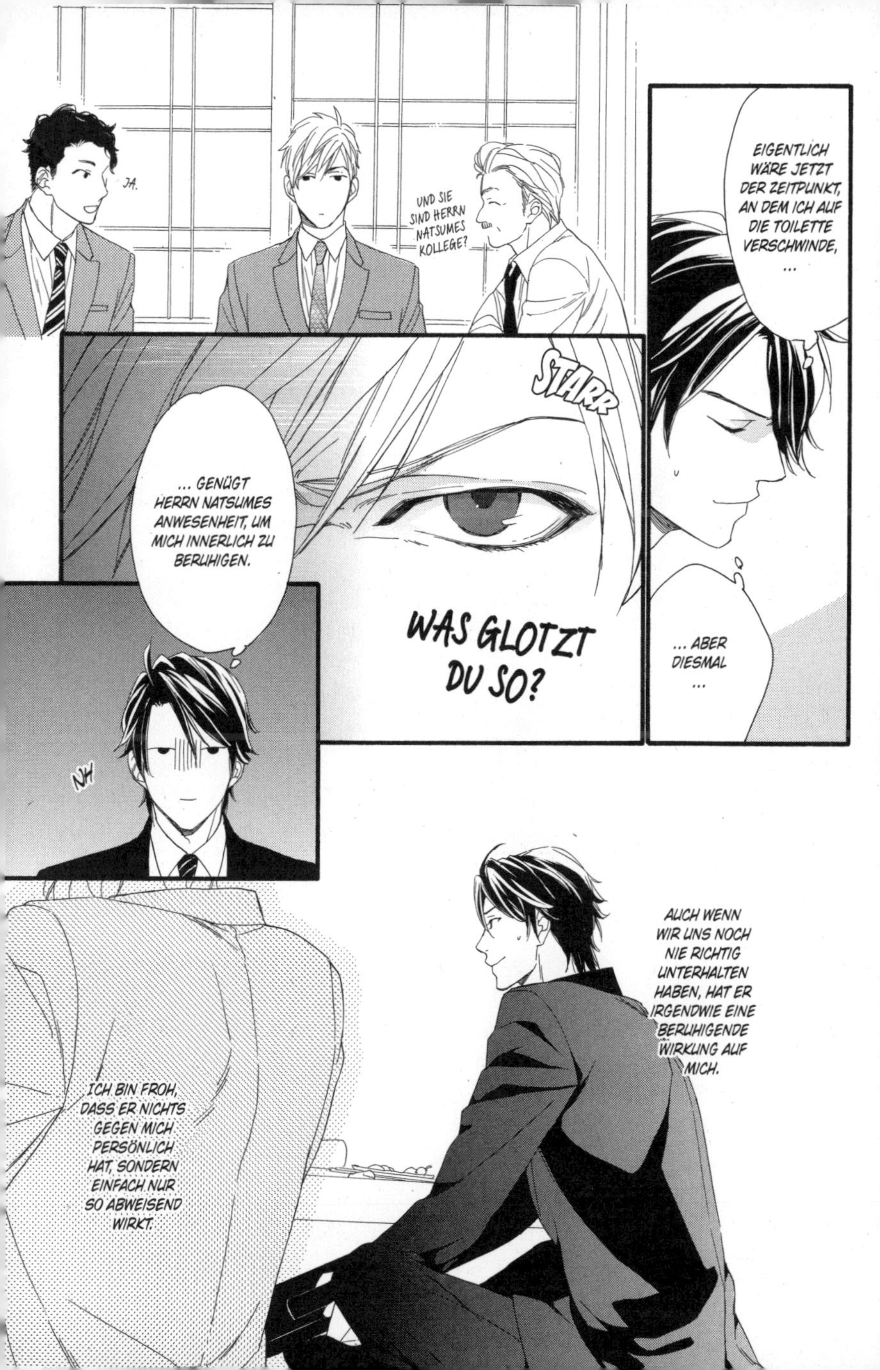

EIGENTLICH WÄRE JETZT DER ZEITPUNKT, AN DEM ICH AUF DIE TOILETTE VERSCHWINDE, ...
UND SIE SIND HERRN NATSUMES KOLLEGE?
JA.
... ABER DIESMAL ...
STARR
WAS GLOTZT DU SO?
... GENÜGT HERRN NATSUMES ANWESENHEIT, UM MICH INNERLICH ZU BERUHIGEN.
NH
AUCH WENN WIR UNS NOCH NIE RICHTIG UNTERHALTEN HABEN, HAT ER IRGENDWIE EINE BERUHIGENDE WIRKUNG AUF MICH.
ICH BIN FROH, DASS ER NICHTS GEGEN MICH PERSÖNLICH HAT, SONDERN EINFACH NUR SO ABWEISEND WIRKT.

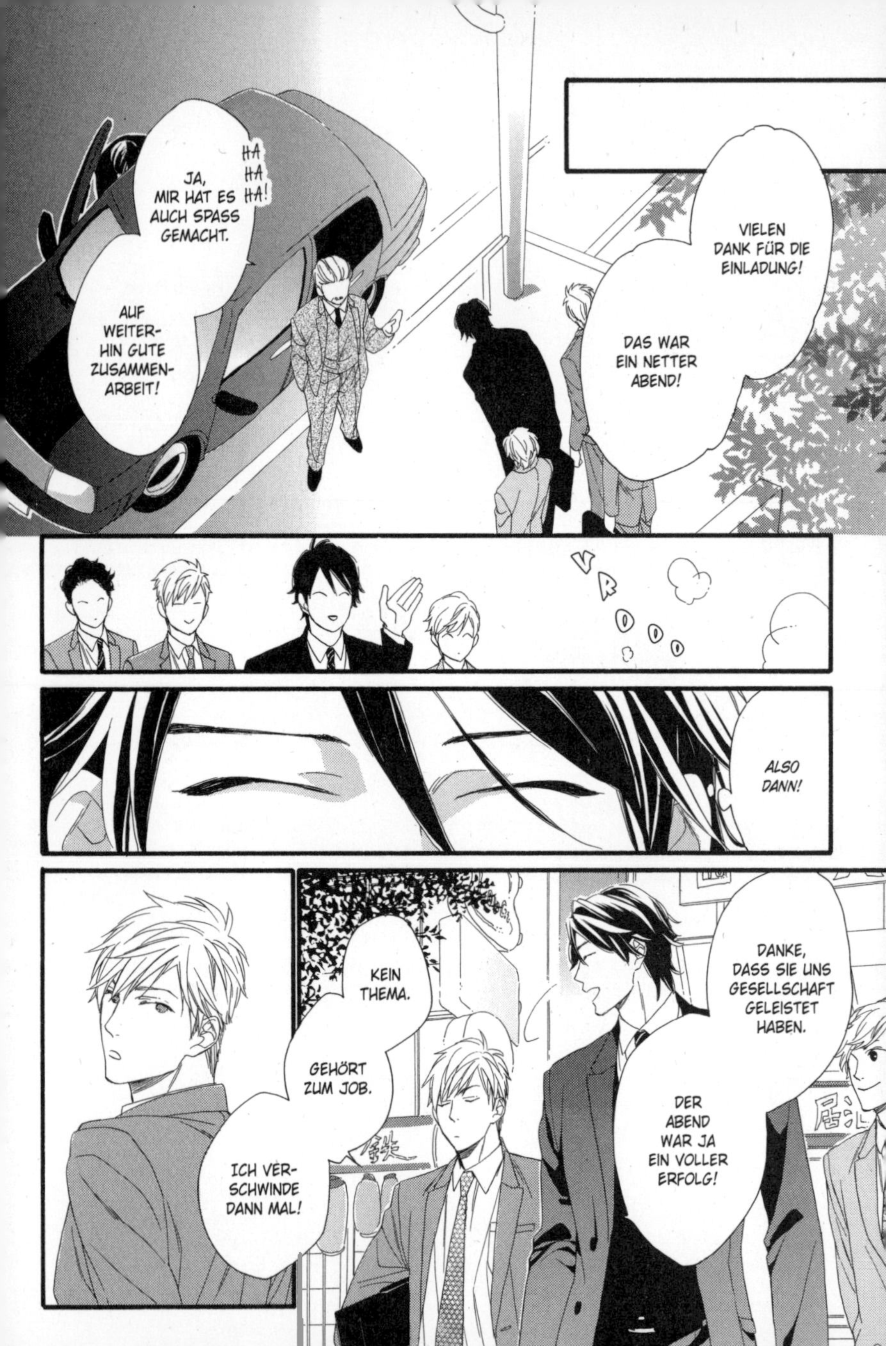

VIELEN DANK FÜR DIE EINLADUNG!
DAS WAR EIN NETTER ABEND!
JA, MIR HAT ES AUCH SPASS GEMACHT.
HA HA HA!
AUF WEITERHIN GUTE ZUSAMMENARBEIT!
VROOO
ALSO DANN!
DANKE, DASS SIE UNS GESELLSCHAFT GELEISTET HABEN.
DER ABEND WAR JA EIN VOLLER ERFOLG!
KEIN THEMA.
GEHÖRT ZUM JOB.
ICH VERSCHWINDE DANN MAL!

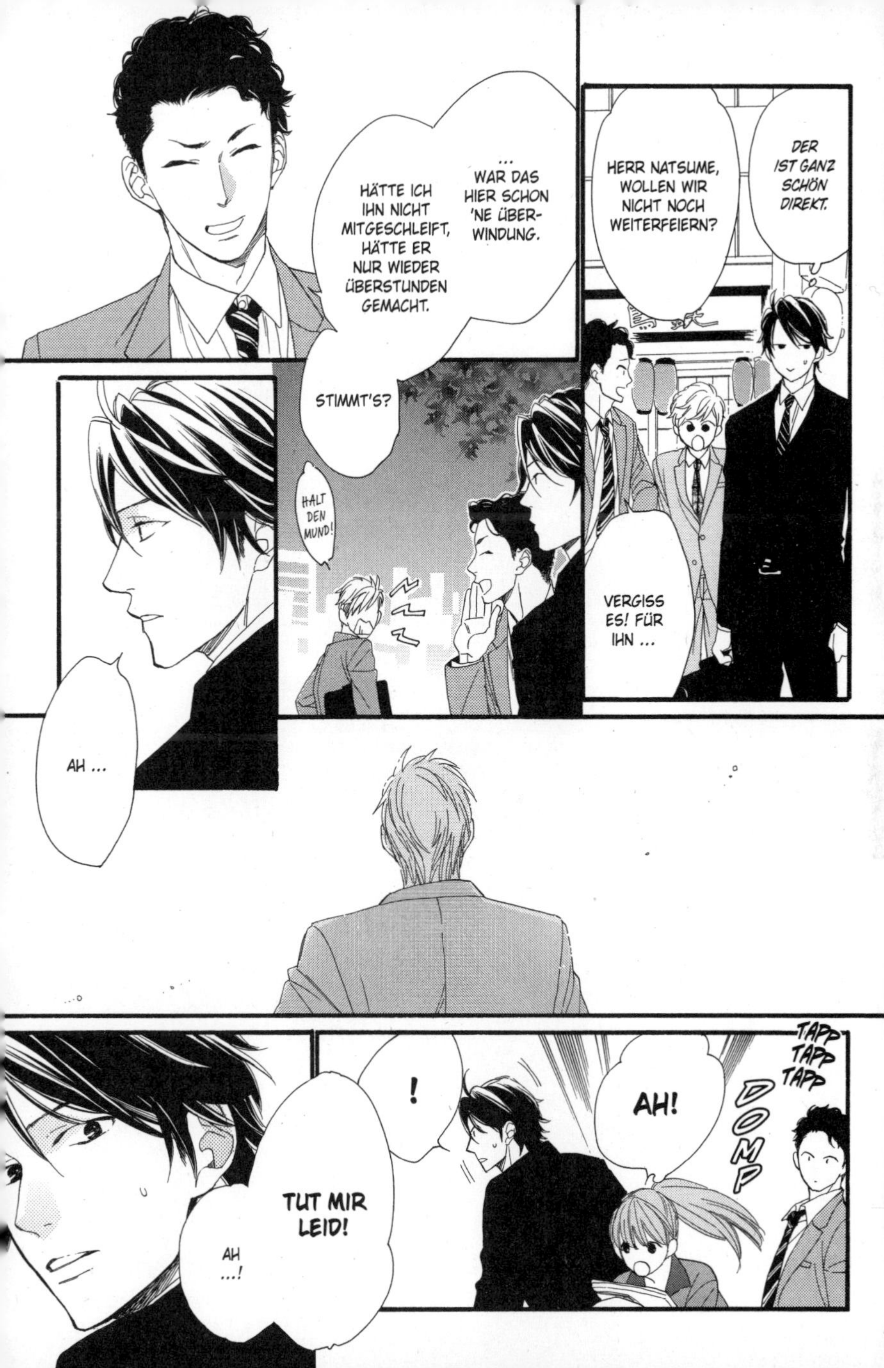

DER IST GANZ SCHÖN DIREKT.
HERR NATSUME, WOLLEN WIR NICHT NOCH WEITERFEIERN?
VERGISS ES! FÜR IHN ...
... WAR DAS HIER SCHON 'NE ÜBERWINDUNG.
HÄTTE ICH IHN NICHT MITGESCHLEIFT, HÄTTE ER NUR WIEDER ÜBERSTUNDEN GEMACHT.
STIMMT'S?
HALT DEN MUND!
AH ...
TAPP TAPP TAPP
DOMP
AH!
!
TUT MIR LEID!
AH ...!

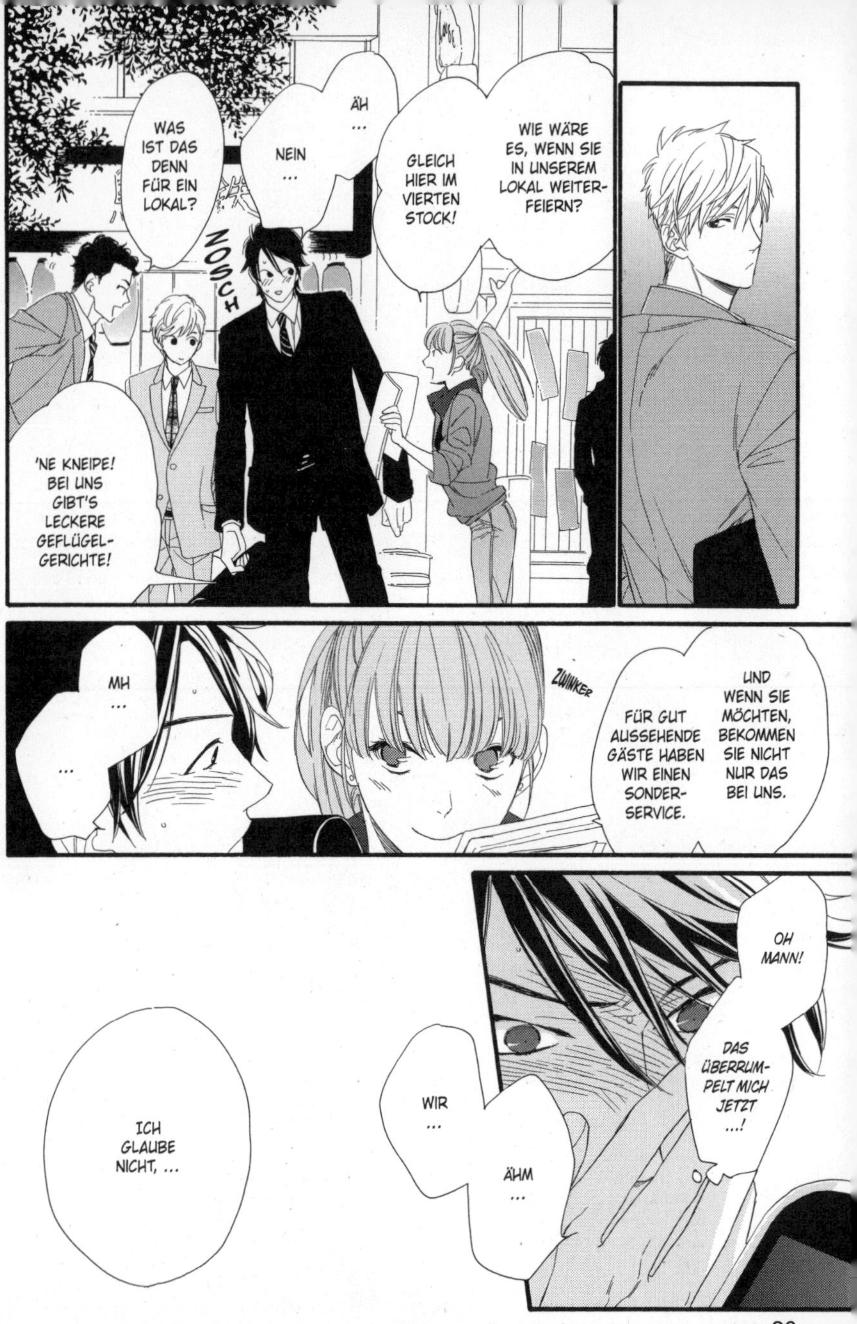

WIE WÄRE ES, WENN SIE IN UNSEREM LOKAL WEITERFEIERN?
GLEICH HIER IM VIERTEN STOCK!
ÄH …
NEIN …
WAS IST DAS DENN FÜR EIN LOKAL?
ZOSCH
'NE KNEIPE! BEI UNS GIBT'S LECKERE GEFLÜGELGERICHTE!

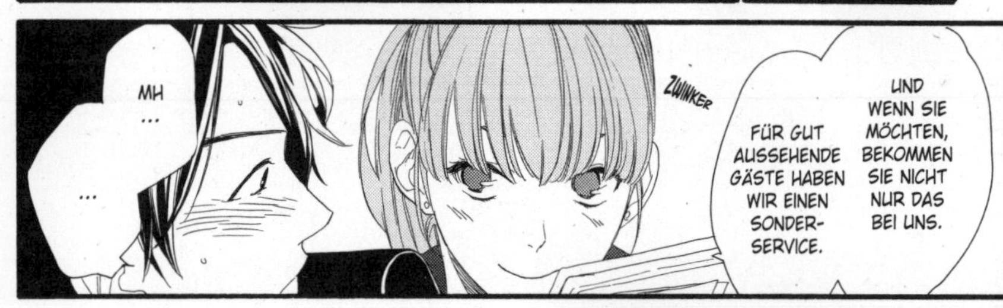

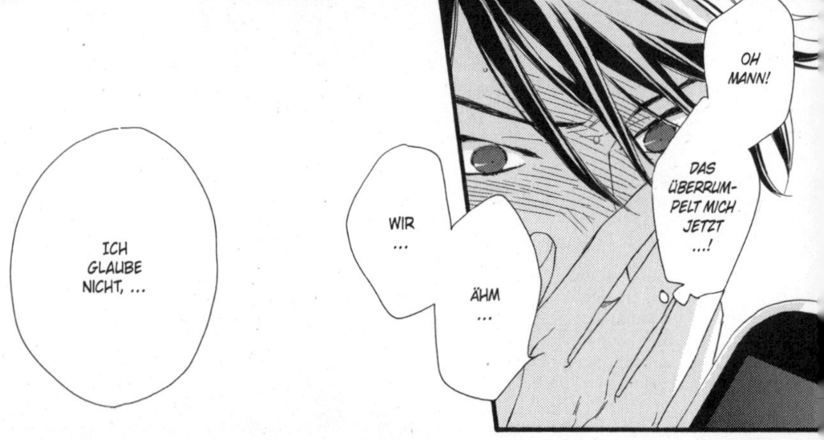

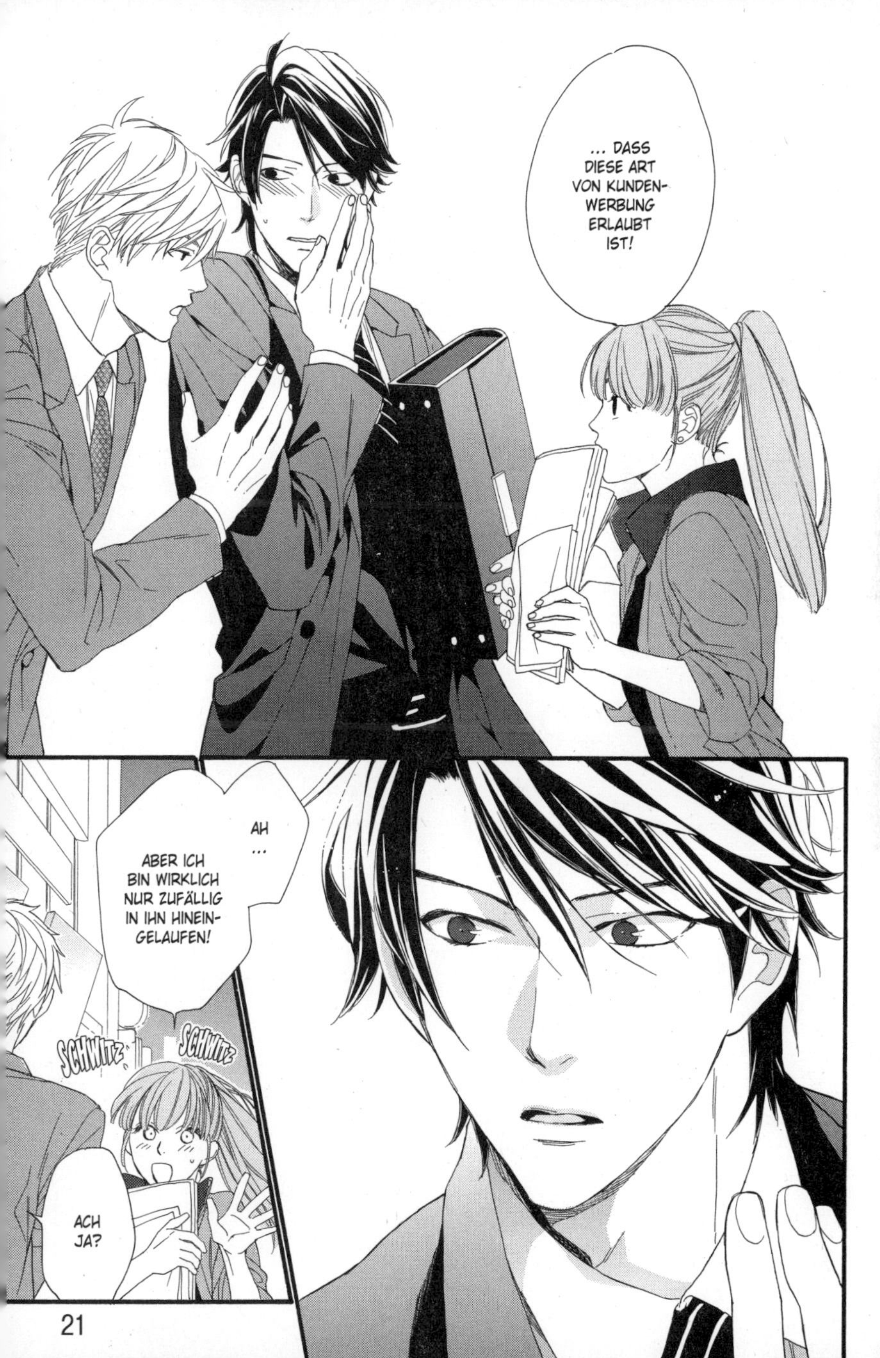
... DASS DIESE ART VON KUNDEN-WERBUNG ERLAUBT IST!
AH ...
ABER ICH BIN WIRKLICH NUR ZUFÄLLIG IN IHN HINEIN-GELAUFEN!
SCHWITZ
SCHWITZ
ACH JA?

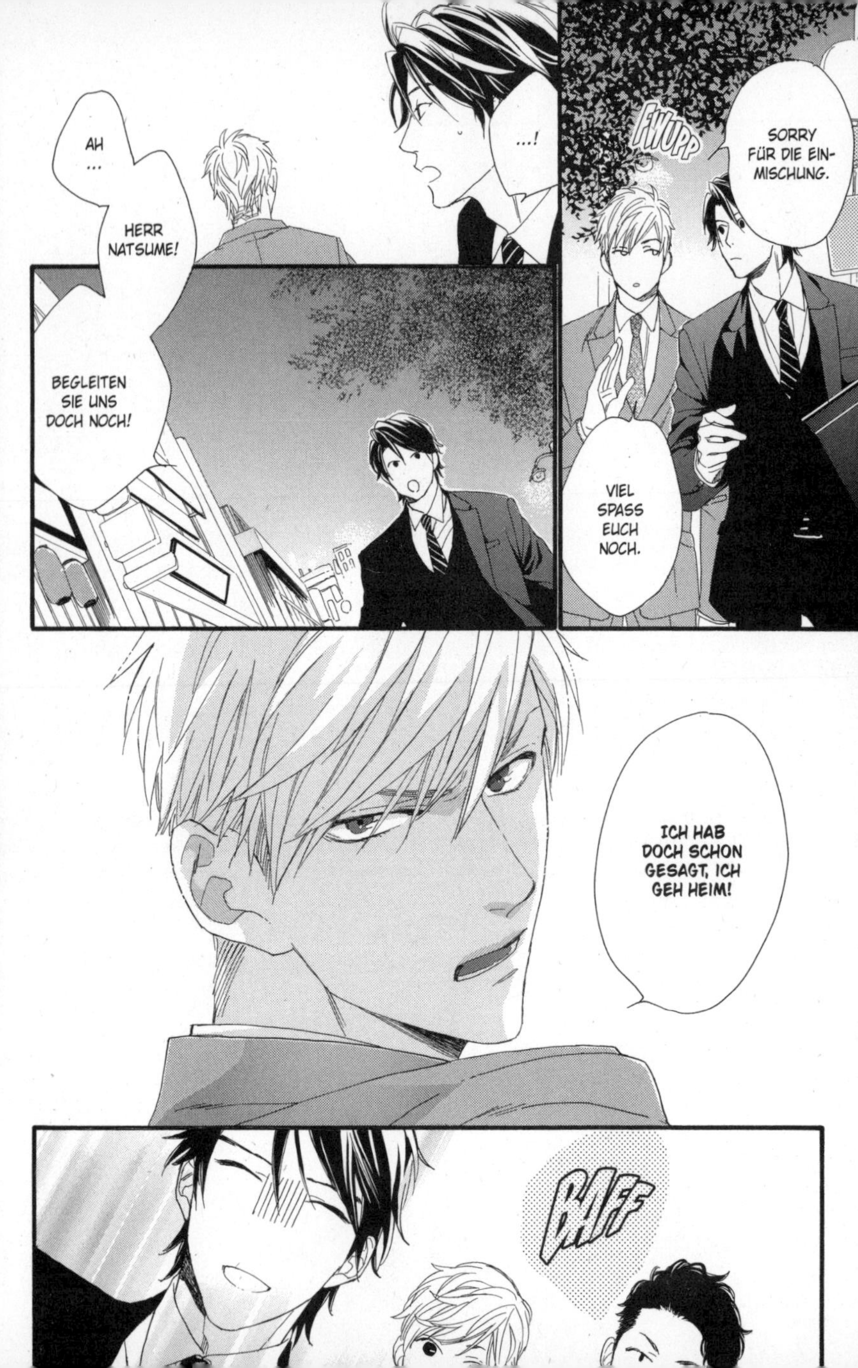
FWUPP
SORRY FÜR DIE EIN-MISCHUNG.
VIEL SPASS EUCH NOCH.
...!
AH ...
HERR NATSUME!
BEGLEITEN SIE UNS DOCH NOCH!
ICH HAB DOCH SCHON GESAGT, ICH GEH HEIM!

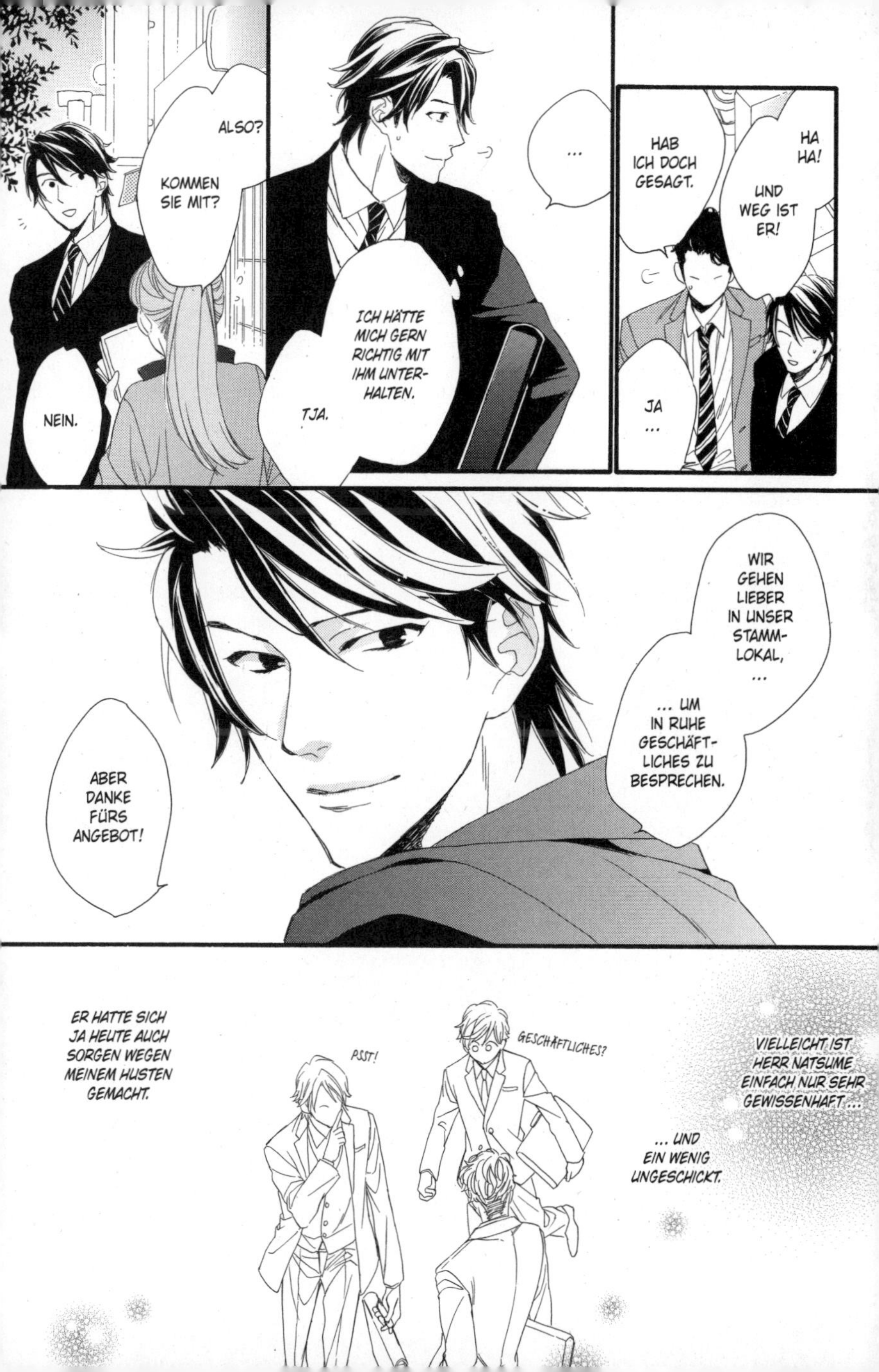

ALSO?
KOMMEN SIE MIT?

NEIN.

...

ICH HÄTTE MICH GERN RICHTIG MIT IHM UNTERHALTEN.

TJA.

HA HA!
UND WEG IST ER!

HAB ICH DOCH GESAGT.

JA ...

WIR GEHEN LIEBER IN UNSER STAMMLOKAL, ...

... UM IN RUHE GESCHÄFTLICHES ZU BESPRECHEN.

ABER DANKE FÜRS ANGEBOT!

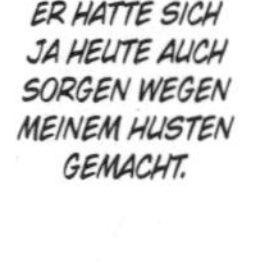

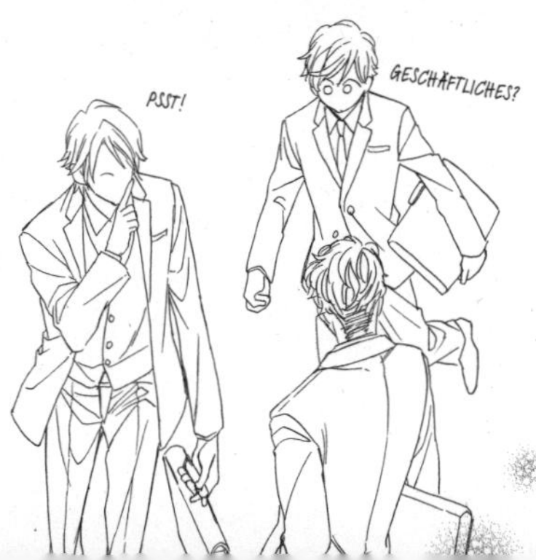

VIELLEICHT IST HERR NATSUME EINFACH NUR SEHR GEWISSENHAFT ...

... UND EIN WENIG UNGESCHICKT.

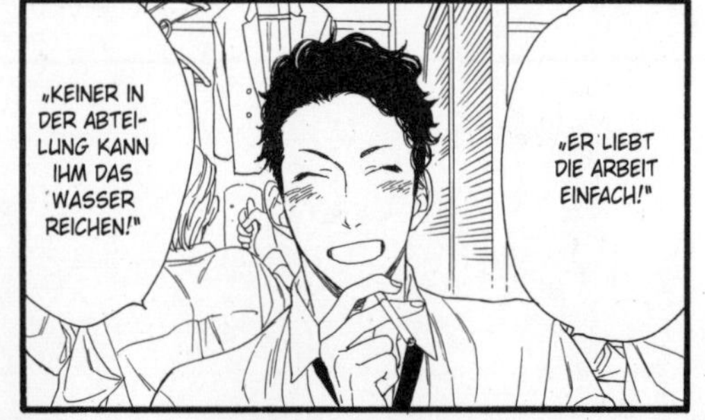

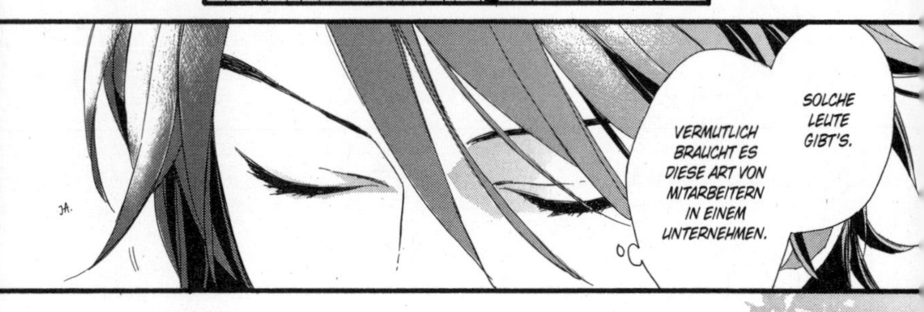

ICH WERDE AUCH WEITERHIN ALLES FÜR MEINEN JOB GEBEN.

GENAU WIE HERR NATSUME.

WENN ER MIR NUN SO UNFREUNDLICH BEGEGNET, WIE ES SEINE ART IST, ...

... WERDE ICH IRGENDWANN VIELLEICHT ANDERS DAMIT UMGEHEN KÖNNEN.

Versetzungsmitteilung

Herr Ryono Kitagawa, bisher Mitarbeiter der Vertriebsabteilung, arbeitet ab heute für die Abteilung Unternehmensplanung.

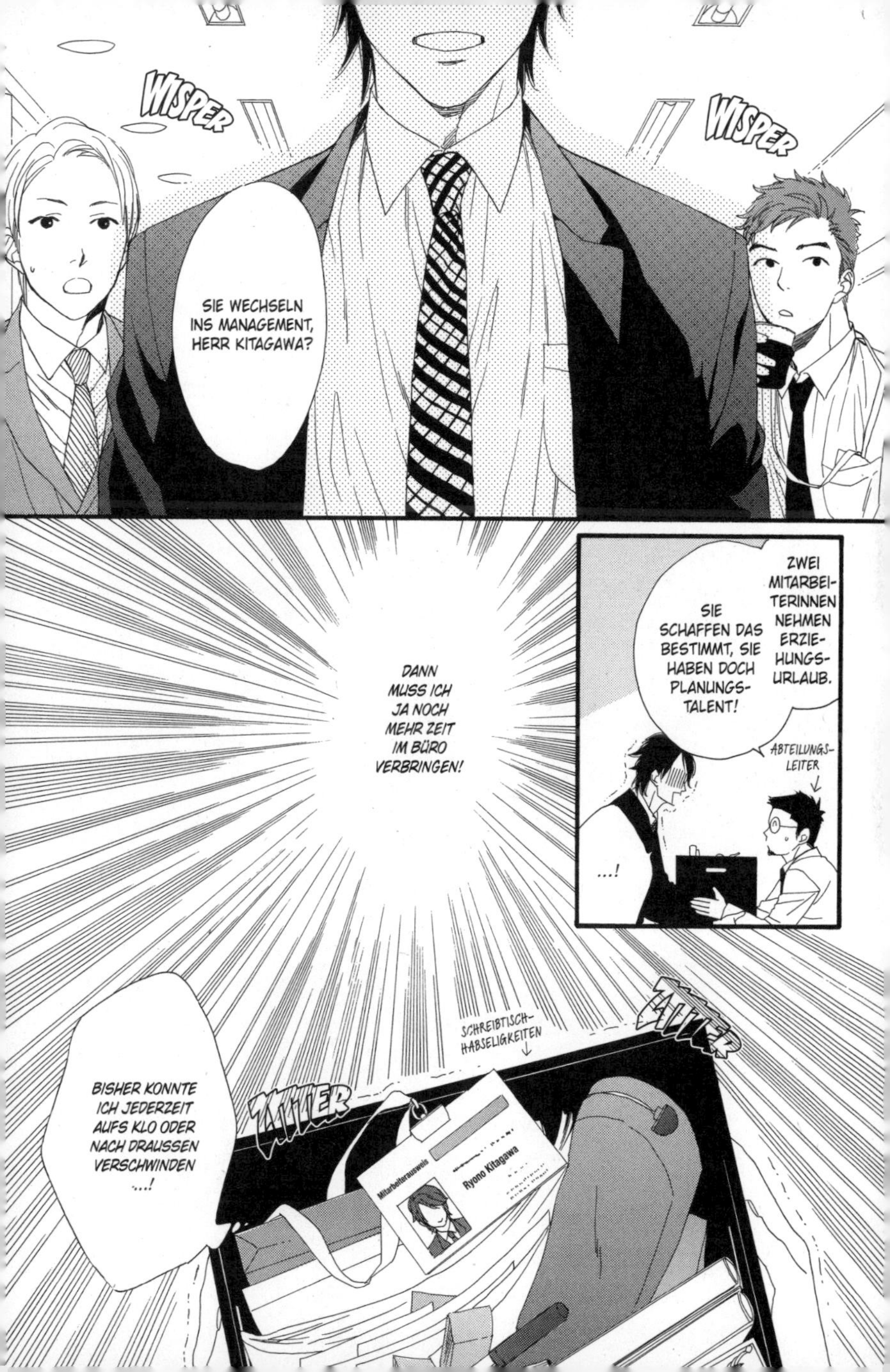
WISPER
WISPER
SIE WECHSELN INS MANAGEMENT, HERR KITAGAWA?
ZWEI MITARBEITERINNEN NEHMEN ERZIEHUNGSURLAUB.
SIE SCHAFFEN DAS BESTIMMT, SIE HABEN DOCH PLANUNGSTALENT!
ABTEILUNGSLEITER
...!
DANN MUSS ICH JA NOCH MEHR ZEIT IM BÜRO VERBRINGEN!
ZITTER
SCHREIBTISCH-HABSELIGKEITEN
ZITTER
Mitarbeiterausweis
Ryono Kitagawa
BISHER KONNTE ICH JEDERZEIT AUFS KLO ODER NACH DRAUSSEN VERSCHWINDEN ...!

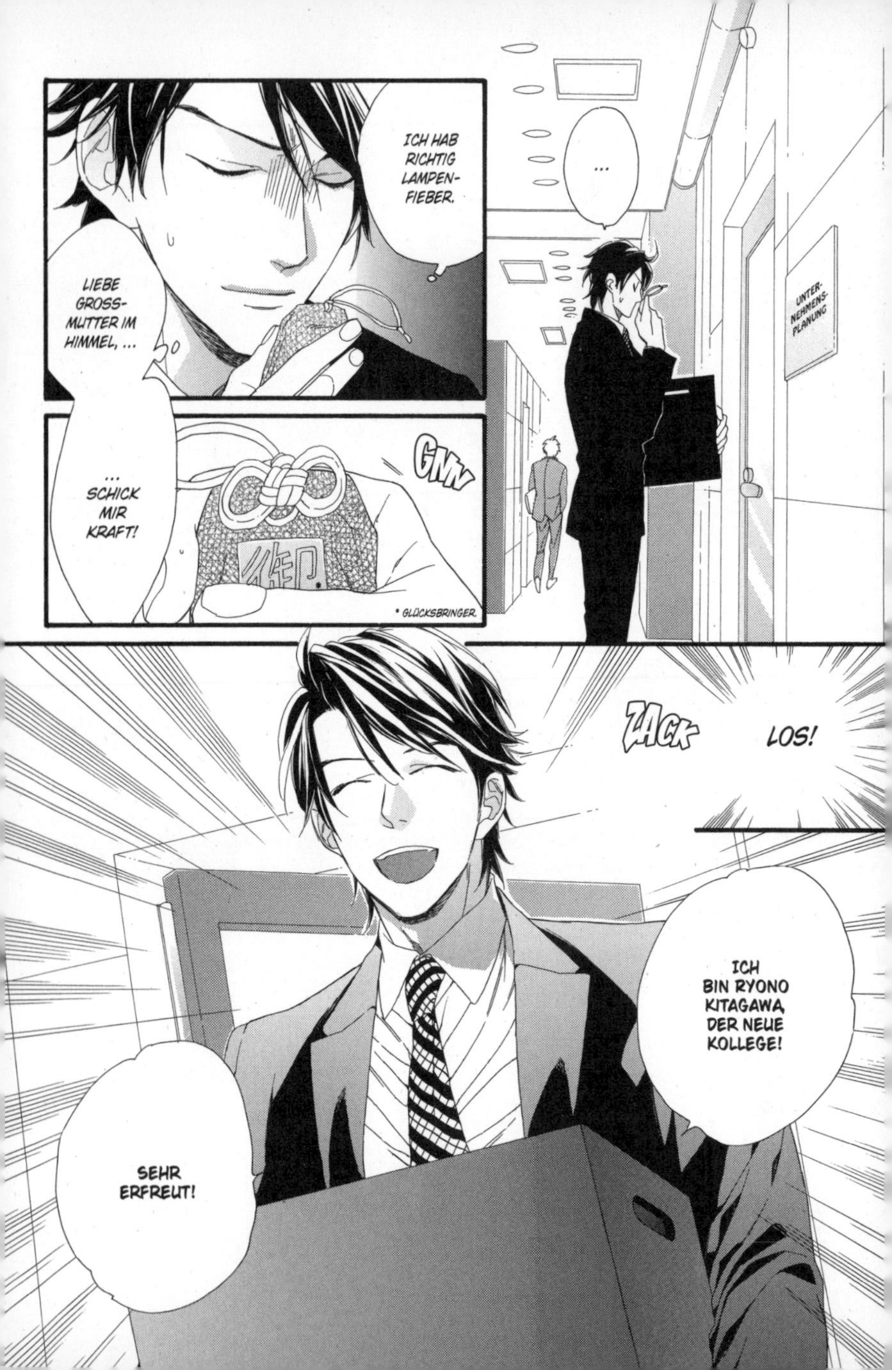
...
UNTER-NEHMENS-PLANUNG
ICH HAB RICHTIG LAMPEN-FIEBER.
LIEBE GROSS-MUTTER IM HIMMEL, ...
GMN
... SCHICK MIR KRAFT!
* GLÜCKSBRINGER.
LOS!
ZACK
ICH BIN RYONO KITAGAWA, DER NEUE KOLLEGE!
SEHR ERFREUT!

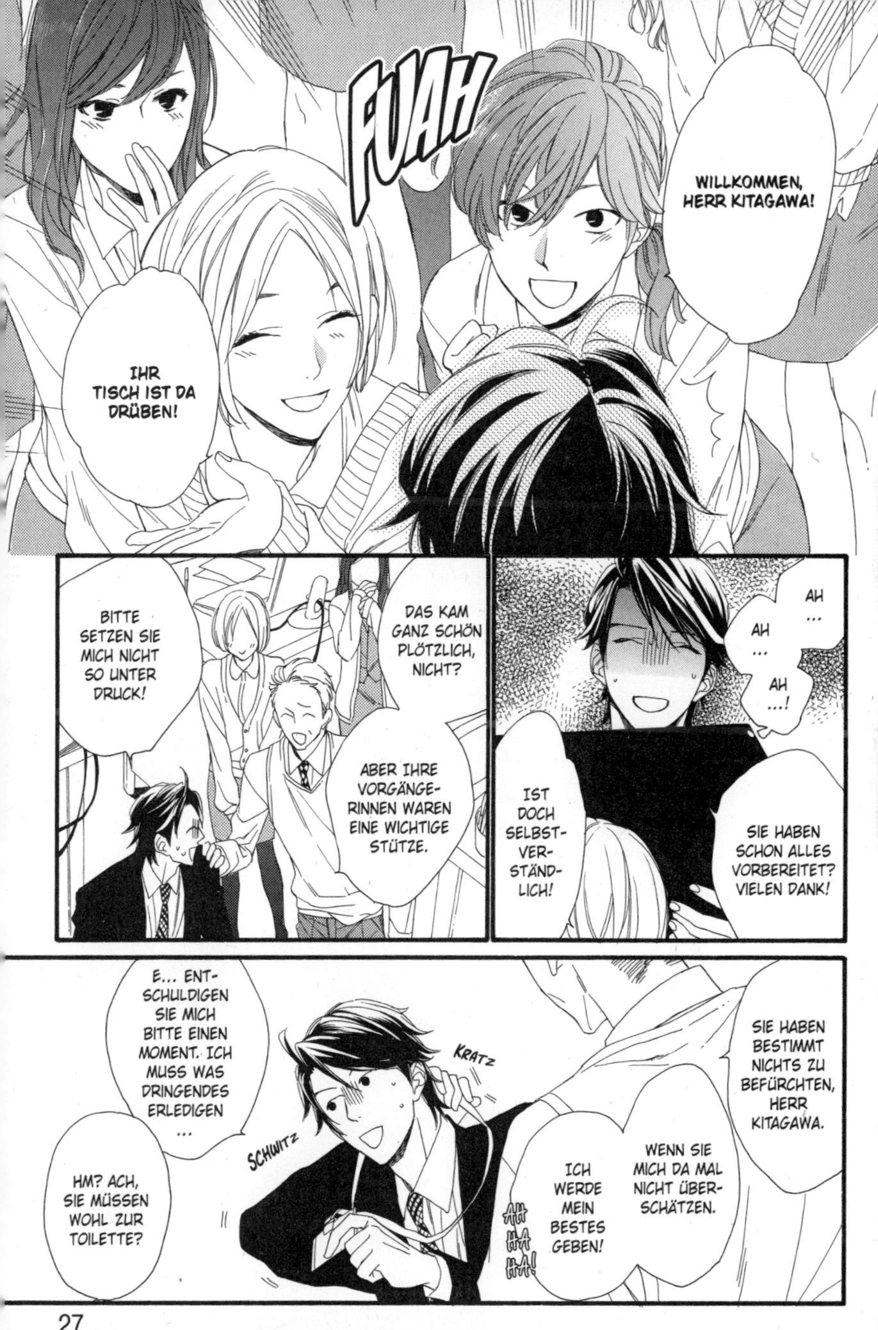
FUAH
WILLKOMMEN, HERR KITAGAWA!
IHR TISCH IST DA DRÜBEN!
DAS KAM GANZ SCHÖN PLÖTZLICH, NICHT?
BITTE SETZEN SIE MICH NICHT SO UNTER DRUCK!
ABER IHRE VORGÄNGERINNEN WAREN EINE WICHTIGE STÜTZE.
AH … AH … AH …!
SIE HABEN SCHON ALLES VORBEREITET? VIELEN DANK!
IST DOCH SELBSTVERSTÄNDLICH!
SIE HABEN BESTIMMT NICHTS ZU BEFÜRCHTEN, HERR KITAGAWA.
KRATZ
E… ENTSCHULDIGEN SIE MICH BITTE EINEN MOMENT. ICH MUSS WAS DRINGENDES ERLEDIGEN …
WENN SIE MICH DA MAL NICHT ÜBERSCHÄTZEN.
ICH WERDE MEIN BESTES GEBEN!
AH HA HA!
SCHWITZ
HM? ACH, SIE MÜSSEN WOHL ZUR TOILETTE?

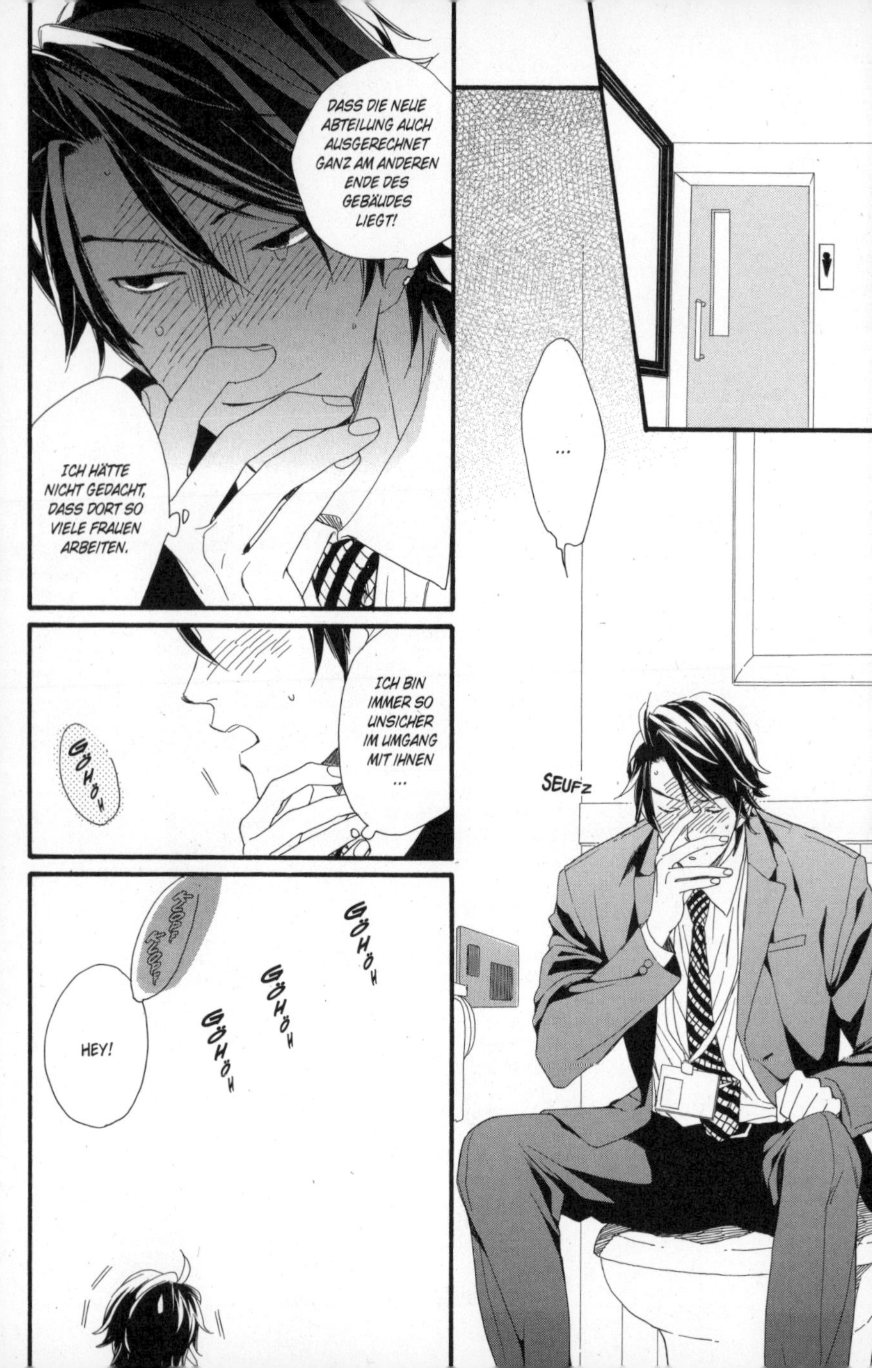
...
SEUFZ
DASS DIE NEUE ABTEILUNG AUCH AUSGERECHNET GANZ AM ANDEREN ENDE DES GEBÄUDES LIEGT!
ICH HÄTTE NICHT GEDACHT, DASS DORT SO VIELE FRAUEN ARBEITEN.
ICH BIN IMMER SO UNSICHER IM UMGANG MIT IHNEN ...
GÖHÖH
GÖHÖH
GÖHÖH
GÖHÖH
HEY!

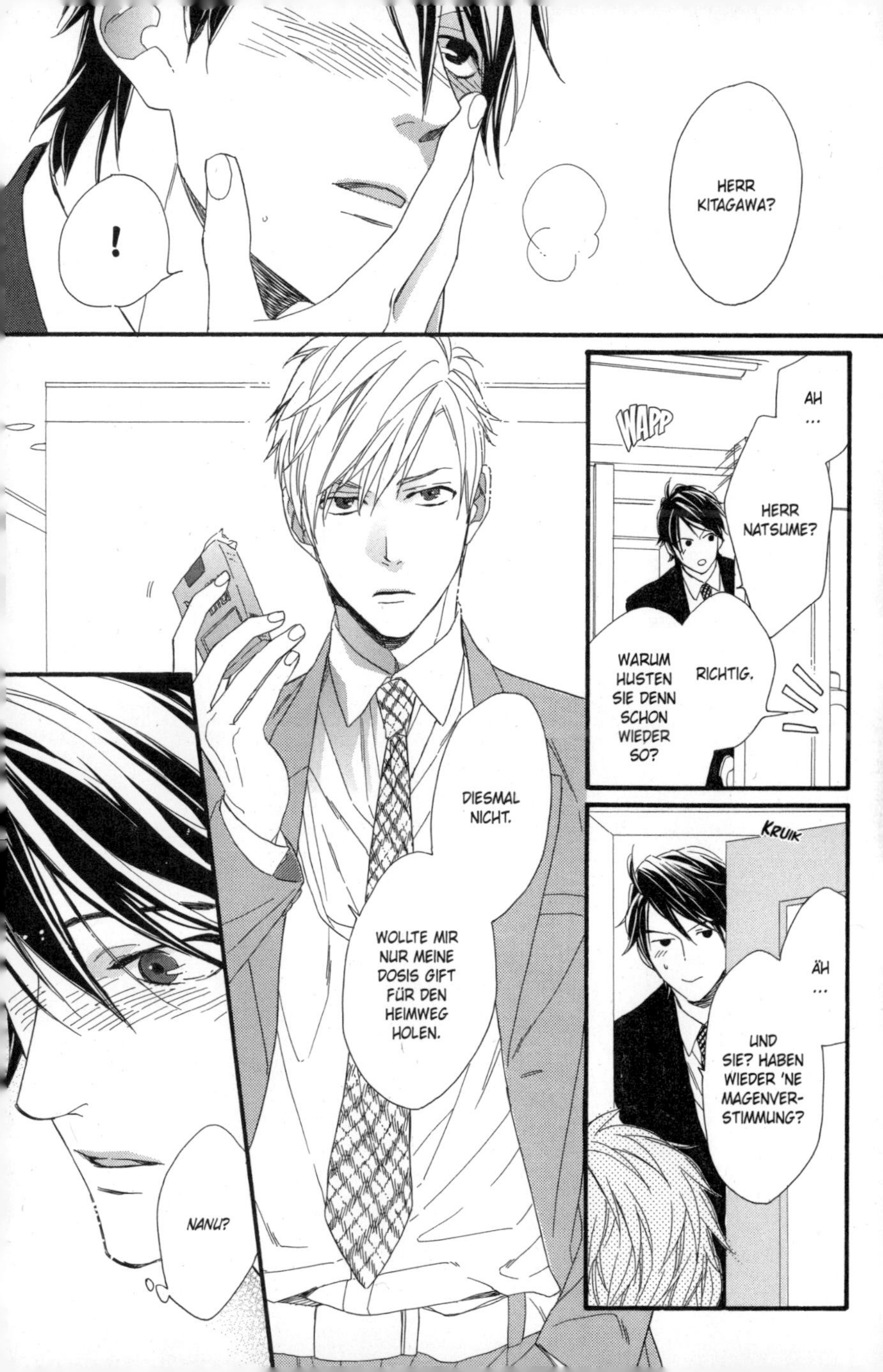
HERR KITAGAWA?
!
WAPP
AH …
HERR NATSUME?
RICHTIG.
WARUM HUSTEN SIE DENN SCHON WIEDER SO?
KRUIK
ÄH …
UND SIE? HABEN WIEDER 'NE MAGENVERSTIMMUNG?
DIESMAL NICHT.
WOLLTE MIR NUR MEINE DOSIS GIFT FÜR DEN HEIMWEG HOLEN.
NANU?

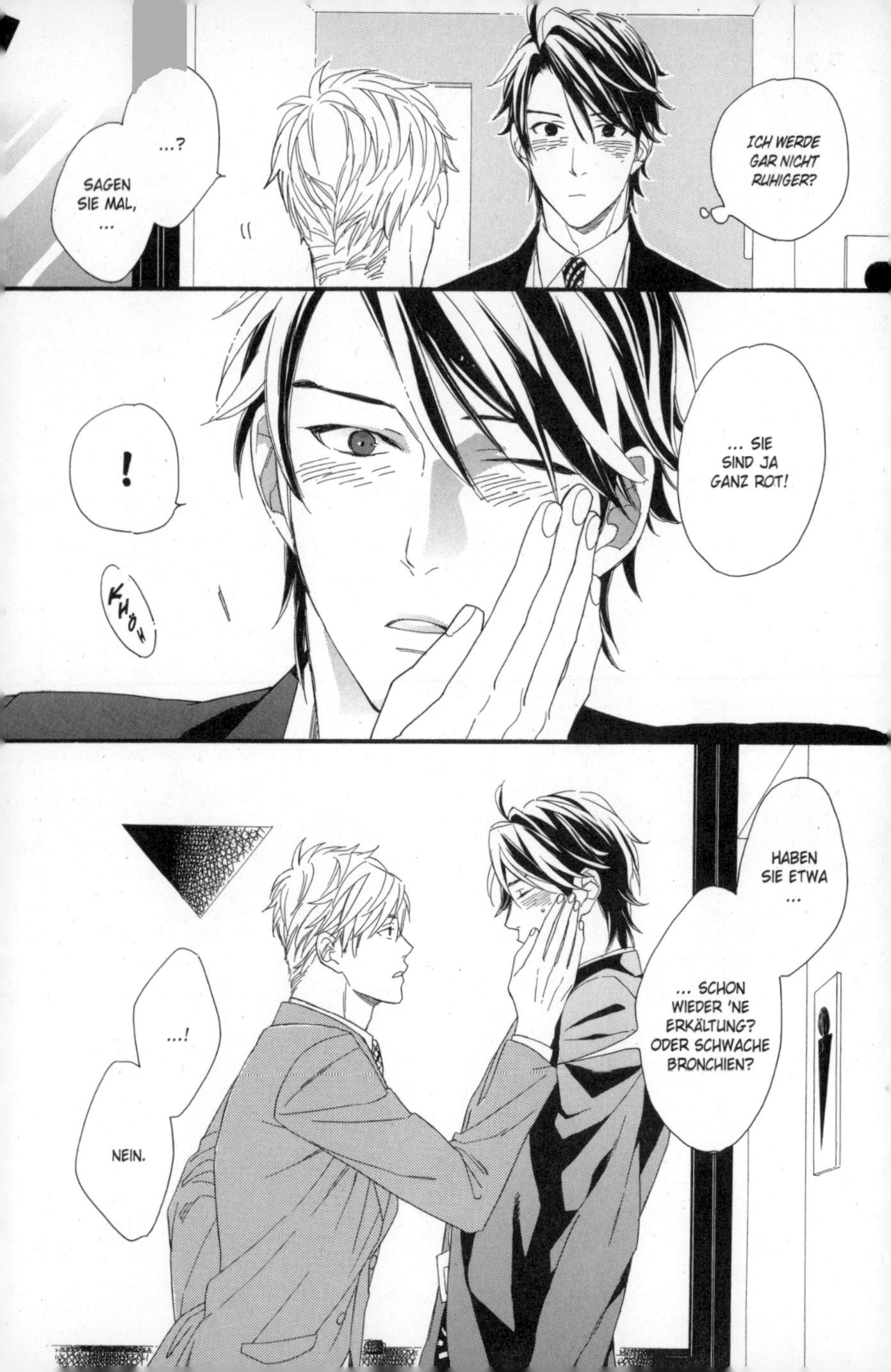
ICH WERDE GAR NICHT RUHIGER?
...? SAGEN SIE MAL, ...
... SIE SIND JA GANZ ROT!
!
KHÖH
HABEN SIE ETWA ...
... SCHON WIEDER 'NE ERKÄLTUNG? ODER SCHWACHE BRONCHIEN?
...! NEIN.

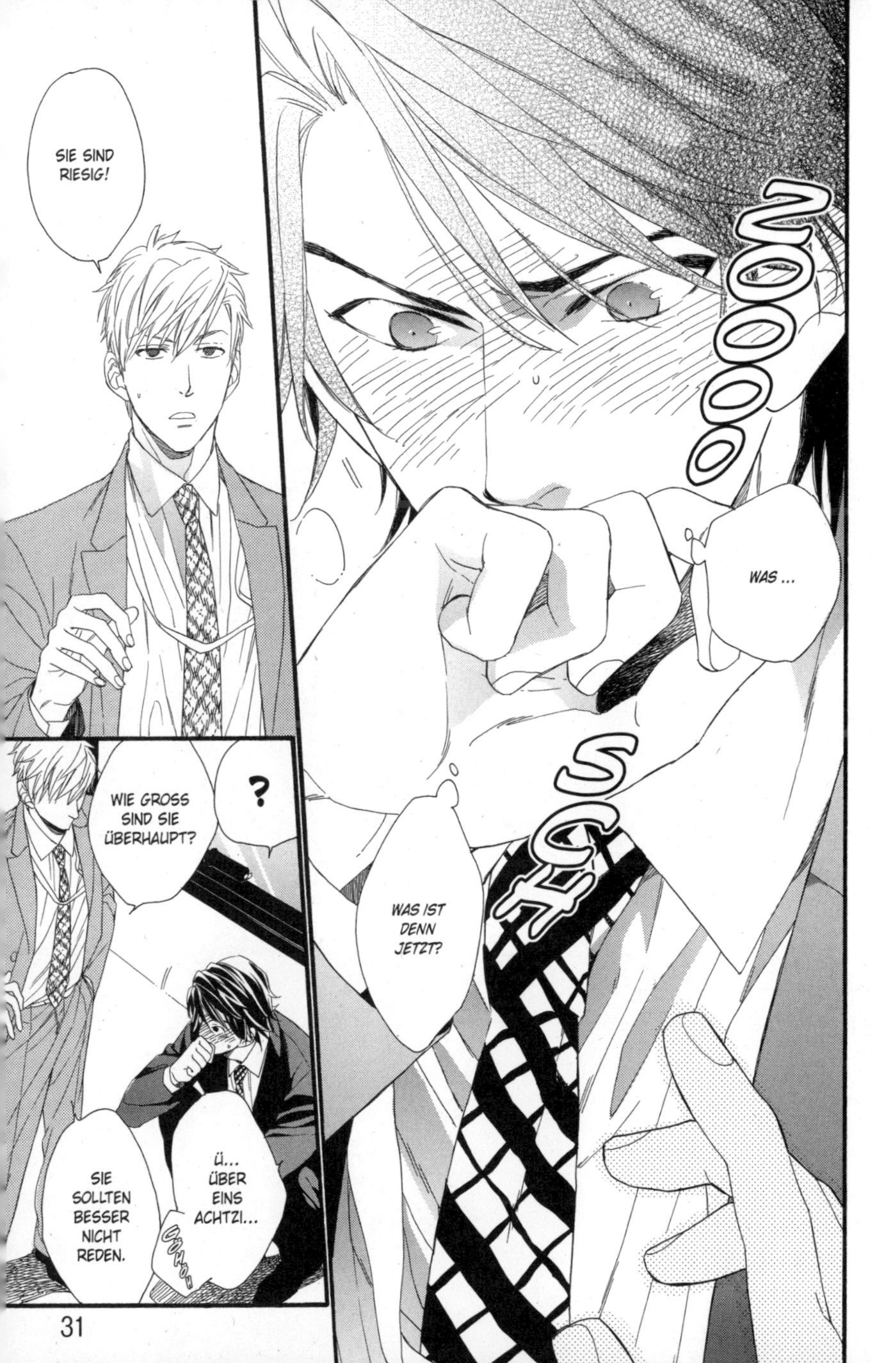
NOOOO
WAS …
SCH
WAS IST DENN JETZT?
SIE SIND RIESIG!
?
WIE GROSS SIND SIE ÜBERHAUPT?
Ü… ÜBER EINS ACHTZI…
SIE SOLLTEN BESSER NICHT REDEN.

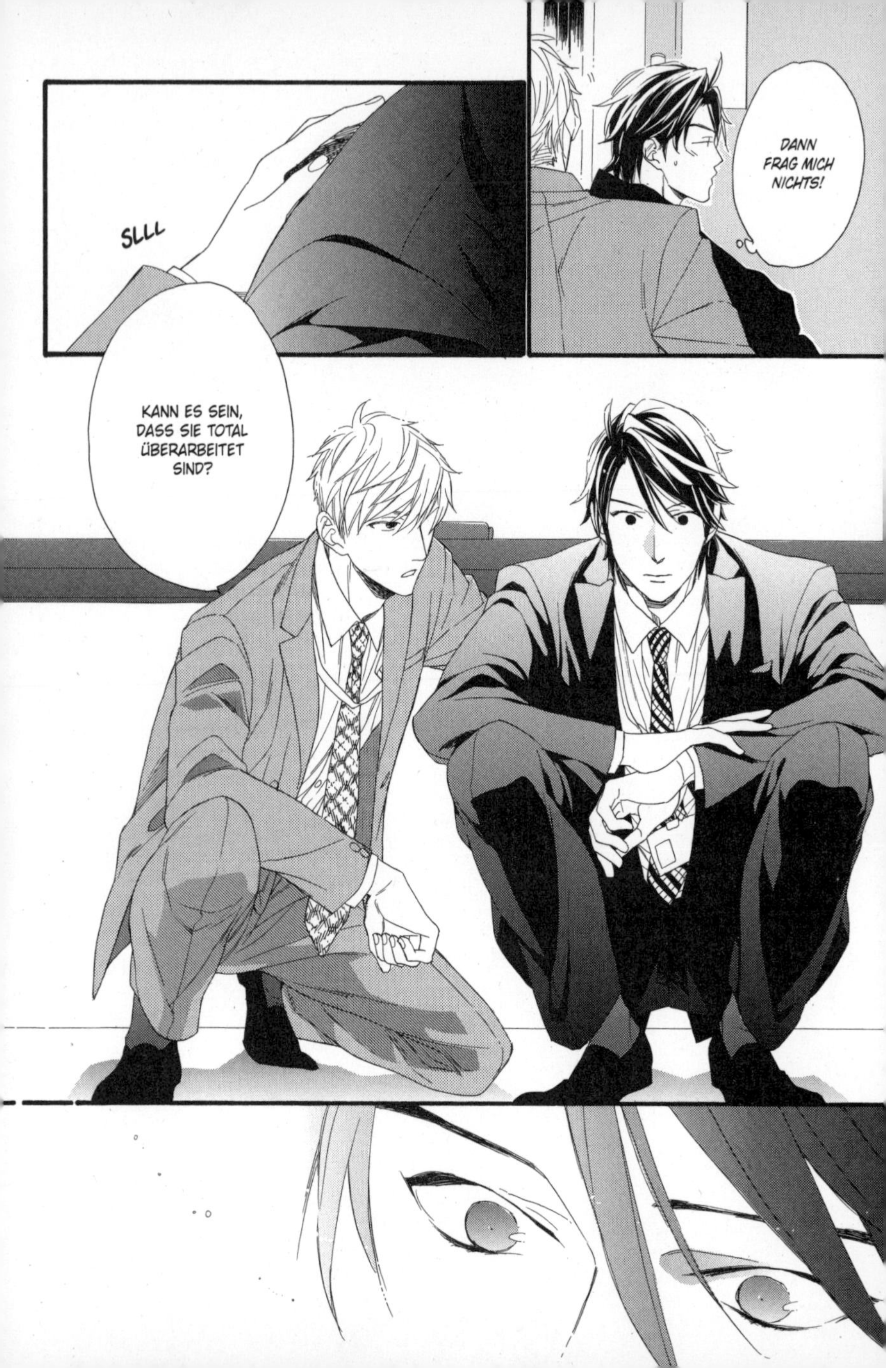
DANN FRAG MICH NICHTS!
SLLL
KANN ES SEIN, DASS SIE TOTAL ÜBERARBEITET SIND?

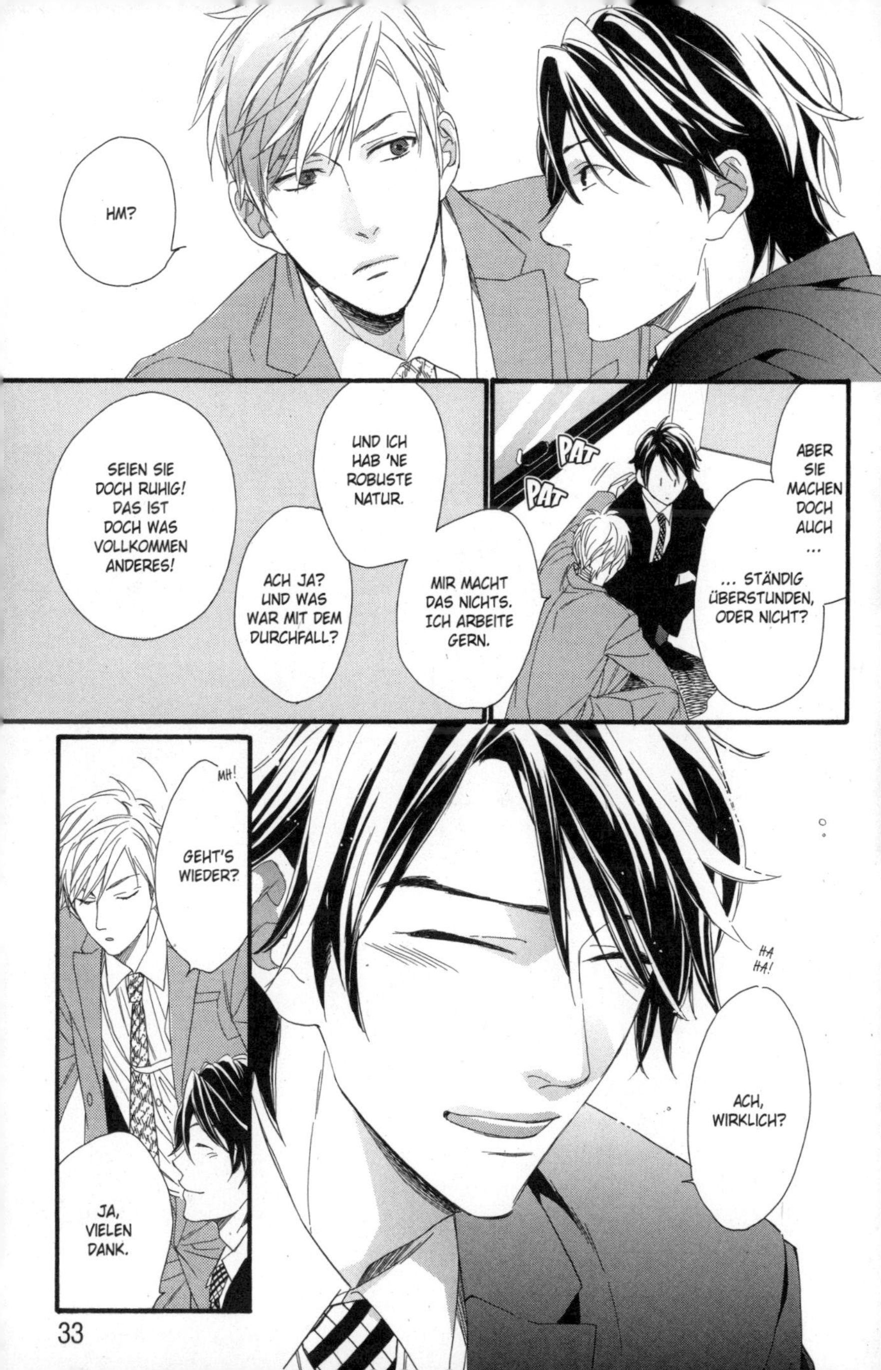
HM?
PAT
PAT
ABER SIE MACHEN DOCH AUCH ...
... STÄNDIG ÜBERSTUNDEN, ODER NICHT?
MIR MACHT DAS NICHTS. ICH ARBEITE GERN.
UND ICH HAB 'NE ROBUSTE NATUR.
ACH JA? UND WAS WAR MIT DEM DURCHFALL?
SEIEN SIE DOCH RUHIG! DAS IST DOCH WAS VOLLKOMMEN ANDERES!
HA HA!
ACH, WIRKLICH?
MH!
GEHT'S WIEDER?
JA, VIELEN DANK.

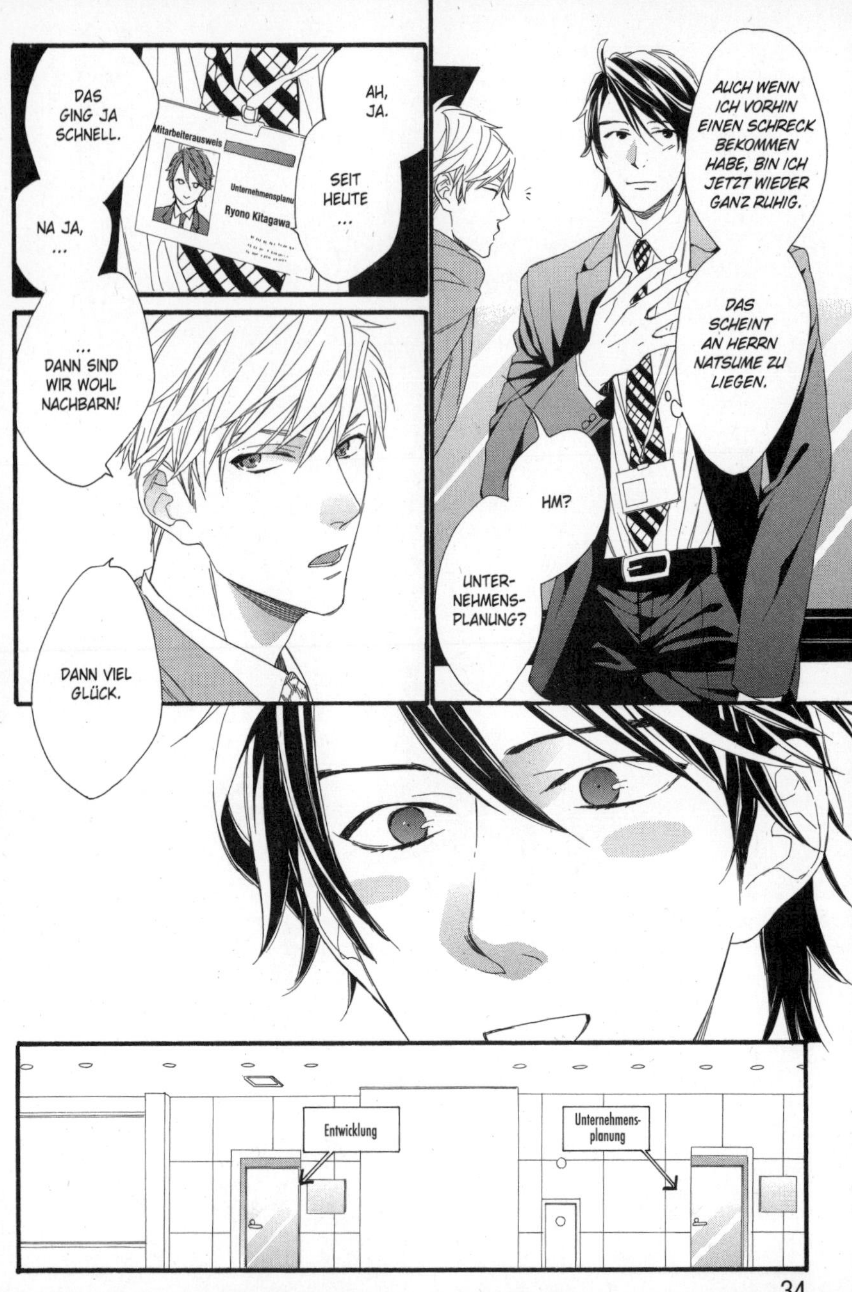
AUCH WENN ICH VORHIN EINEN SCHRECK BEKOMMEN HABE, BIN ICH JETZT WIEDER GANZ RUHIG.
DAS SCHEINT AN HERRN NATSUME ZU LIEGEN.
HM?
UNTER-NEHMENS-PLANUNG?
AH, JA.
SEIT HEUTE ...
Mitarbeiterausweis
Unternehmensplanu
Ryono Kitagawa
DAS GING JA SCHNELL.
NA JA, ...
... DANN SIND WIR WOHL NACHBARN!
DANN VIEL GLÜCK.
Unternehmens-planung
Entwicklung

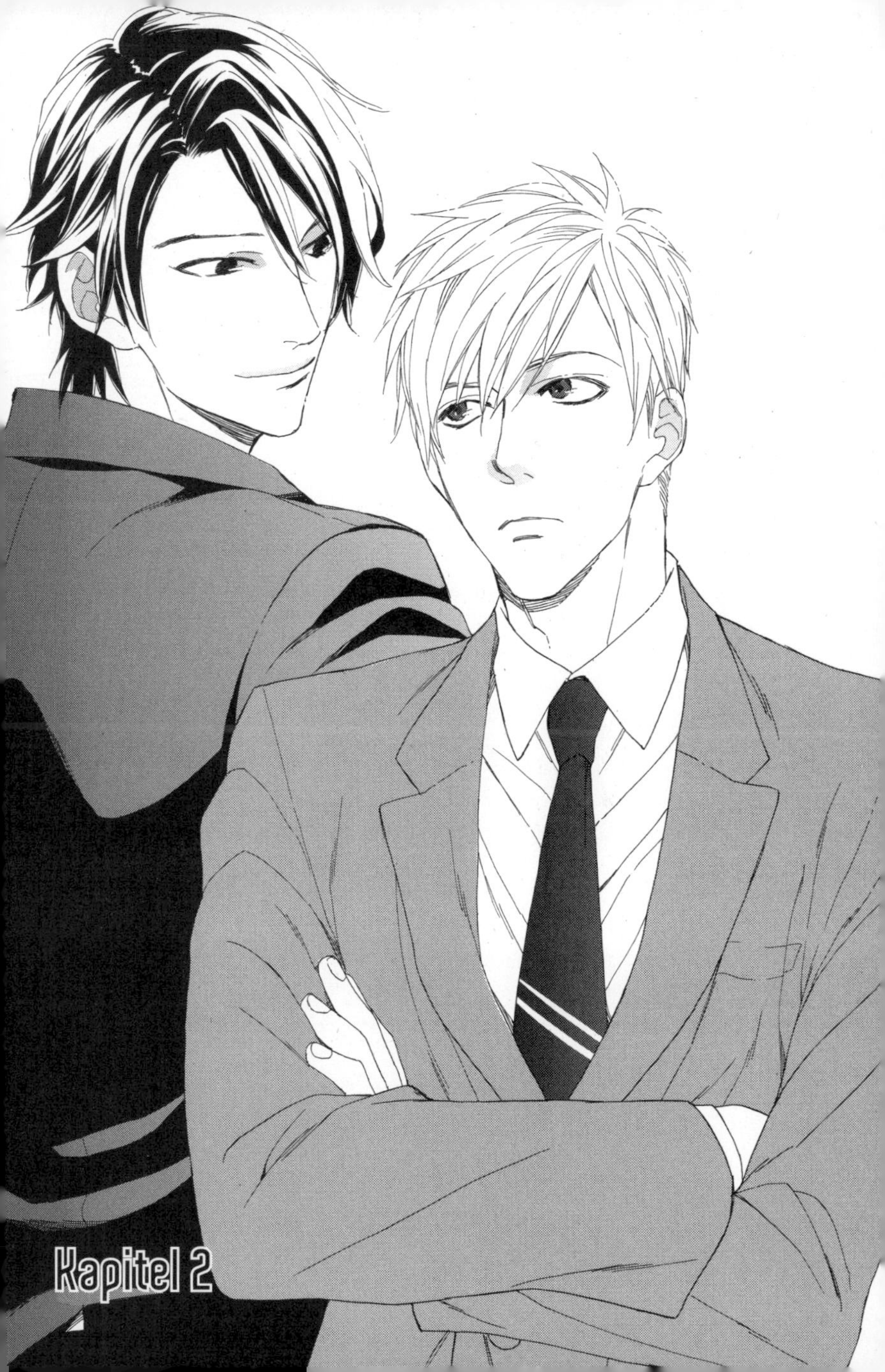
Kapitel 2

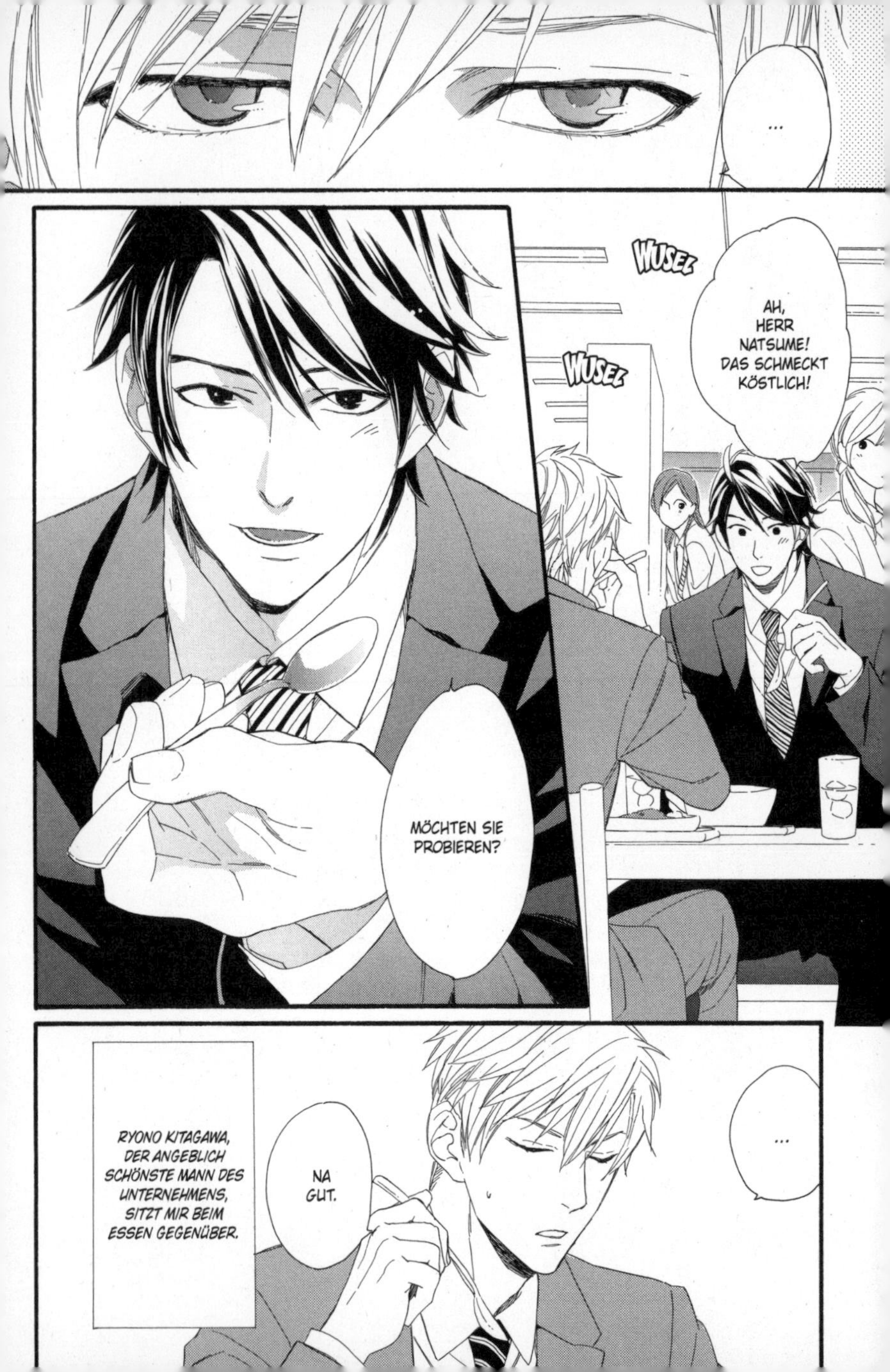
...
WUSEL
WUSEL
AH, HERR NATSUME! DAS SCHMECKT KÖSTLICH!
MÖCHTEN SIE PROBIEREN?
...
NA GUT.
RYONO KITAGAWA, DER ANGEBLICH SCHÖNSTE MANN DES UNTERNEHMENS, SITZT MIR BEIM ESSEN GEGENÜBER.

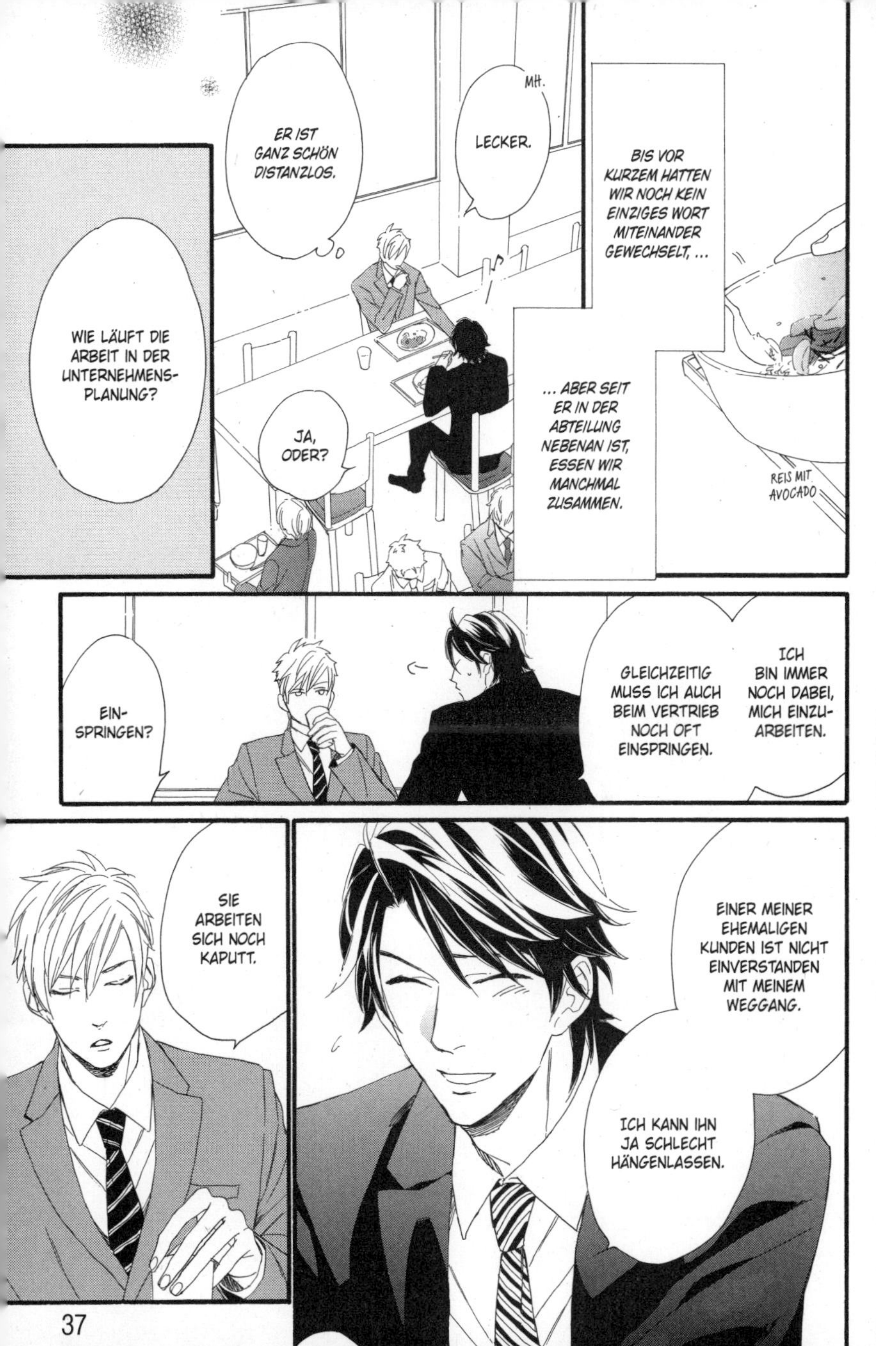
BIS VOR KURZEM HATTEN WIR NOCH KEIN EINZIGES WORT MITEINANDER GEWECHSELT, ...
... ABER SEIT ER IN DER ABTEILUNG NEBENAN IST, ESSEN WIR MANCHMAL ZUSAMMEN.
REIS MIT AVOCADO
MH.
LECKER.
ER IST GANZ SCHÖN DISTANZLOS.
JA, ODER?
WIE LÄUFT DIE ARBEIT IN DER UNTERNEHMENS-PLANUNG?
ICH BIN IMMER NOCH DABEI, MICH EINZU-ARBEITEN.
GLEICHZEITIG MUSS ICH AUCH BEIM VERTRIEB NOCH OFT EINSPRINGEN.
EIN-SPRINGEN?
EINER MEINER EHEMALIGEN KUNDEN IST NICHT EINVERSTANDEN MIT MEINEM WEGGANG.
ICH KANN IHN JA SCHLECHT HÄNGENLASSEN.
SIE ARBEITEN SICH NOCH KAPUTT.

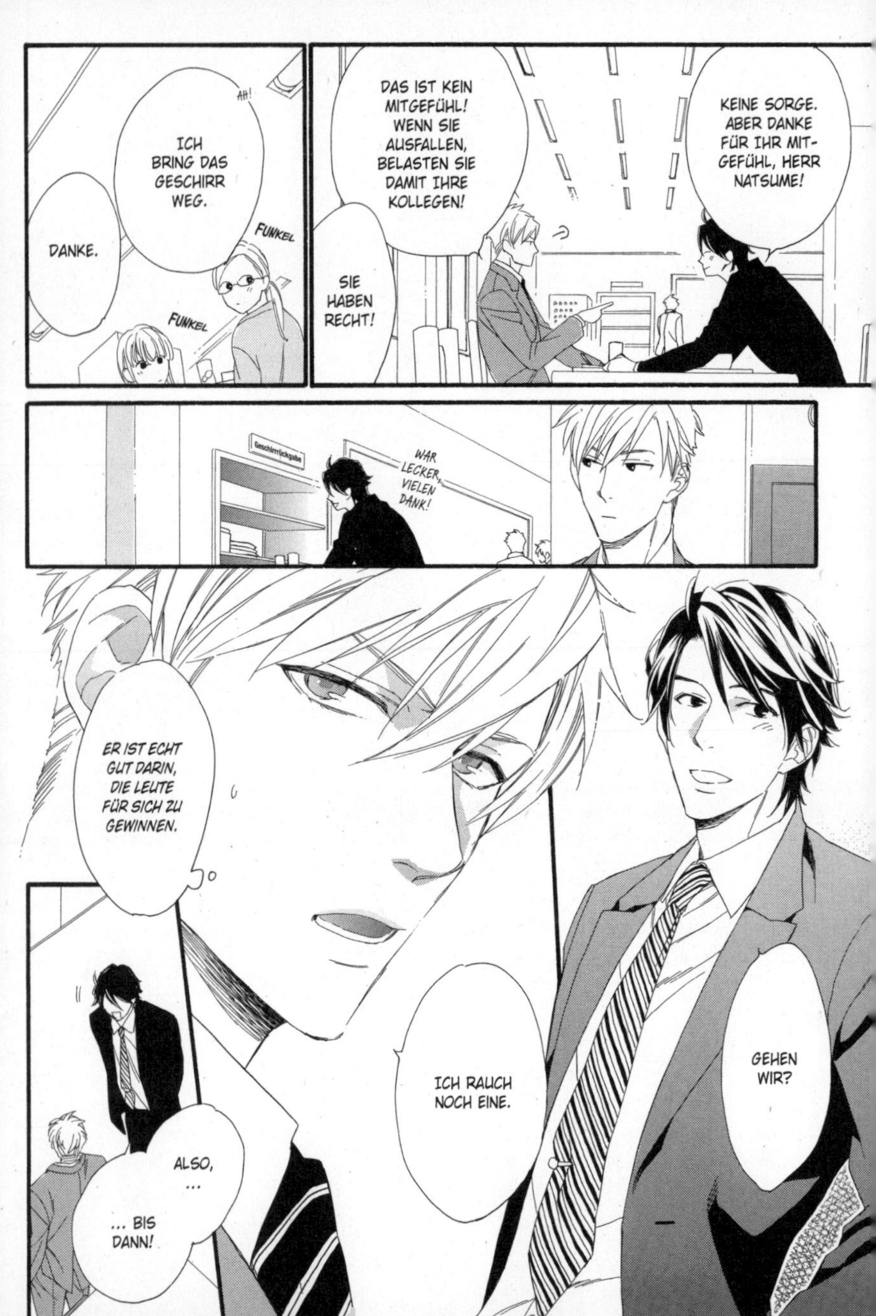
KEINE SORGE. ABER DANKE FÜR IHR MIT-GEFÜHL, HERR NATSUME!
DAS IST KEIN MITGEFÜHL! WENN SIE AUSFALLEN, BELASTEN SIE DAMIT IHRE KOLLEGEN!
SIE HABEN RECHT!
AH!
ICH BRING DAS GESCHIRR WEG.
FUNKEL
DANKE.
FUNKEL
Geschirrrückgabe
WAR LECKER, VIELEN DANK!
GEHEN WIR?
ICH RAUCH NOCH EINE.
ER IST ECHT GUT DARIN, DIE LEUTE FÜR SICH ZU GEWINNEN.
ALSO, ...
... BIS DANN!

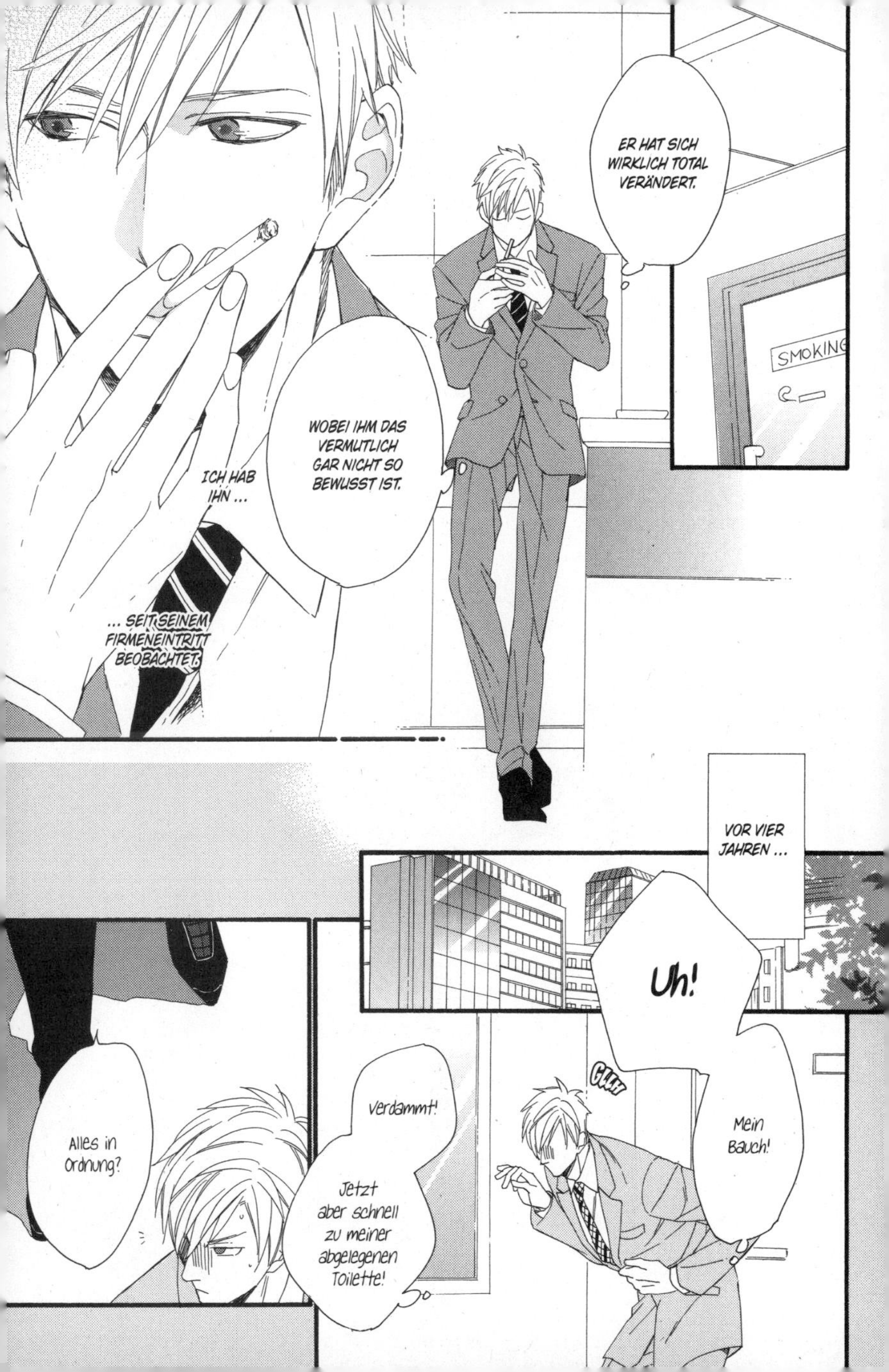
ER HAT SICH WIRKLICH TOTAL VERÄNDERT.
SMOKING
WOBEI IHM DAS VERMUTLICH GAR NICHT SO BEWUSST IST.
ICH HAB IHN ...
... SEIT SEINEM FIRMENEINTRITT BEOBACHTET.
VOR VIER JAHREN ...
Uh!
Mein Bauch!
Verdammt!
Jetzt aber schnell zu meiner abgelegenen Toilette!
Alles in Ordnung?

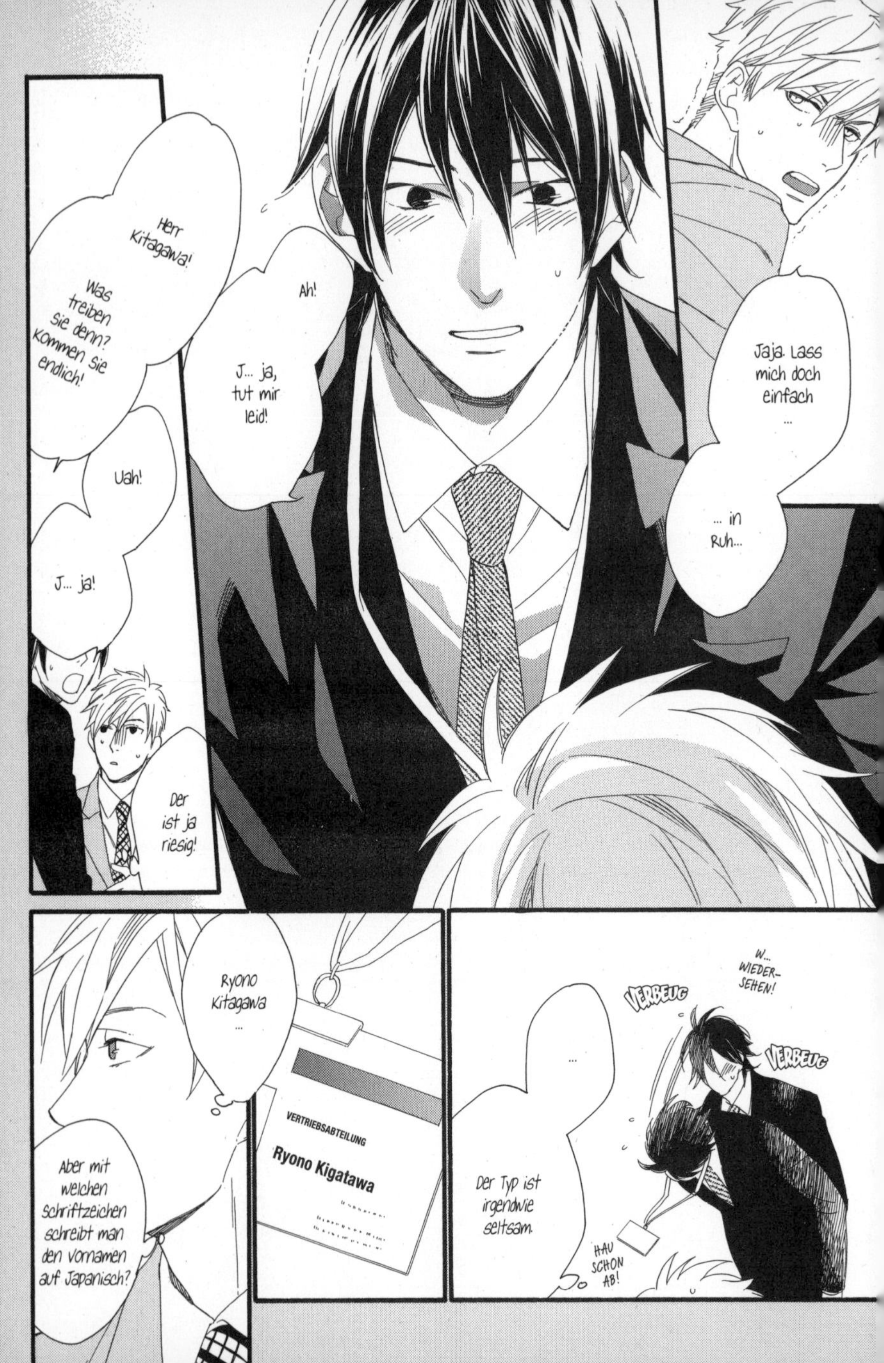
Jaja. Lass mich doch einfach ...
... in Ruh...
Ah!
J... ja, tut mir leid!
Herr Kitagawa!
Was treiben sie denn? Kommen sie endlich!
Uah!
J... ja!
Der ist ja riesig!
W... WIEDER-SEHEN!
VERBEUG
VERBEUG
HAU SCHON AB!
...
Der Typ ist irgendwie seltsam.
VERTRIEBSABTEILUNG
Ryono Kigatawa
Ryono Kitagawa ...
Aber mit welchen Schriftzeichen schreibt man den Vornamen auf Japanisch?

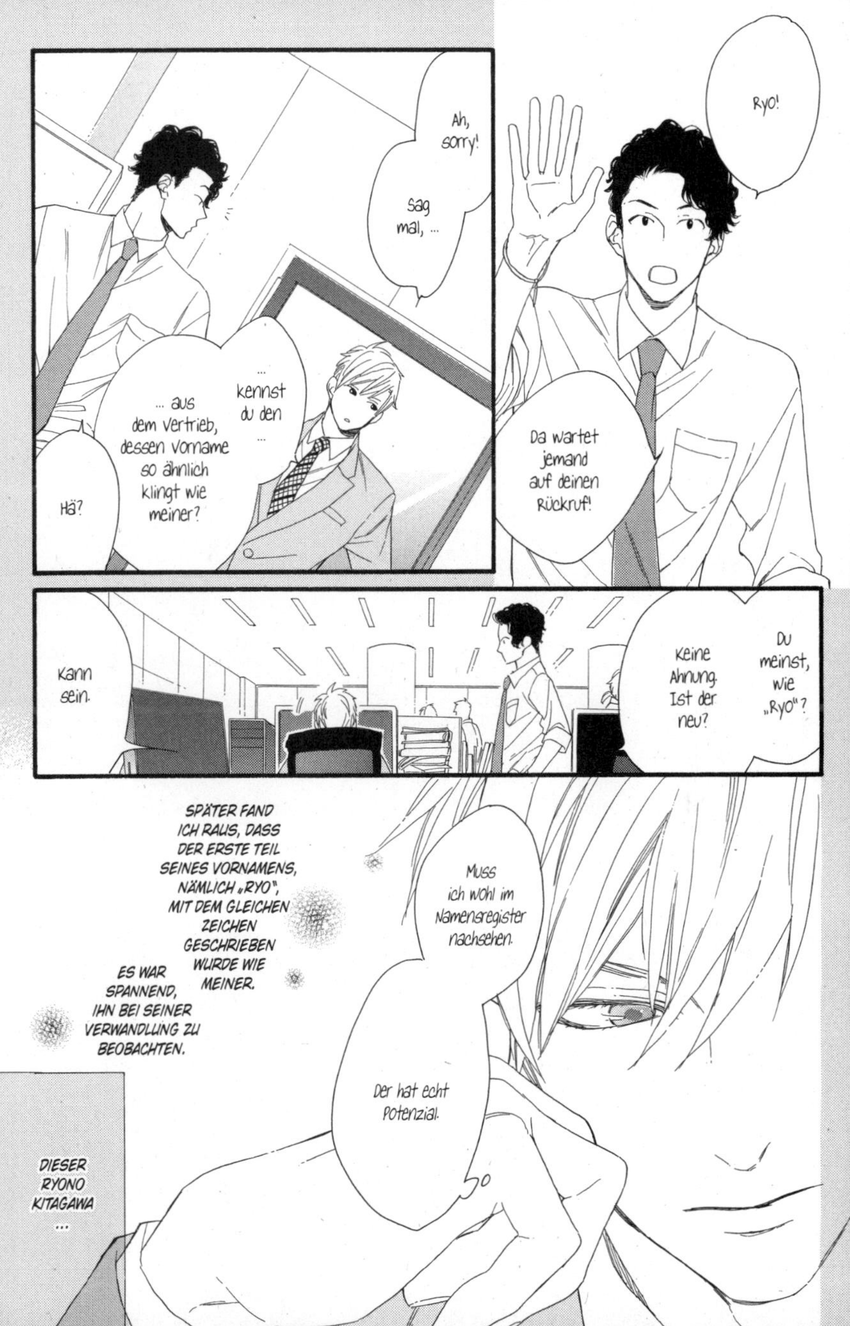

Ryo!
Da wartet jemand auf deinen Rückruf!
Ah, sorry!
Sag mal, ...
... kennst du den ...
... aus dem Vertrieb, dessen Vorname so ähnlich klingt wie meiner?
Hä?
Du meinst, wie „Ryo"?
Keine Ahnung. Ist der neu?
Kann sein.
Muss ich wohl im Namensregister nachsehen.
Der hat echt Potenzial.
SPÄTER FAND ICH RAUS, DASS DER ERSTE TEIL SEINES VORNAMENS, NÄMLICH „RYO", MIT DEM GLEICHEN ZEICHEN GESCHRIEBEN WURDE WIE MEINER.
ES WAR SPANNEND, IHN BEI SEINER VERWANDLUNG ZU BEOBACHTEN.
DIESER RYONO KITAGAWA ...

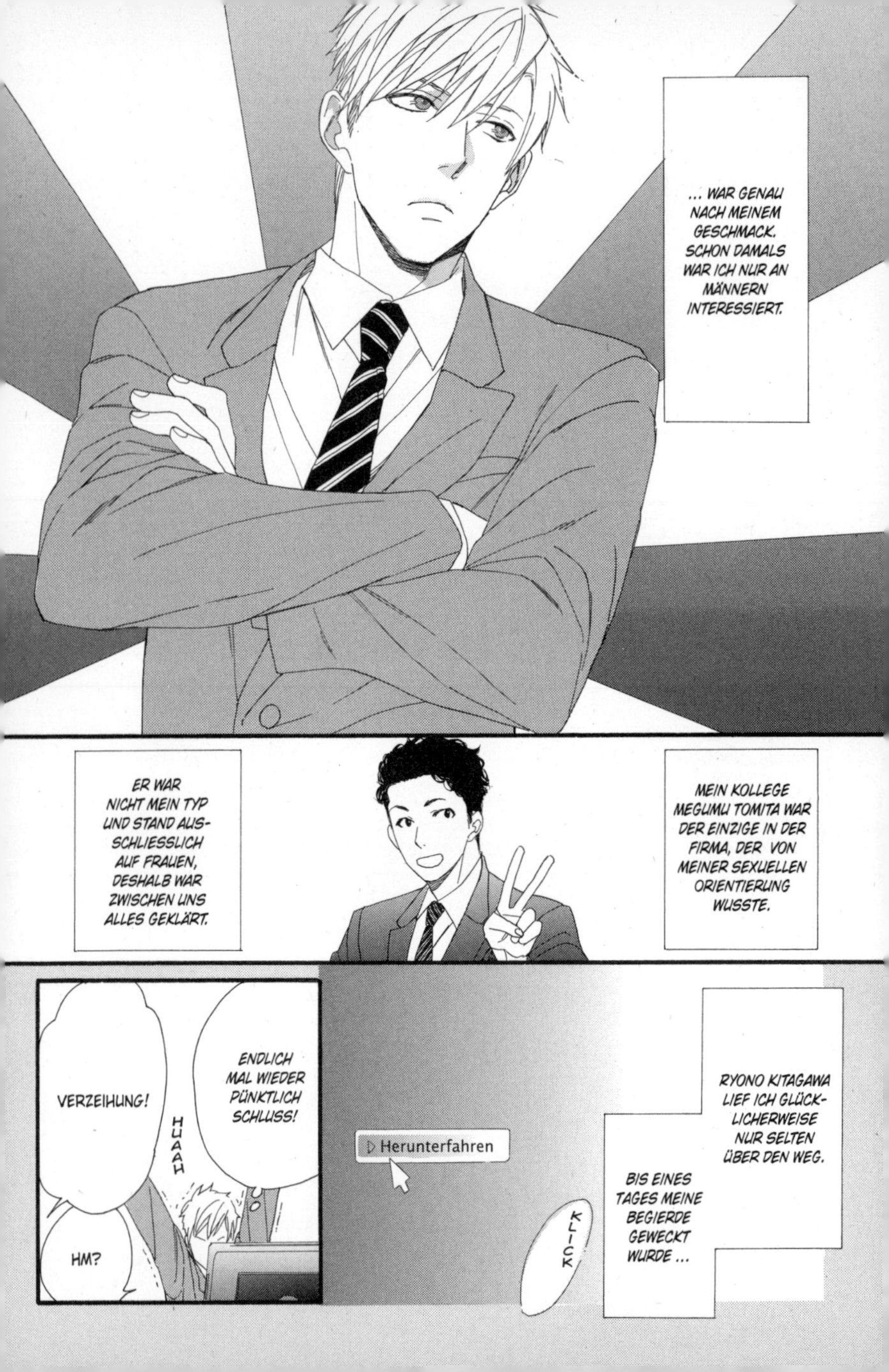

… WAR GENAU NACH MEINEM GESCHMACK. SCHON DAMALS WAR ICH NUR AN MÄNNERN INTERESSIERT.

MEIN KOLLEGE MEGUMU TOMITA WAR DER EINZIGE IN DER FIRMA, DER VON MEINER SEXUELLEN ORIENTIERUNG WUSSTE.

ER WAR NICHT MEIN TYP UND STAND AUS-SCHLIESSLICH AUF FRAUEN, DESHALB WAR ZWISCHEN UNS ALLES GEKLÄRT.

RYONO KITAGAWA LIEF ICH GLÜCK-LICHERWEISE NUR SELTEN ÜBER DEN WEG.

BIS EINES TAGES MEINE BEGIERDE GEWECKT WURDE …

KLICK

▷ Herunterfahren

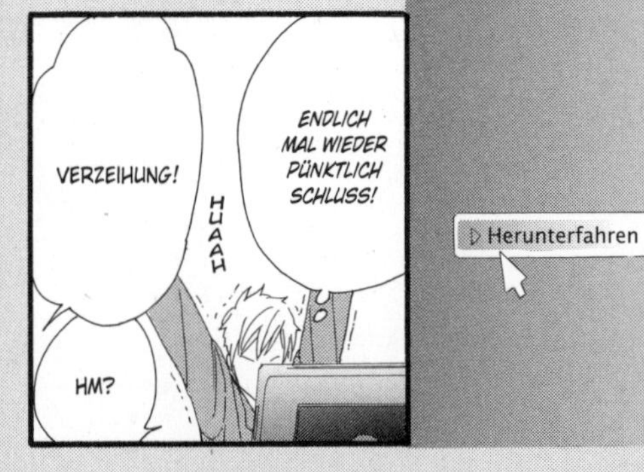

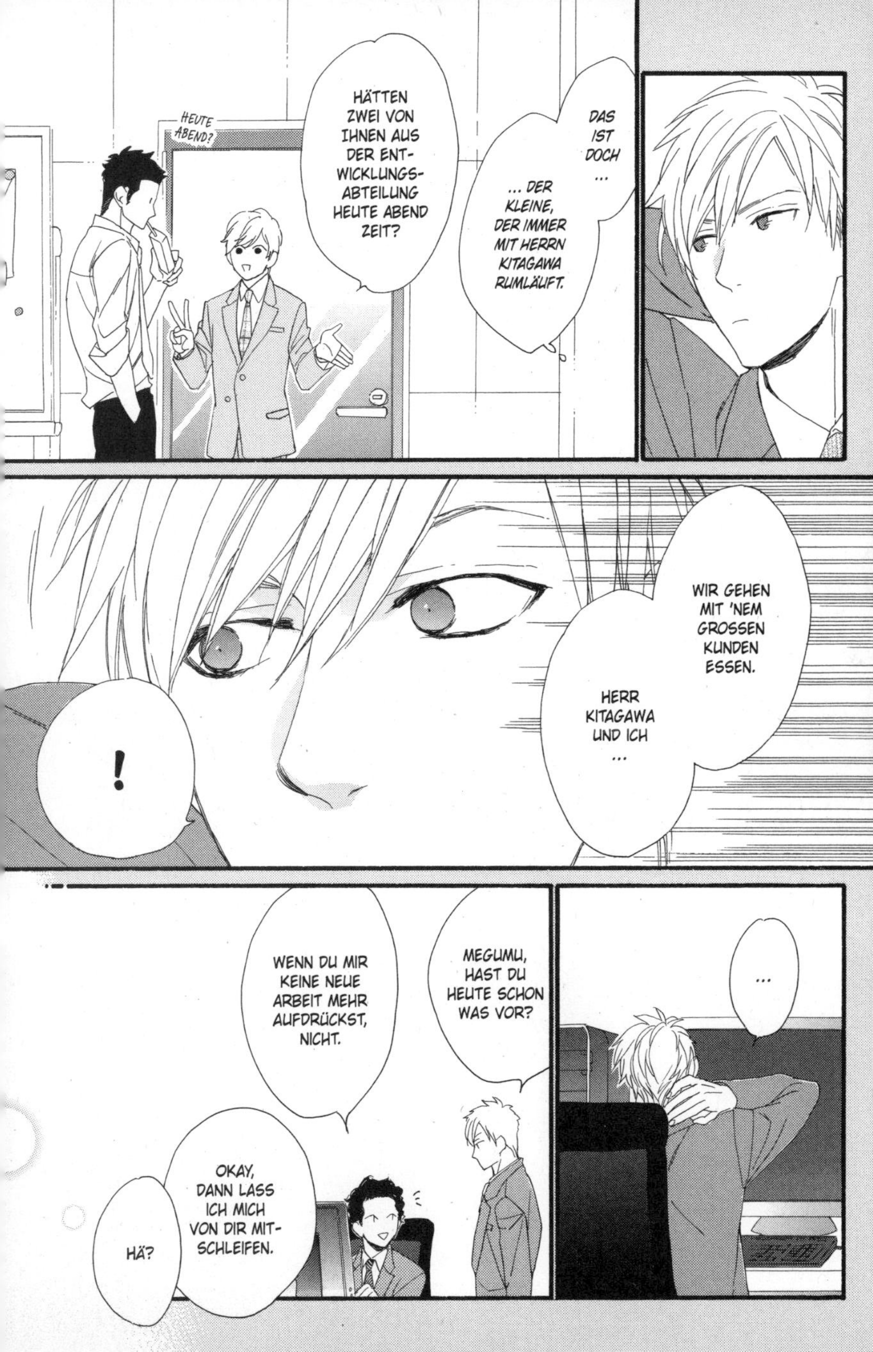

DAS IST DOCH ...
... DER KLEINE, DER IMMER MIT HERRN KITAGAWA RUMLÄUFT.
HÄTTEN ZWEI VON IHNEN AUS DER ENT-WICKLUNGS-ABTEILUNG HEUTE ABEND ZEIT?
HEUTE ABEND?
WIR GEHEN MIT 'NEM GROSSEN KUNDEN ESSEN.
HERR KITAGAWA UND ICH ...
!
...
MEGUMU, HAST DU HEUTE SCHON WAS VOR?
WENN DU MIR KEINE NEUE ARBEIT MEHR AUFDRÜCKST, NICHT.
OKAY, DANN LASS ICH MICH VON DIR MIT-SCHLEIFEN.
HÄ?

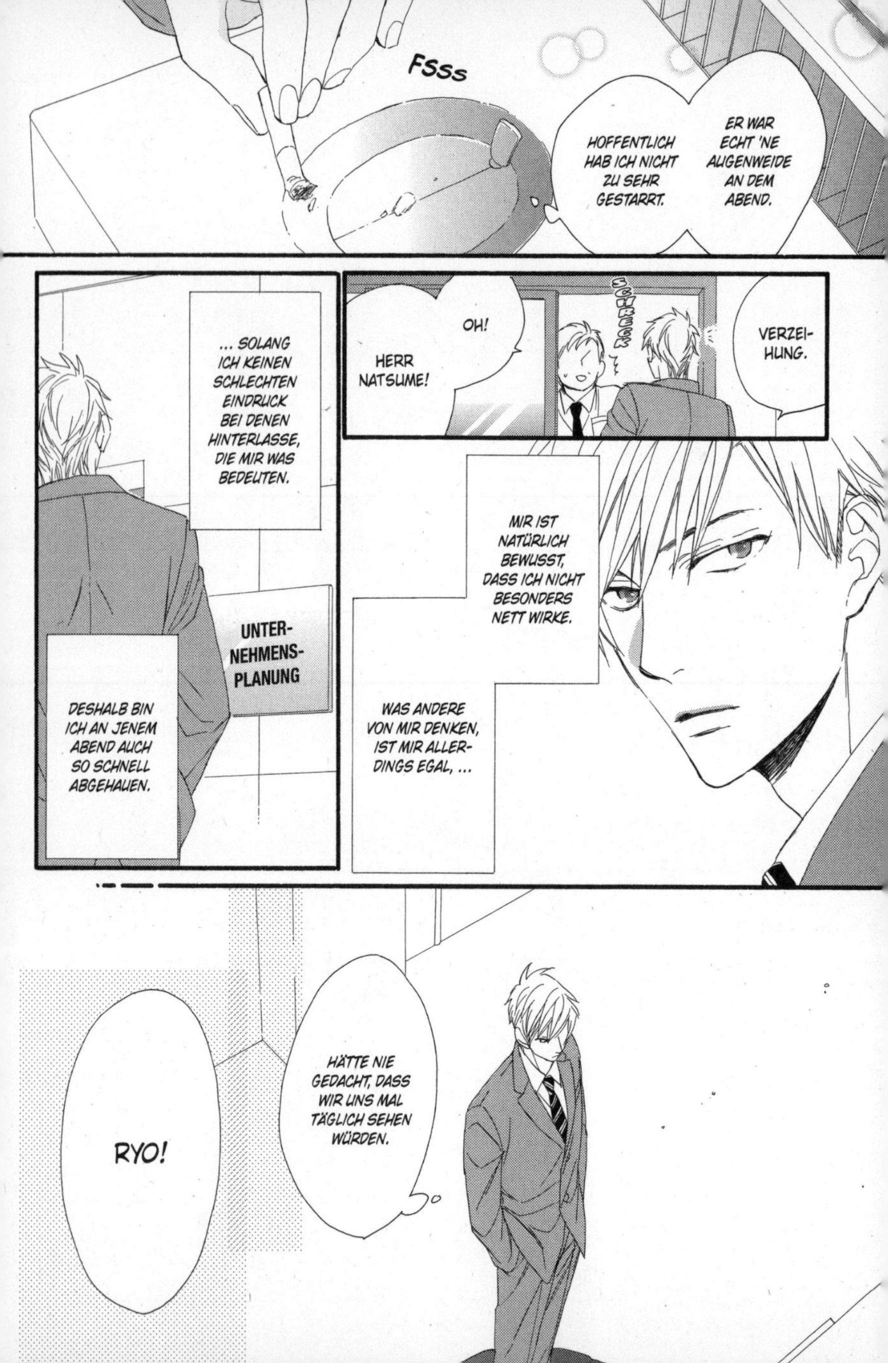
FSSS
ER WAR ECHT 'NE AUGENWEIDE AN DEM ABEND.
HOFFENTLICH HAB ICH NICHT ZU SEHR GESTARRT.
VERZEI-HUNG.
SCHRECK
OH!
HERR NATSUME!
MIR IST NATÜRLICH BEWUSST, DASS ICH NICHT BESONDERS NETT WIRKE.
WAS ANDERE VON MIR DENKEN, IST MIR ALLER-DINGS EGAL, ...
... SOLANG ICH KEINEN SCHLECHTEN EINDRUCK BEI DENEN HINTERLASSE, DIE MIR WAS BEDEUTEN.
UNTER-NEHMENS-PLANUNG
DESHALB BIN ICH AN JENEM ABEND AUCH SO SCHNELL ABGEHAUEN.
HÄTTE NIE GEDACHT, DASS WIR UNS MAL TÄGLICH SEHEN WÜRDEN.
RYO!

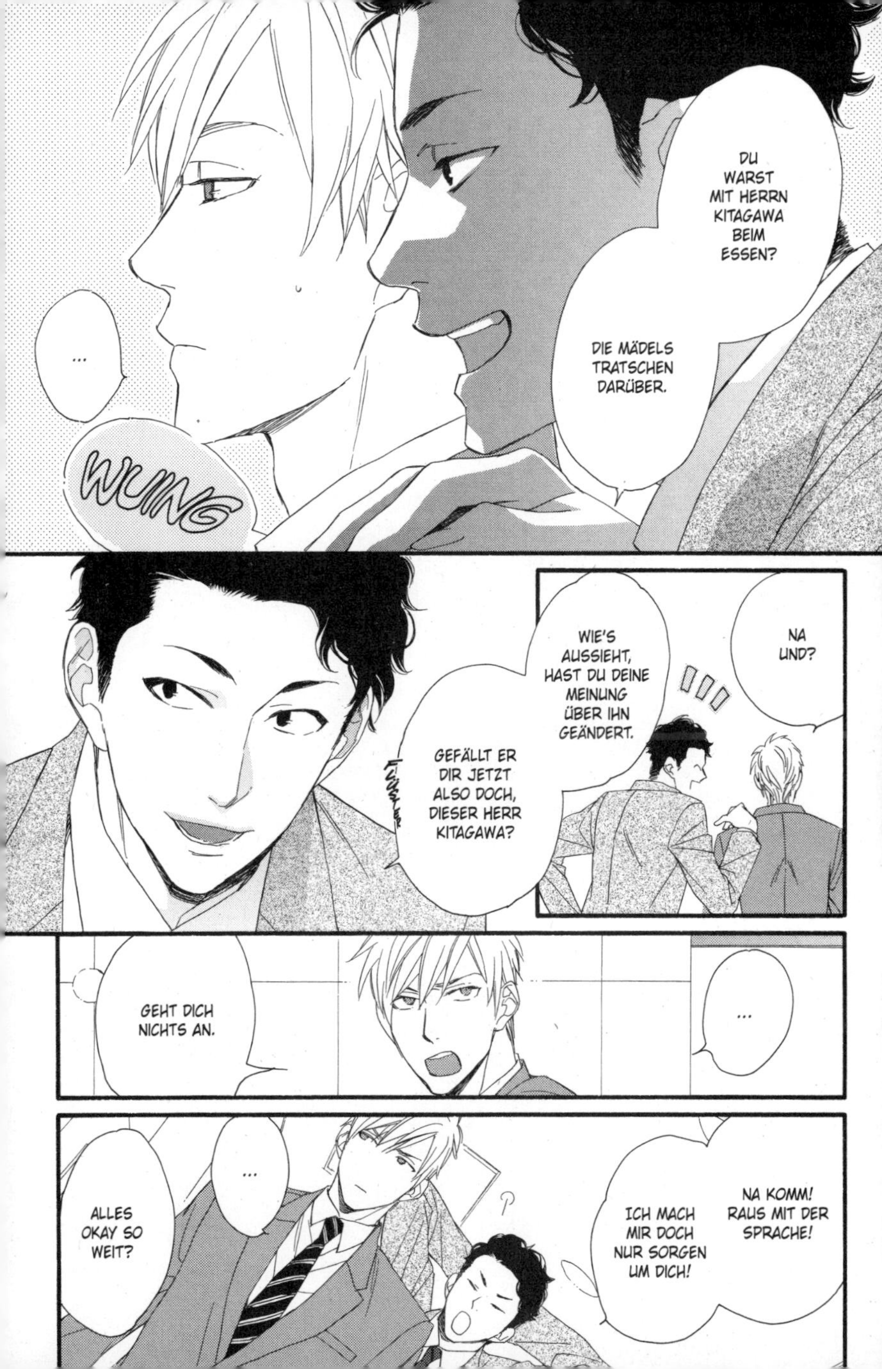
DU WARST MIT HERRN KITAGAWA BEIM ESSEN?
DIE MÄDELS TRATSCHEN DARÜBER.
...
WUNG
NA UND?
WIE'S AUSSIEHT, HAST DU DEINE MEINUNG ÜBER IHN GEÄNDERT.
GEFÄLLT ER DIR JETZT ALSO DOCH, DIESER HERR KITAGAWA?
...
GEHT DICH NICHTS AN.
NA KOMM! RAUS MIT DER SPRACHE!
ICH MACH MIR DOCH NUR SORGEN UM DICH!
?
...
ALLES OKAY SO WEIT?

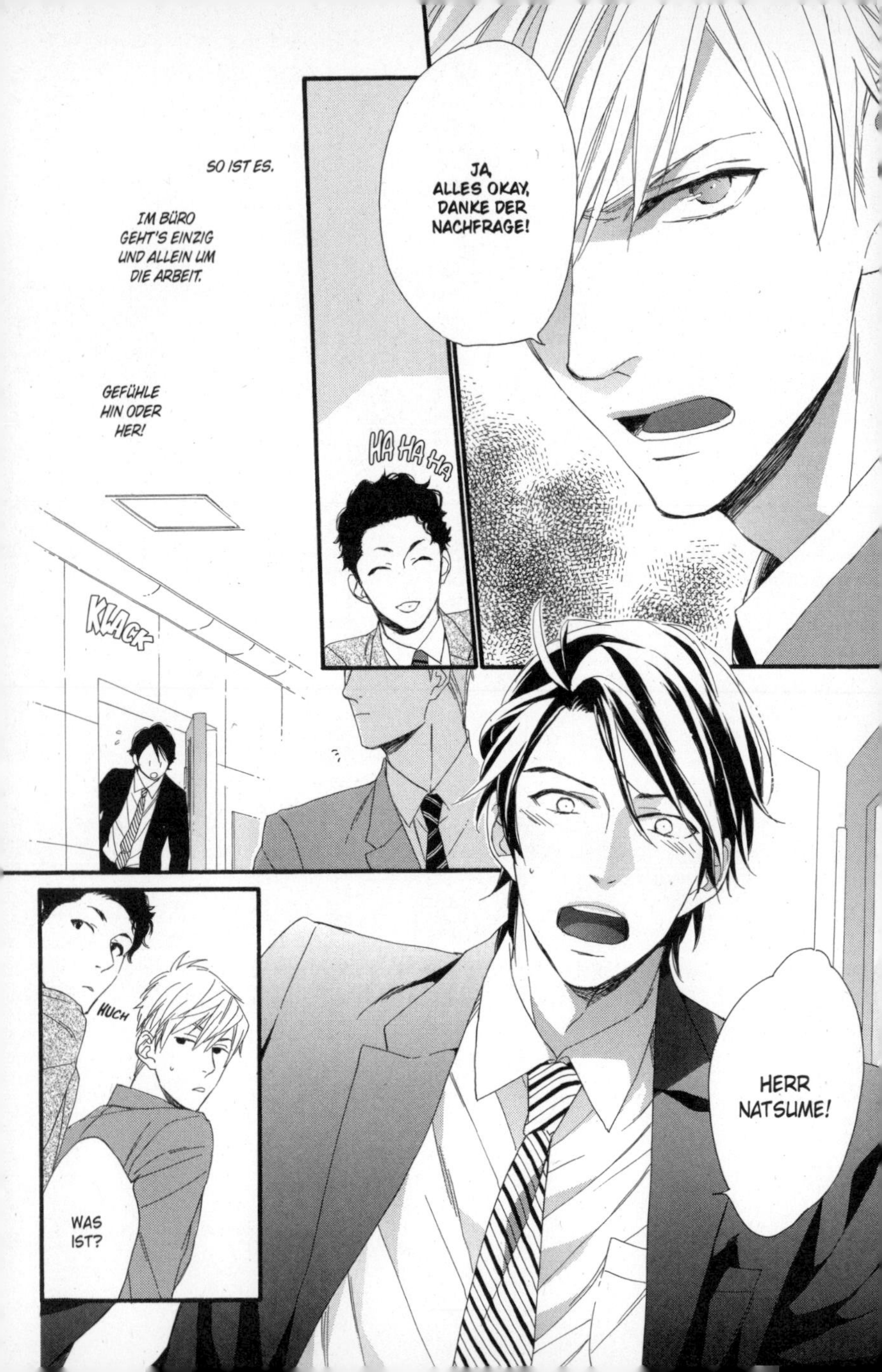
JA, ALLES OKAY, DANKE DER NACHFRAGE!
SO IST ES.
IM BÜRO GEHT'S EINZIG UND ALLEIN UM DIE ARBEIT.
HA HA HA
GEFÜHLE HIN ODER HER!
KLACK
HERR NATSUME!
HUCH
WAS IST?

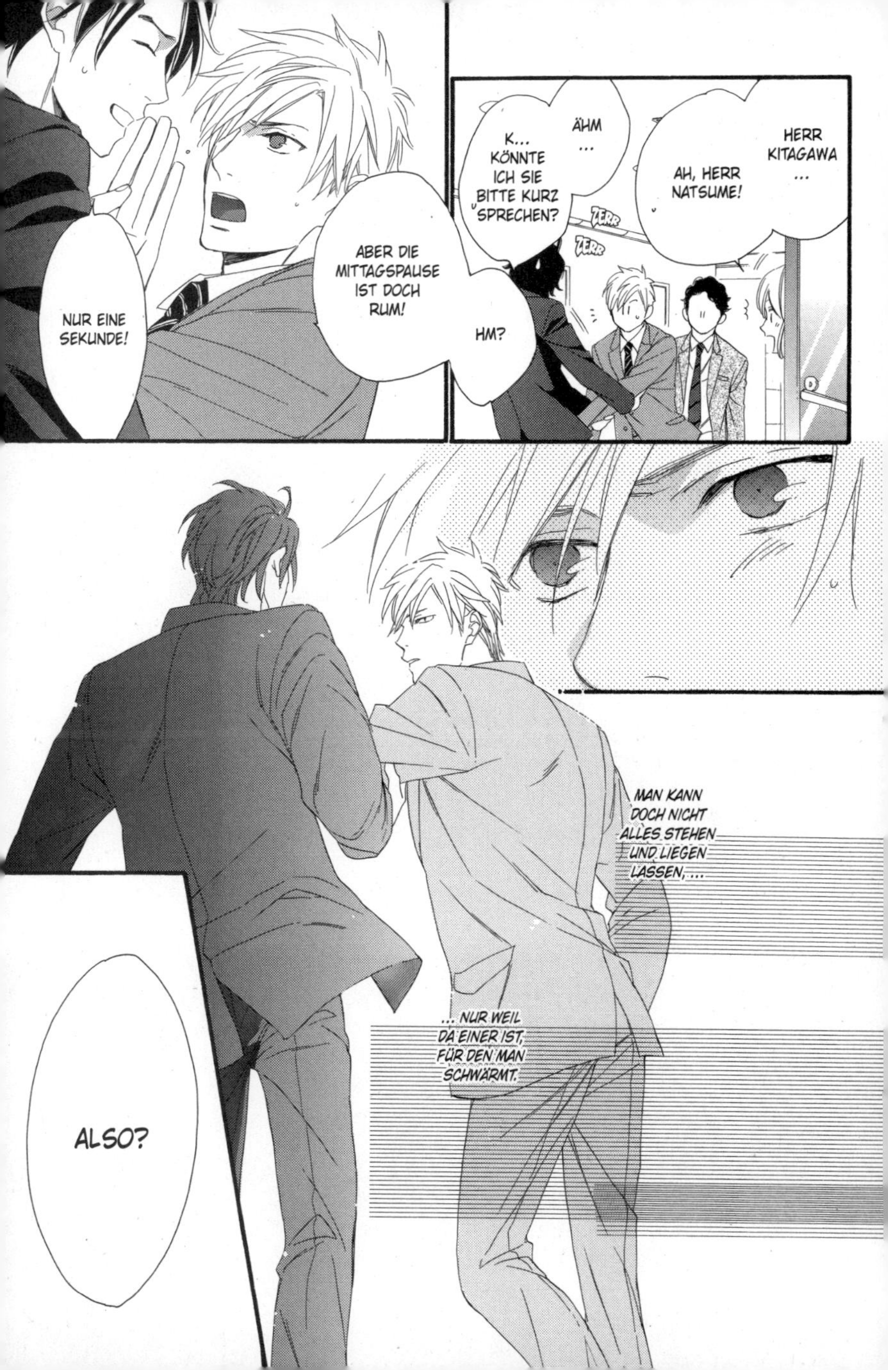
HERR KITAGAWA ...
AH, HERR NATSUME!
ÄHM ...
K... KÖNNTE ICH SIE BITTE KURZ SPRECHEN?
ZERR
ZERR
HM?
ABER DIE MITTAGSPAUSE IST DOCH RUM!
NUR EINE SEKUNDE!
MAN KANN DOCH NICHT ALLES STEHEN UND LIEGEN LASSEN, ...
... NUR WEIL DA EINER IST, FÜR DEN MAN SCHWÄRMT.
ALSO?

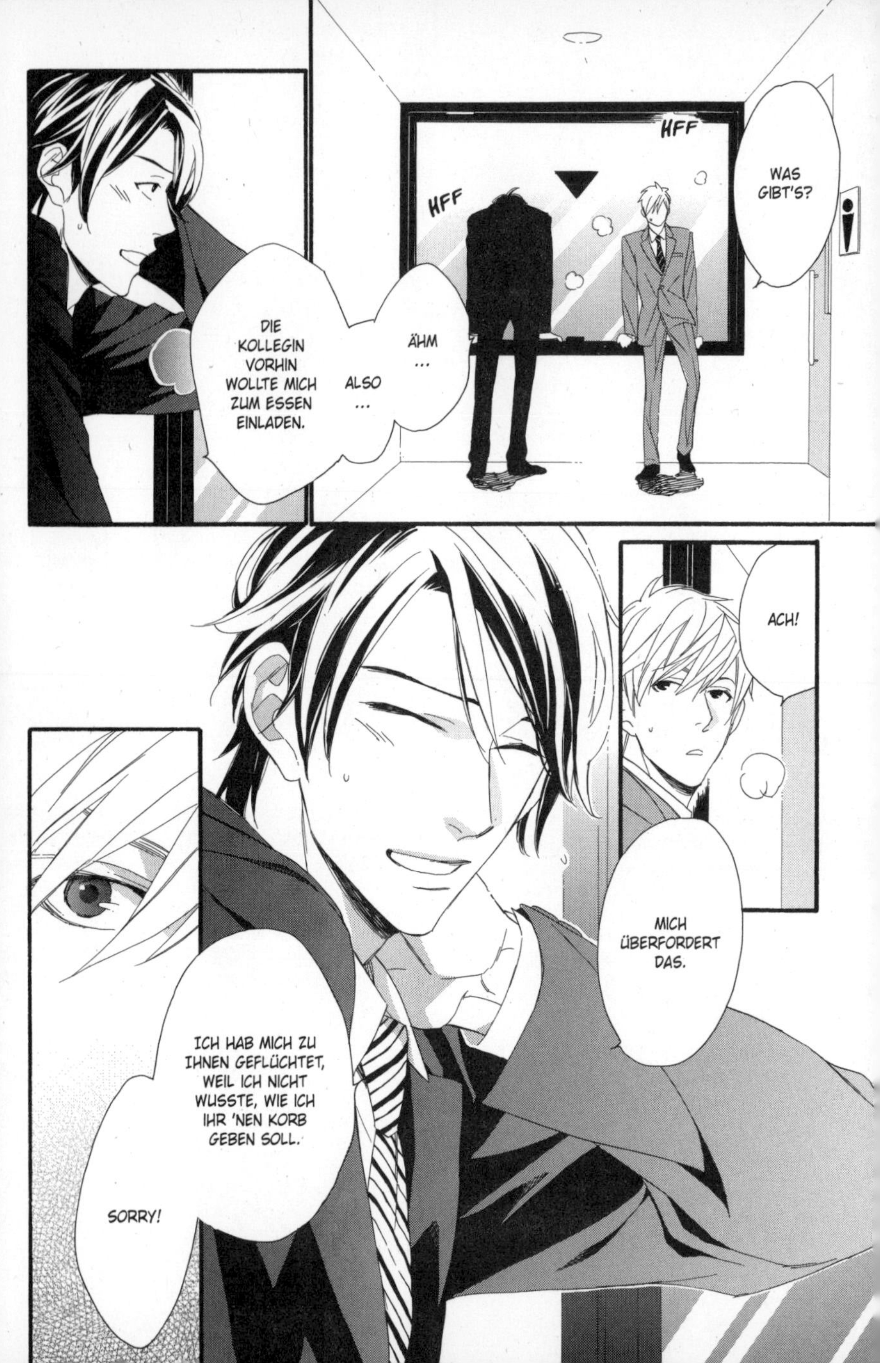
WAS GIBT'S?
HFF
HFF
ÄHM ...
ALSO ...
DIE KOLLEGIN VORHIN WOLLTE MICH ZUM ESSEN EINLADEN.
ACH!
MICH ÜBERFORDERT DAS.
ICH HAB MICH ZU IHNEN GEFLÜCHTET, WEIL ICH NICHT WUSSTE, WIE ICH IHR 'NEN KORB GEBEN SOLL.
SORRY!

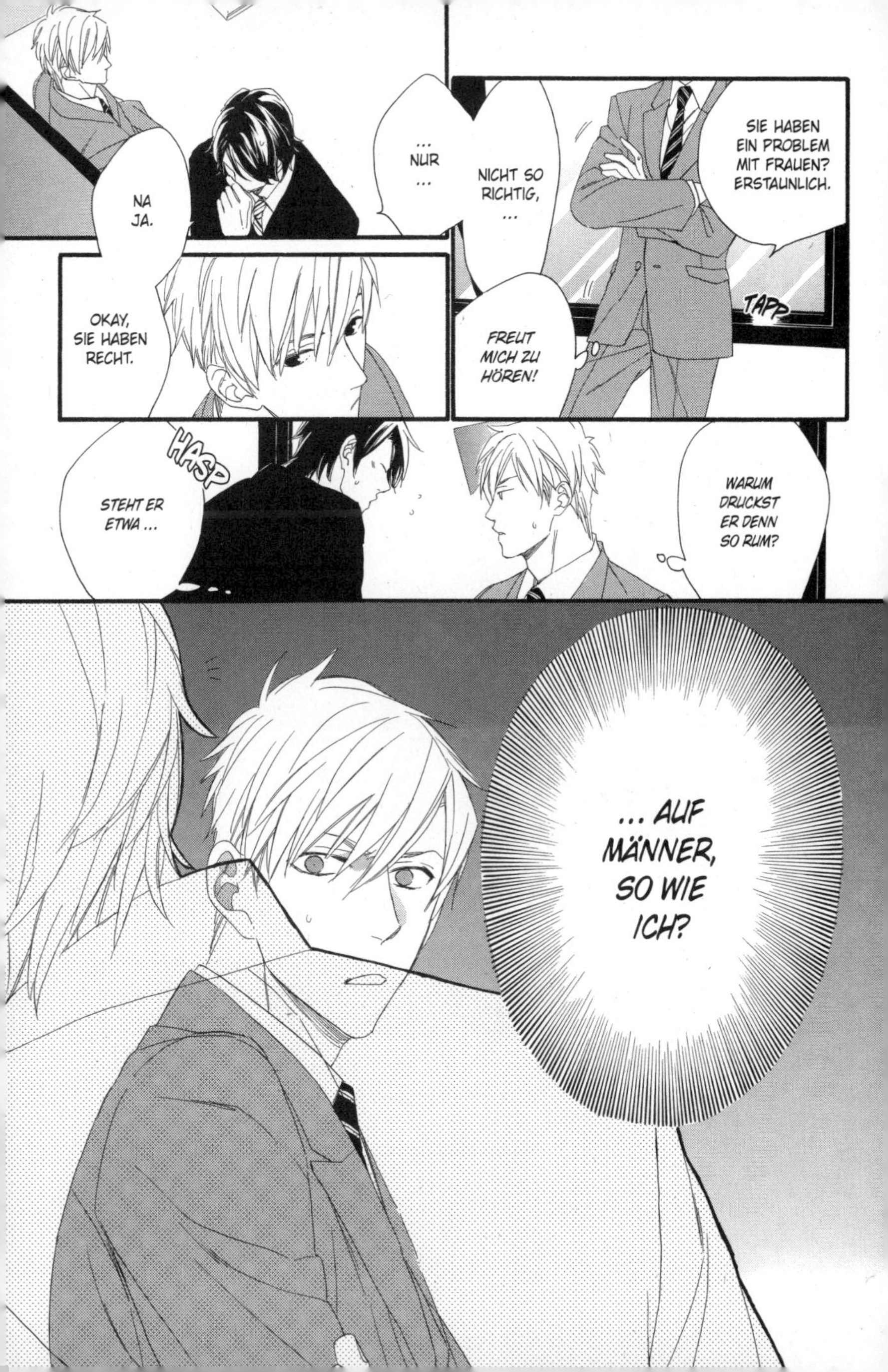
SIE HABEN EIN PROBLEM MIT FRAUEN? ERSTAUNLICH.
NICHT SO RICHTIG, …
… NUR …
NA JA.
FREUT MICH ZU HÖREN!
TAPP
OKAY, SIE HABEN RECHT.
WARUM DRUCKST ER DENN SO RUM?
HASP
STEHT ER ETWA …
… AUF MÄNNER, SO WIE ICH?

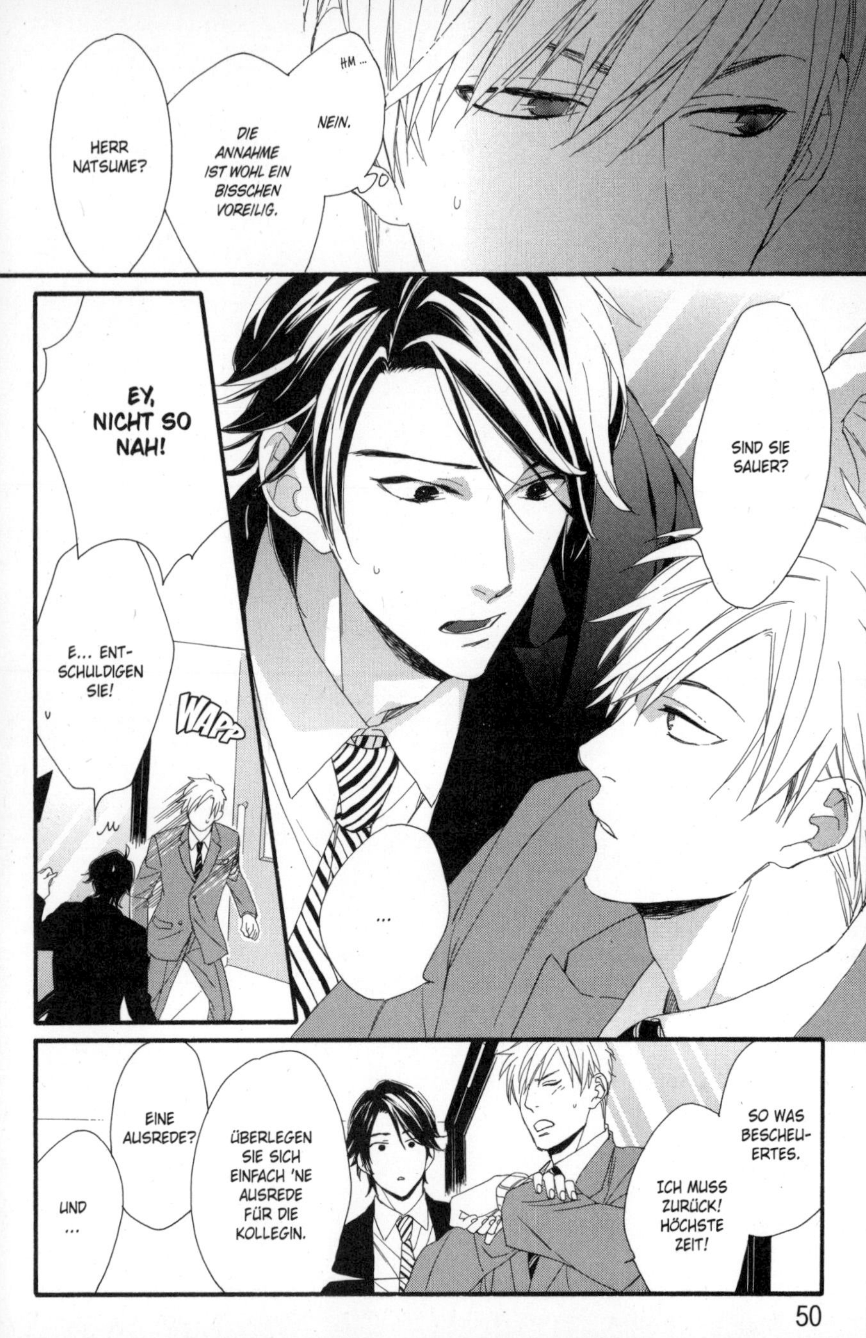
HM ...
NEIN.
DIE ANNAHME IST WOHL EIN BISSCHEN VOREILIG.
HERR NATSUME?
SIND SIE SAUER?
EY, NICHT SO NAH!
...
E... ENT-SCHULDIGEN SIE!
WAPP
SO WAS BESCHEUERTES.
ICH MUSS ZURÜCK! HÖCHSTE ZEIT!
ÜBERLEGEN SIE SICH EINFACH 'NE AUSREDE FÜR DIE KOLLEGIN.
EINE AUSREDE?
UND ...

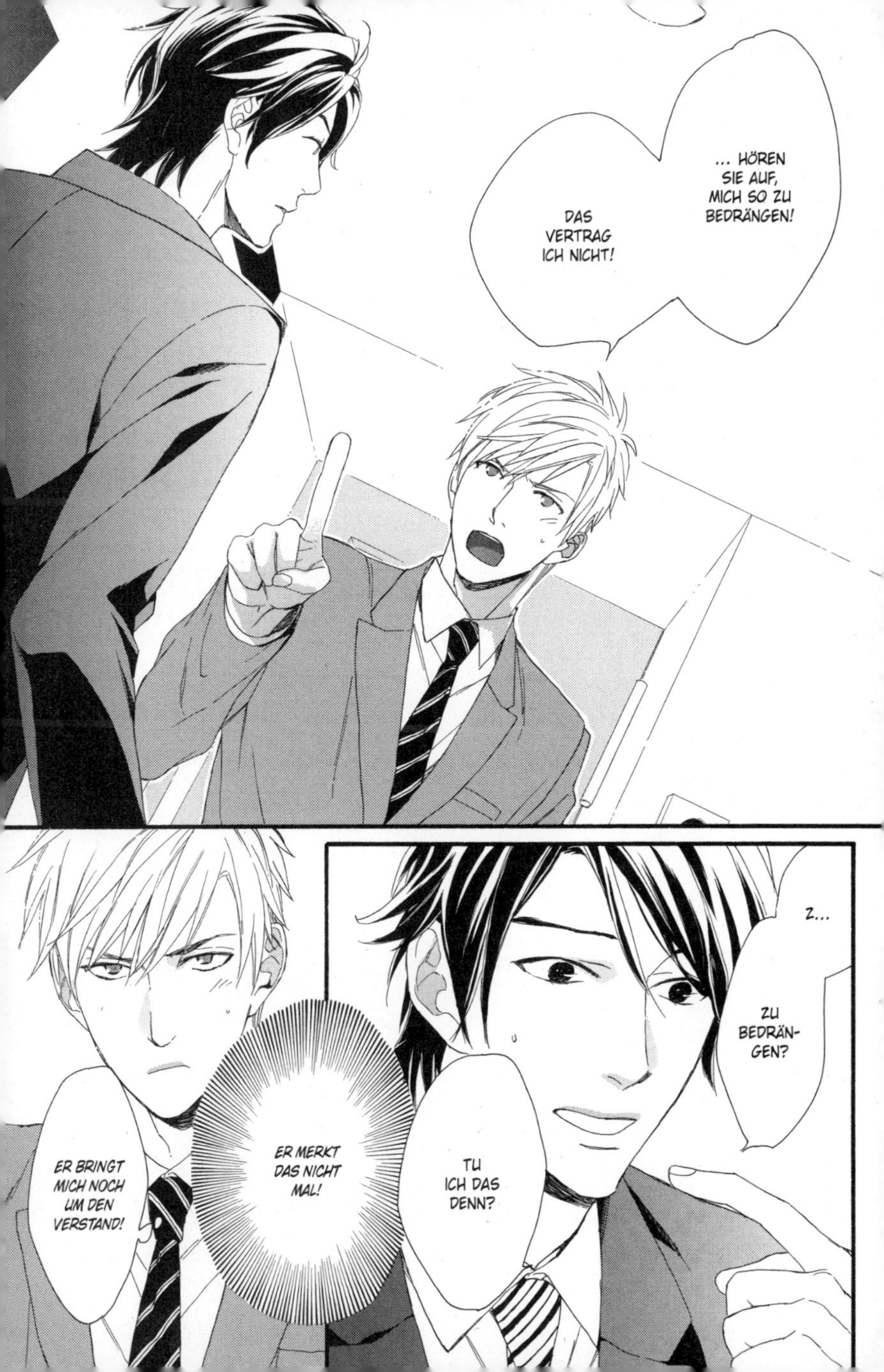
... HÖREN SIE AUF, MICH SO ZU BEDRÄNGEN!
DAS VERTRAG ICH NICHT!
Z...
ZU BEDRÄN-GEN?
TU ICH DAS DENN?
ER MERKT DAS NICHT MAL!
ER BRINGT MICH NOCH UM DEN VERSTAND!

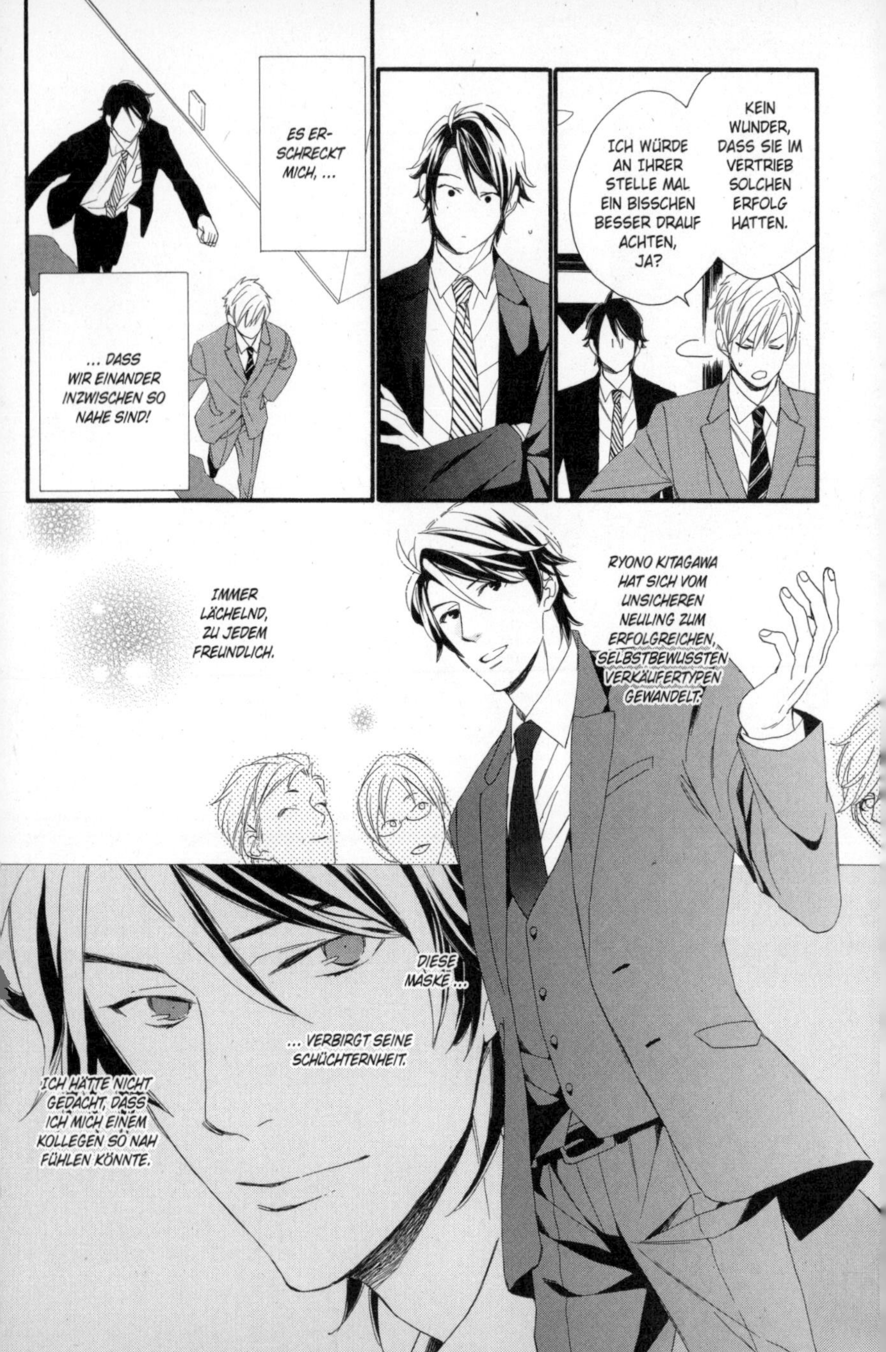

KEIN WUNDER, DASS SIE IM VERTRIEB SOLCHEN ERFOLG HATTEN.
ICH WÜRDE AN IHRER STELLE MAL EIN BISSCHEN BESSER DRAUF ACHTEN, JA?
ES ER-SCHRECKT MICH, …
… DASS WIR EINANDER INZWISCHEN SO NAHE SIND!
RYONO KITAGAWA HAT SICH VOM UNSICHEREN NEULING ZUM ERFOLGREICHEN, SELBSTBEWUSSTEN VERKÄUFERTYPEN GEWANDELT.
IMMER LÄCHELND, ZU JEDEM FREUNDLICH.
DIESE MASKE …
… VERBIRGT SEINE SCHÜCHTERNHEIT.
ICH HÄTTE NICHT GEDACHT, DASS ICH MICH EINEM KOLLEGEN SO NAH FÜHLEN KÖNNTE.

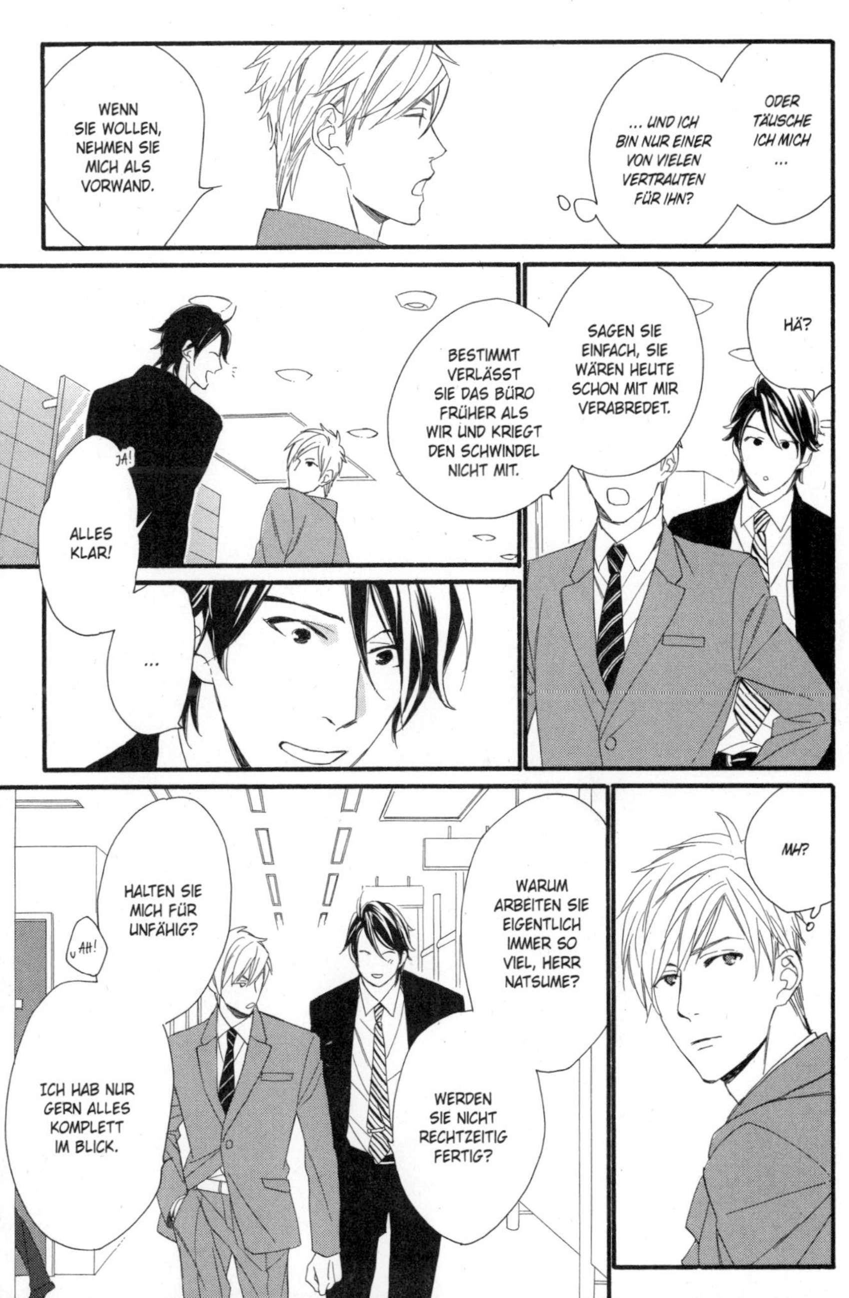
ODER TÄUSCHE ICH MICH ...
... UND ICH BIN NUR EINER VON VIELEN VERTRAUTEN FÜR IHN?
WENN SIE WOLLEN, NEHMEN SIE MICH ALS VORWAND.
HÄ?
SAGEN SIE EINFACH, SIE WÄREN HEUTE SCHON MIT MIR VERABREDET.
BESTIMMT VERLÄSST SIE DAS BÜRO FRÜHER ALS WIR UND KRIEGT DEN SCHWINDEL NICHT MIT.
JA!
ALLES KLAR!
...
MH?
WARUM ARBEITEN SIE EIGENTLICH IMMER SO VIEL, HERR NATSUME?
WERDEN SIE NICHT RECHTZEITIG FERTIG?
HALTEN SIE MICH FÜR UNFÄHIG?
AH!
ICH HAB NUR GERN ALLES KOMPLETT IM BLICK.

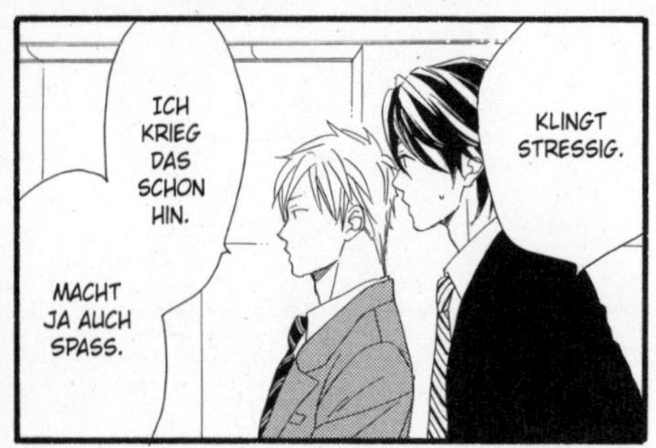
UNSER ABTEILUNGSLEITER IST MIR EIN BISSCHEN ZU NACHLÄSSIG.
HA HA HA!
SEHR VERANTWORTUNGSBEWUSST VON IHNEN!
KLINGT STRESSIG.
ICH KRIEG DAS SCHON HIN.
MACHT JA AUCH SPASS.

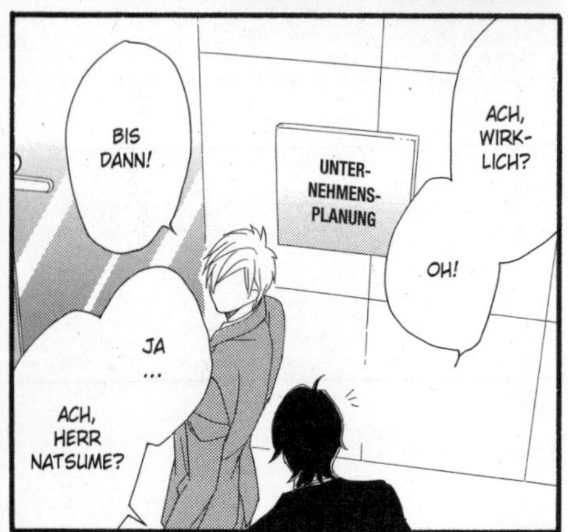
HÖREN SIE AUF, MIR SCHMEICHELN ZU WOLLEN.
ABER STIMMT SCHON … ICH HAB IMMER 'NEN BERG ABZUARBEITEN.
ACH, WIRKLICH?
OH!
UNTERNEHMENSPLANUNG
BIS DANN!
JA …
ACH, HERR NATSUME?

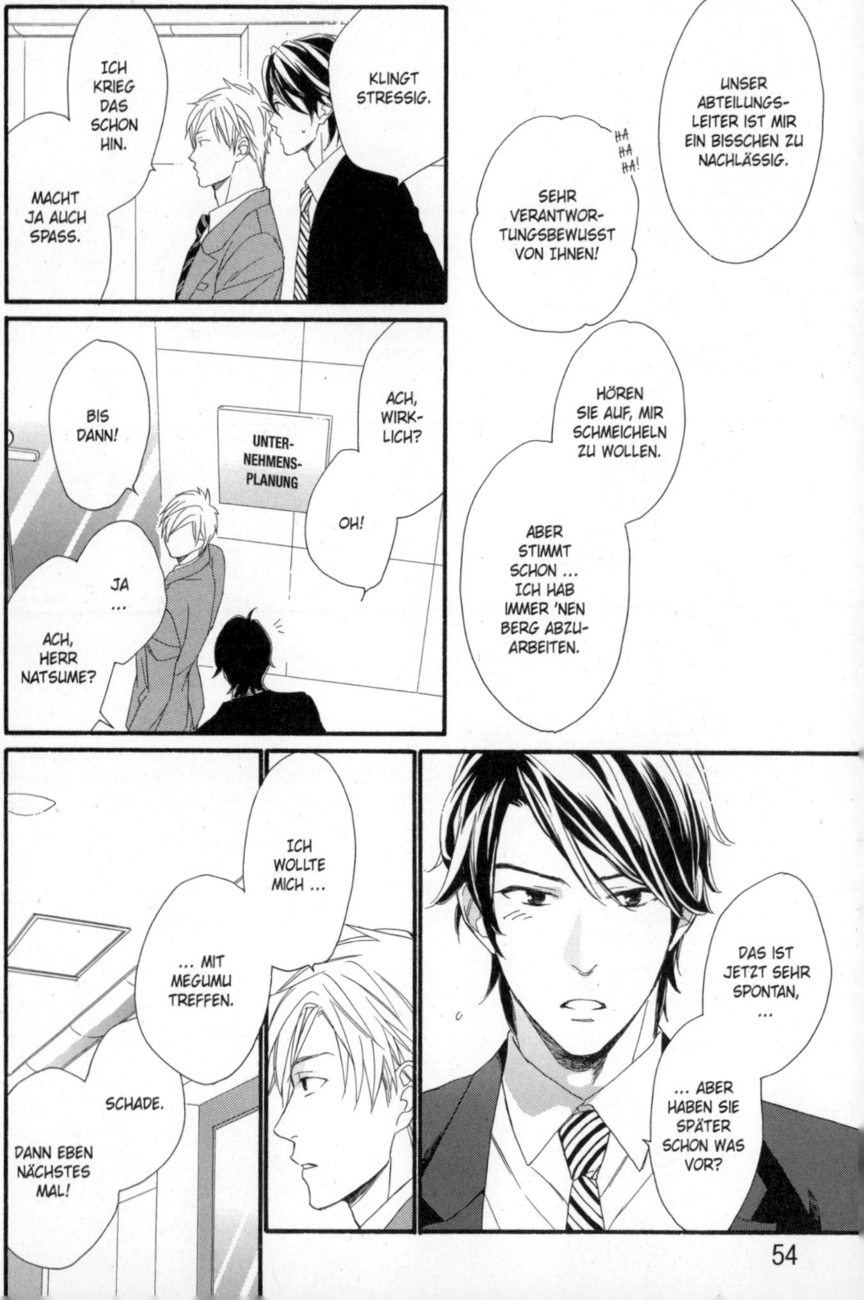

DAS IST JETZT SEHR SPONTAN, …
… ABER HABEN SIE SPÄTER SCHON WAS VOR?
ICH WOLLTE MICH …
… MIT MEGUMU TREFFEN.
SCHADE.
DANN EBEN NÄCHSTES MAL!

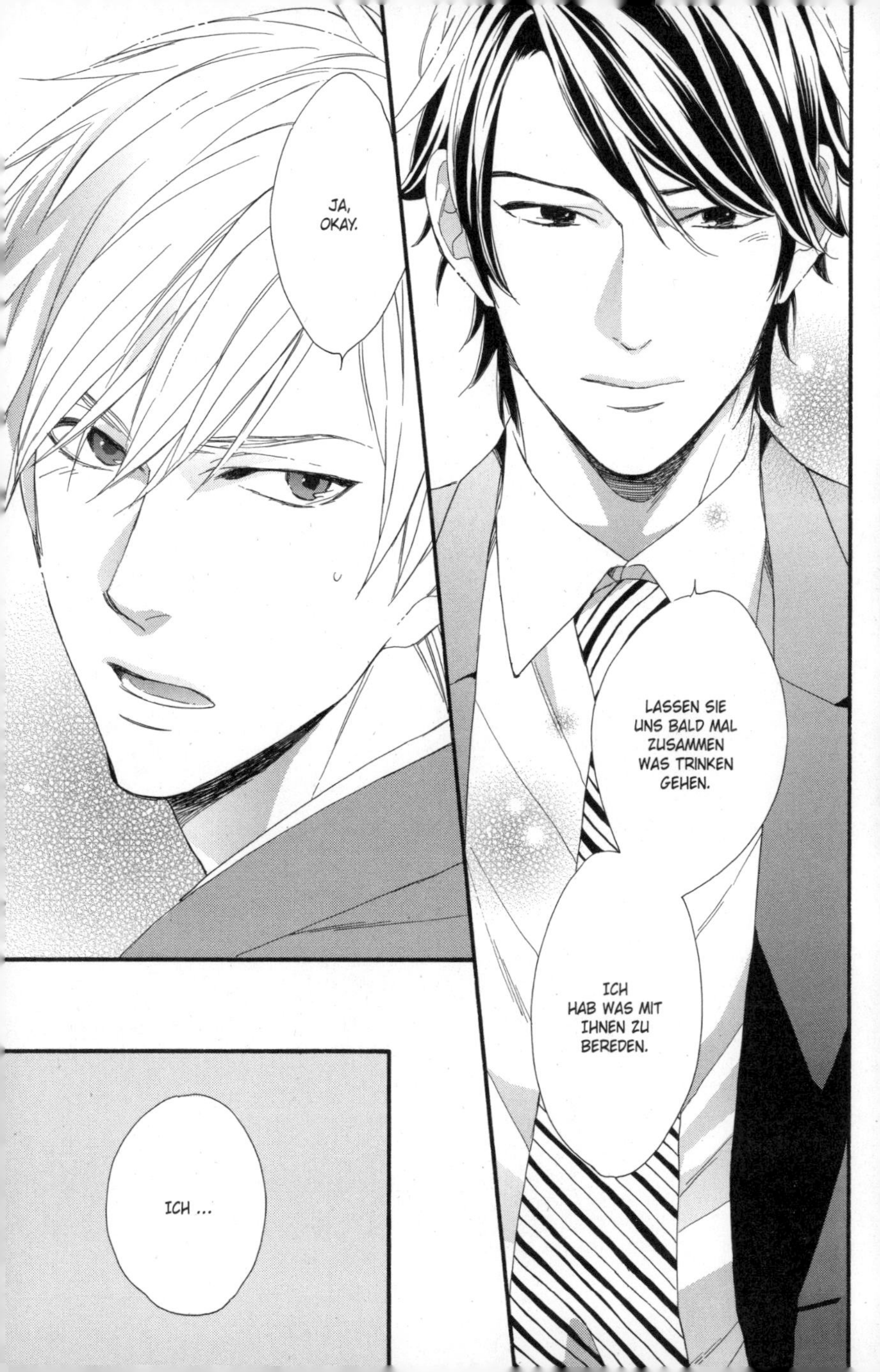
JA, OKAY.
LASSEN SIE UNS BALD MAL ZUSAMMEN WAS TRINKEN GEHEN.
ICH HAB WAS MIT IHNEN ZU BEREDEN.
ICH ...

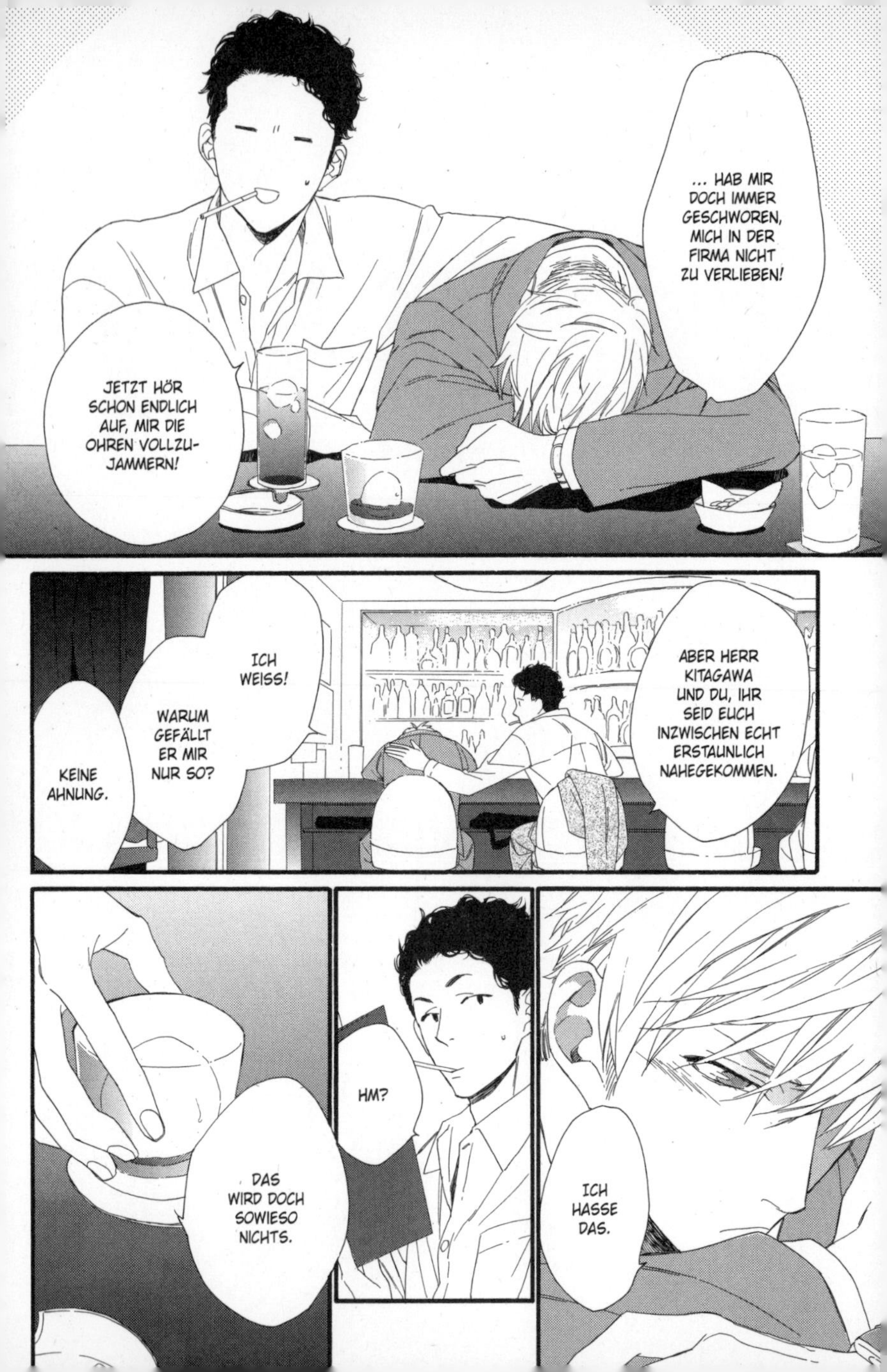

... HAB MIR DOCH IMMER GESCHWOREN, MICH IN DER FIRMA NICHT ZU VERLIEBEN!

JETZT HÖR SCHON ENDLICH AUF, MIR DIE OHREN VOLLZU-JAMMERN!

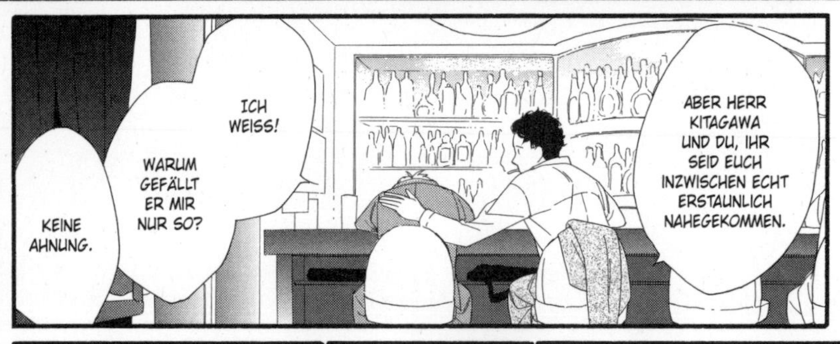

ICH HASSE DAS.

HM?

DAS WIRD DOCH SOWIESO NICHTS.

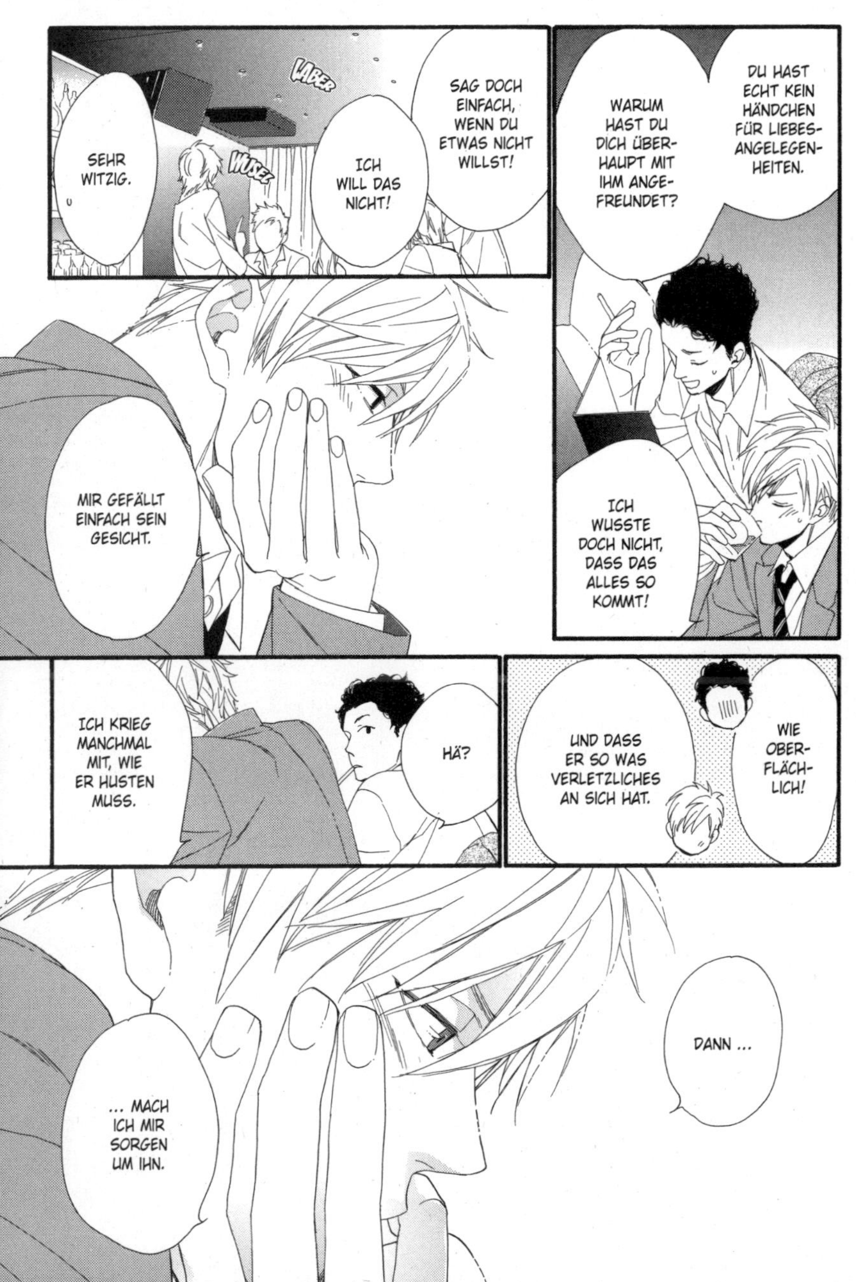
DU HAST ECHT KEIN HÄNDCHEN FÜR LIEBESANGELEGENHEITEN.
WARUM HAST DU DICH ÜBERHAUPT MIT IHM ANGEFREUNDET?
ICH WUSSTE DOCH NICHT, DASS DAS ALLES SO KOMMT!
SAG DOCH EINFACH, WENN DU ETWAS NICHT WILLST!
LABER
ICH WILL DAS NICHT!
WUSEL
SEHR WITZIG.
MIR GEFÄLLT EINFACH SEIN GESICHT.
WIE OBERFLÄCHLICH!
UND DASS ER SO WAS VERLETZLICHES AN SICH HAT.
HÄ?
ICH KRIEG MANCHMAL MIT, WIE ER HUSTEN MUSS.
DANN ...
... MACH ICH MIR SORGEN UM IHN.

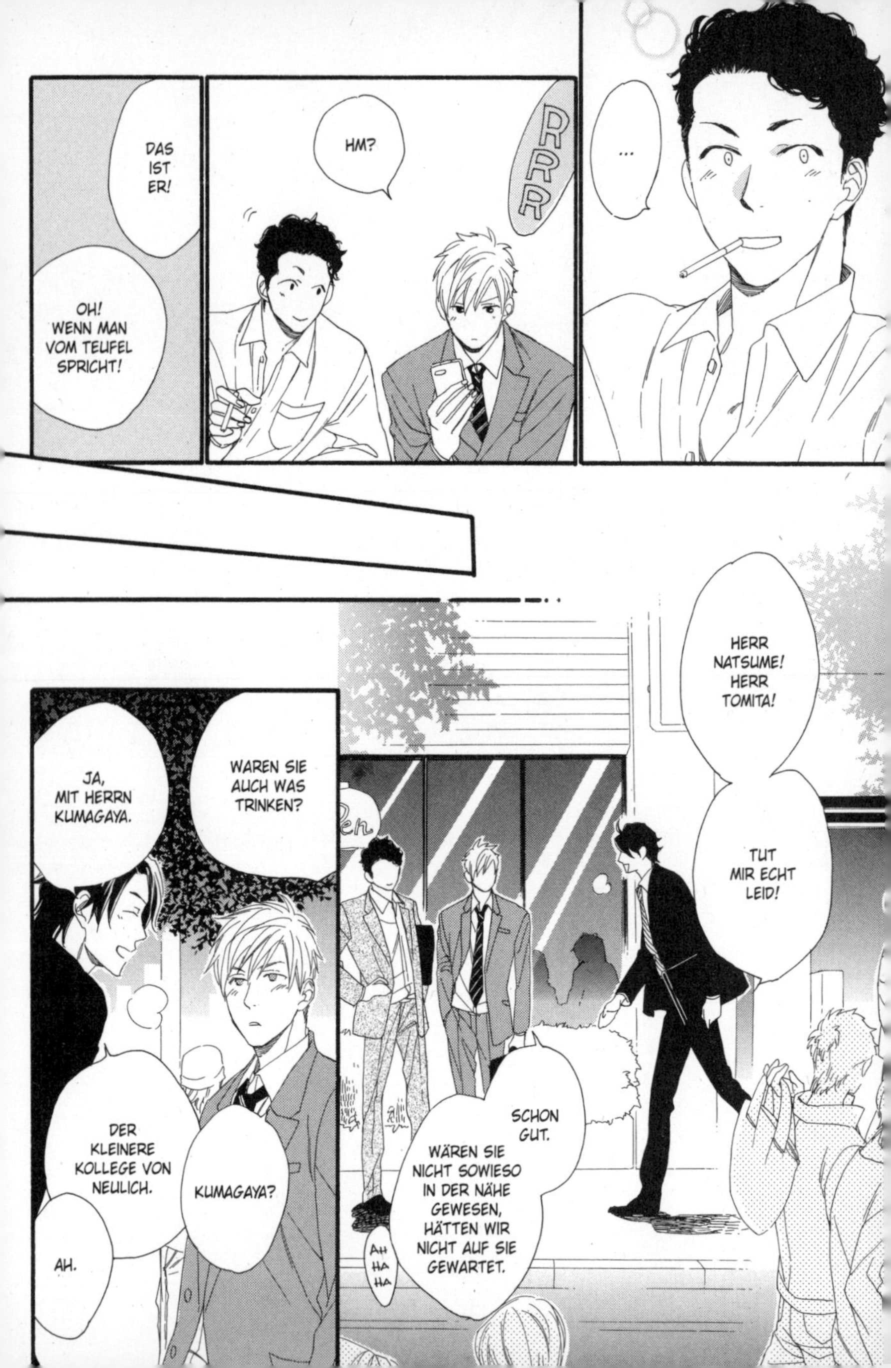
...
RRR
HM?
DAS IST ER!
OH! WENN MAN VOM TEUFEL SPRICHT!
HERR NATSUME! HERR TOMITA!
TUT MIR ECHT LEID!
SCHON GUT.
WÄREN SIE NICHT SOWIESO IN DER NÄHE GEWESEN, HÄTTEN WIR NICHT AUF SIE GEWARTET.
AH HA HA
WAREN SIE AUCH WAS TRINKEN?
JA, MIT HERRN KUMAGAYA.
KUMAGAYA?
DER KLEINERE KOLLEGE VON NEULICH.
AH.

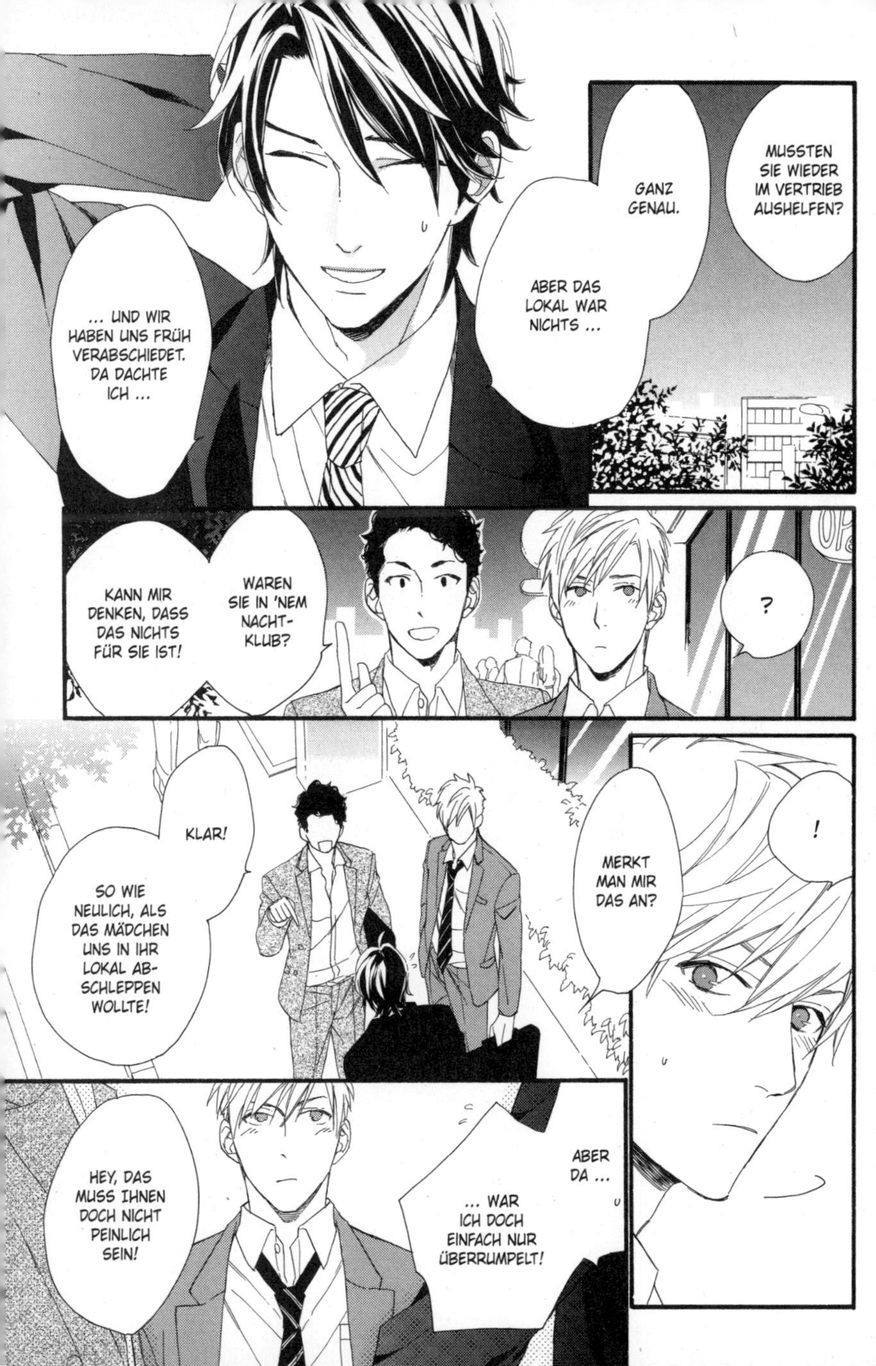
MUSSTEN SIE WIEDER IM VERTRIEB AUSHELFEN?
GANZ GENAU.
ABER DAS LOKAL WAR NICHTS …
… UND WIR HABEN UNS FRÜH VERABSCHIEDET. DA DACHTE ICH …
?
WAREN SIE IN 'NEM NACHT-KLUB?
KANN MIR DENKEN, DASS DAS NICHTS FÜR SIE IST!
!
MERKT MAN MIR DAS AN?
KLAR!
SO WIE NEULICH, ALS DAS MÄDCHEN UNS IN IHR LOKAL AB-SCHLEPPEN WOLLTE!
ABER DA …
… WAR ICH DOCH EINFACH NUR ÜBERRUMPELT!
HEY, DAS MUSS IHNEN DOCH NICHT PEINLICH SEIN!

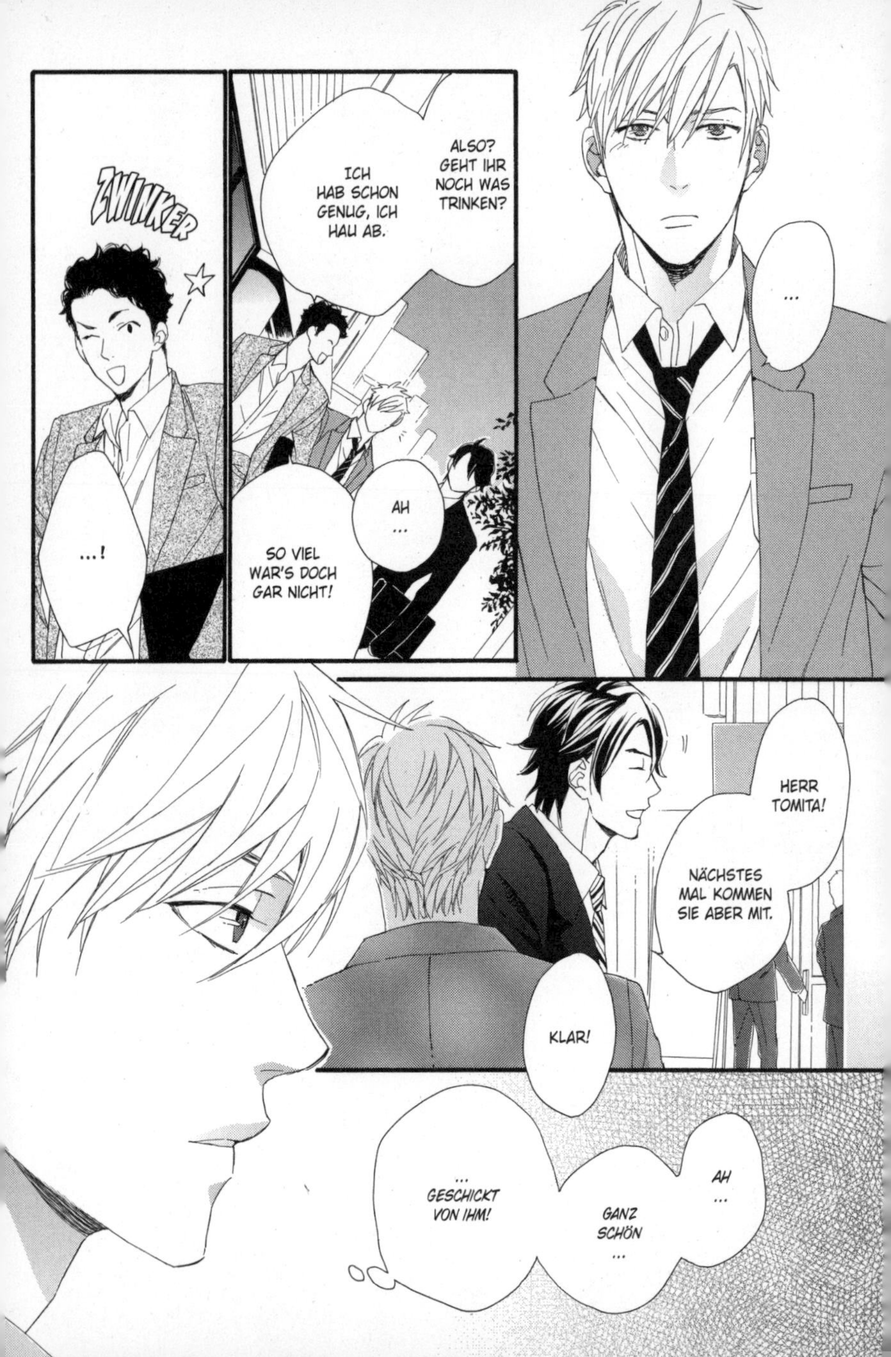
...
ALSO? GEHT IHR NOCH WAS TRINKEN?
ICH HAB SCHON GENUG, ICH HAU AB.
AH ...
SO VIEL WAR'S DOCH GAR NICHT!
ZWINKER
...!
HERR TOMITA!
NÄCHSTES MAL KOMMEN SIE ABER MIT.
KLAR!
AH ...
GANZ SCHÖN ...
... GESCHICKT VON IHM!

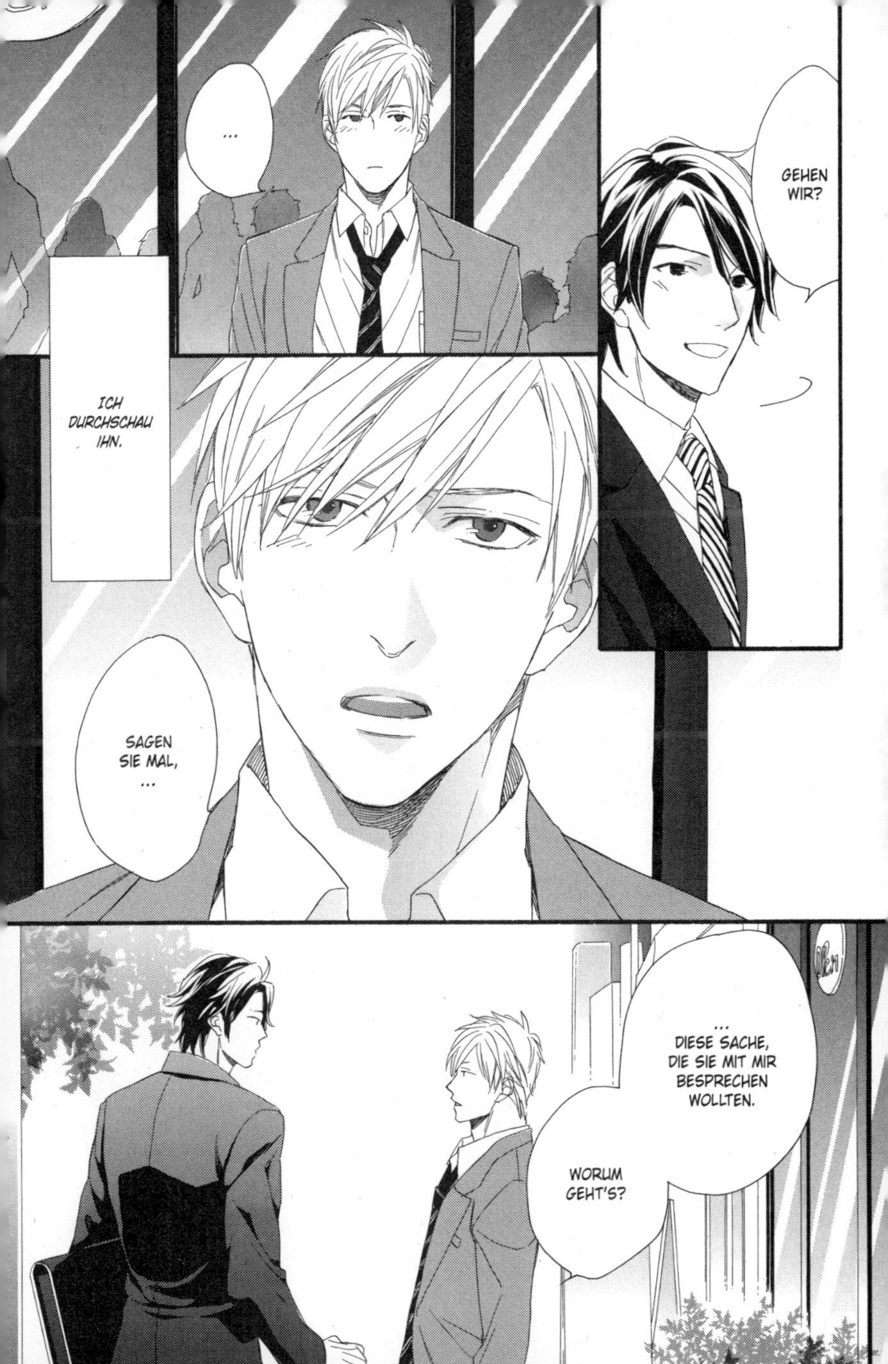
GEHEN WIR?
...
ICH DURCHSCHAU IHN.
SAGEN SIE MAL, ...
... DIESE SACHE, DIE SIE MIT MIR BESPRECHEN WOLLTEN.
WORUM GEHT'S?

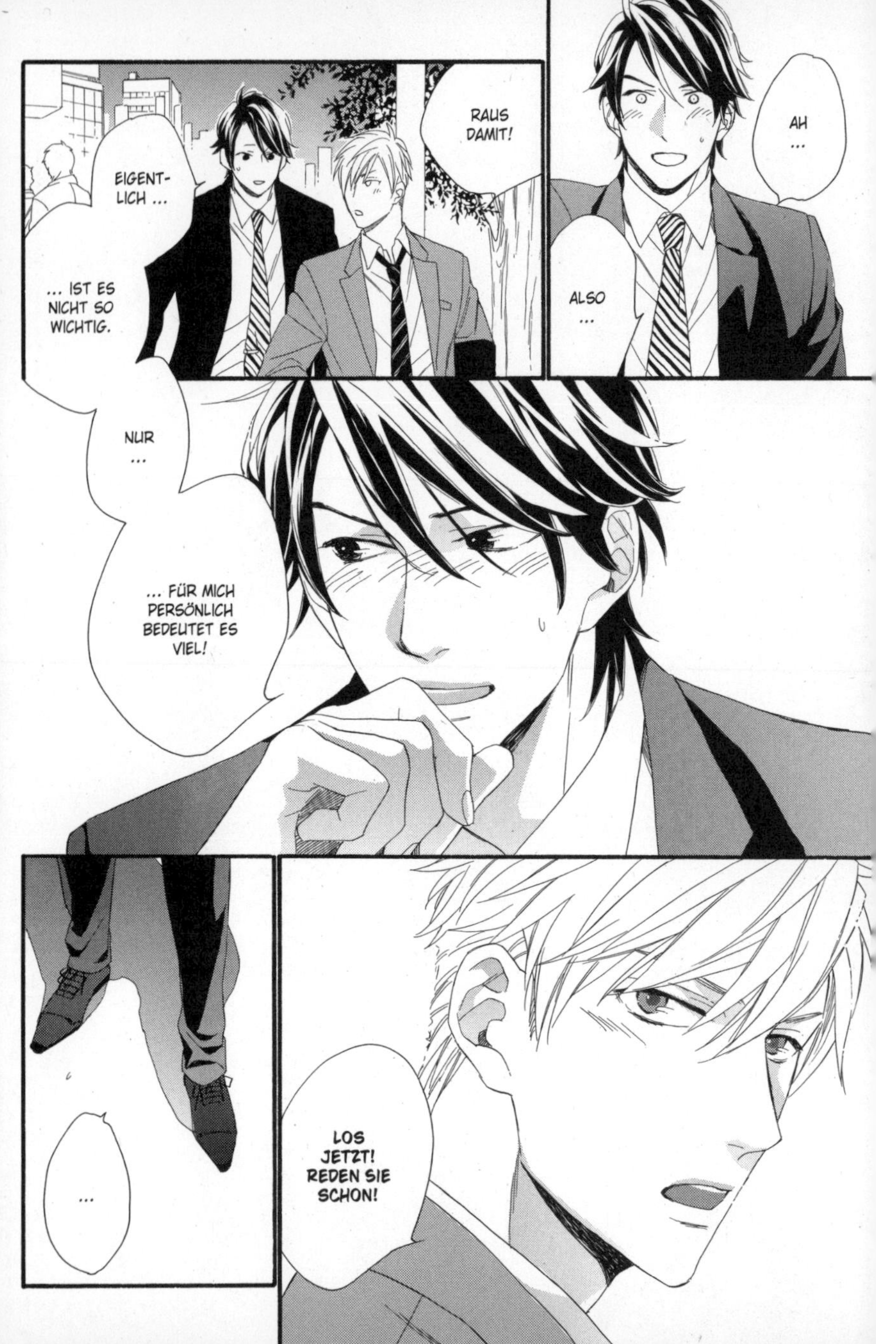
AH ...
ALSO ...
RAUS DAMIT!
EIGENT-LICH ...
... IST ES NICHT SO WICHTIG.
NUR ...
... FÜR MICH PERSÖNLICH BEDEUTET ES VIEL!
LOS JETZT! REDEN SIE SCHON!
...

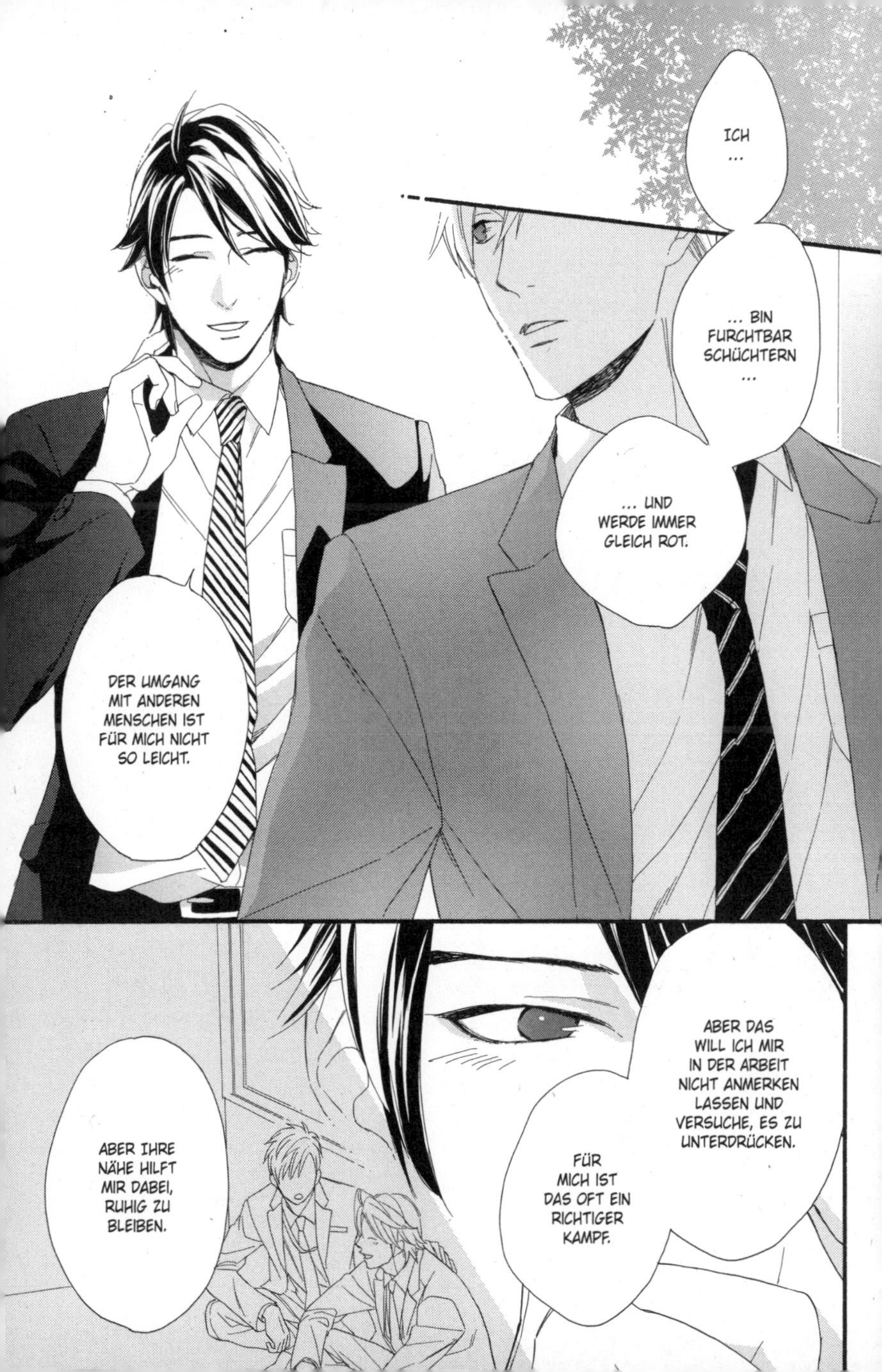
ICH ...
... BIN FURCHTBAR SCHÜCHTERN ...
... UND WERDE IMMER GLEICH ROT.
DER UMGANG MIT ANDEREN MENSCHEN IST FÜR MICH NICHT SO LEICHT.
ABER DAS WILL ICH MIR IN DER ARBEIT NICHT ANMERKEN LASSEN UND VERSUCHE, ES ZU UNTERDRÜCKEN.
FÜR MICH IST DAS OFT EIN RICHTIGER KAMPF.
ABER IHRE NÄHE HILFT MIR DABEI, RUHIG ZU BLEIBEN.

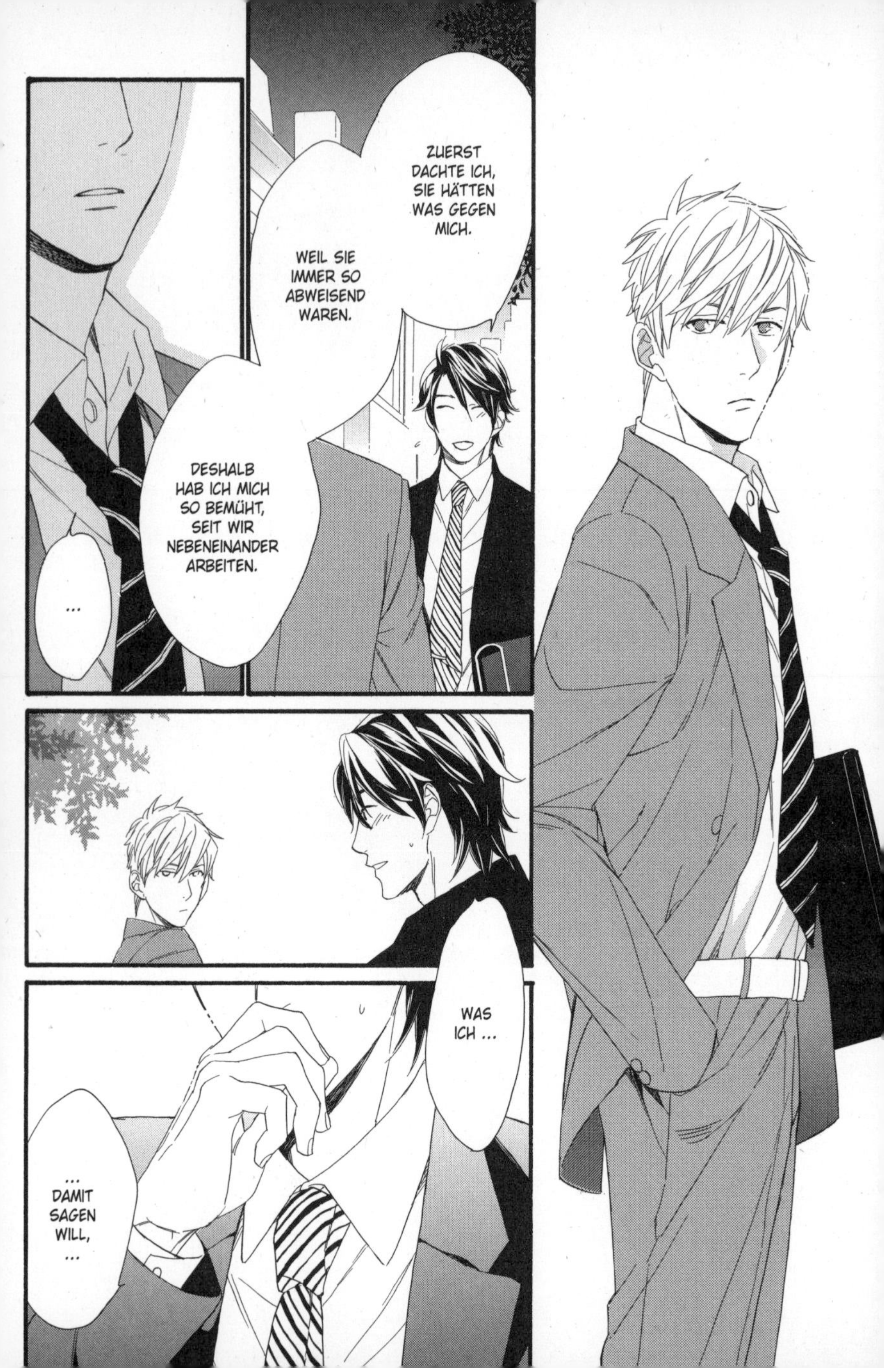
ZUERST DACHTE ICH, SIE HÄTTEN WAS GEGEN MICH.
WEIL SIE IMMER SO ABWEISEND WAREN.
DESHALB HAB ICH MICH SO BEMÜHT, SEIT WIR NEBENEINANDER ARBEITEN.
...
WAS ICH ...
... DAMIT SAGEN WILL, ...

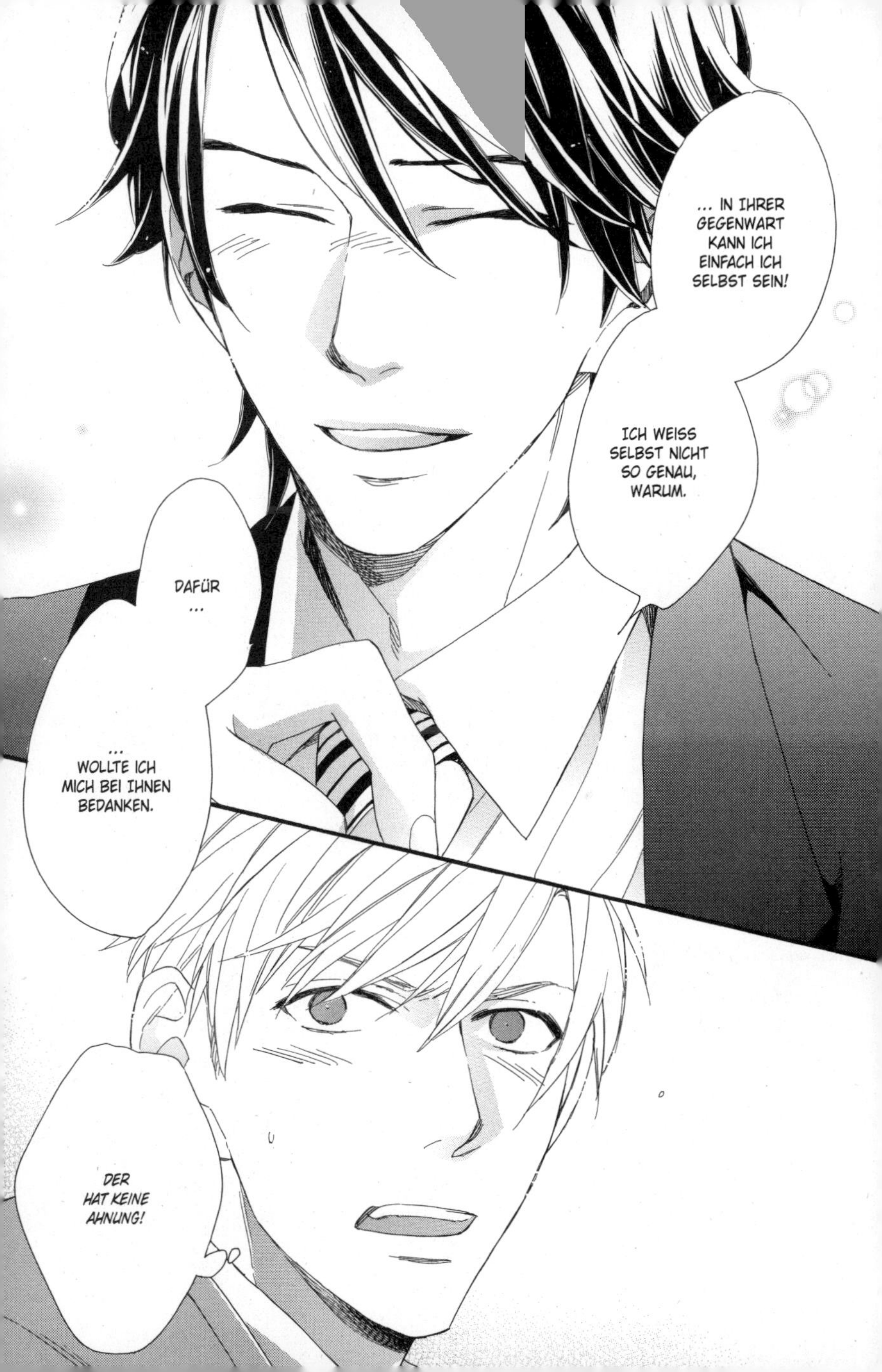
... IN IHRER GEGENWART KANN ICH EINFACH ICH SELBST SEIN!
ICH WEISS SELBST NICHT SO GENAU, WARUM.
DAFÜR ...
... WOLLTE ICH MICH BEI IHNEN BEDANKEN.
DER HAT KEINE AHNUNG!

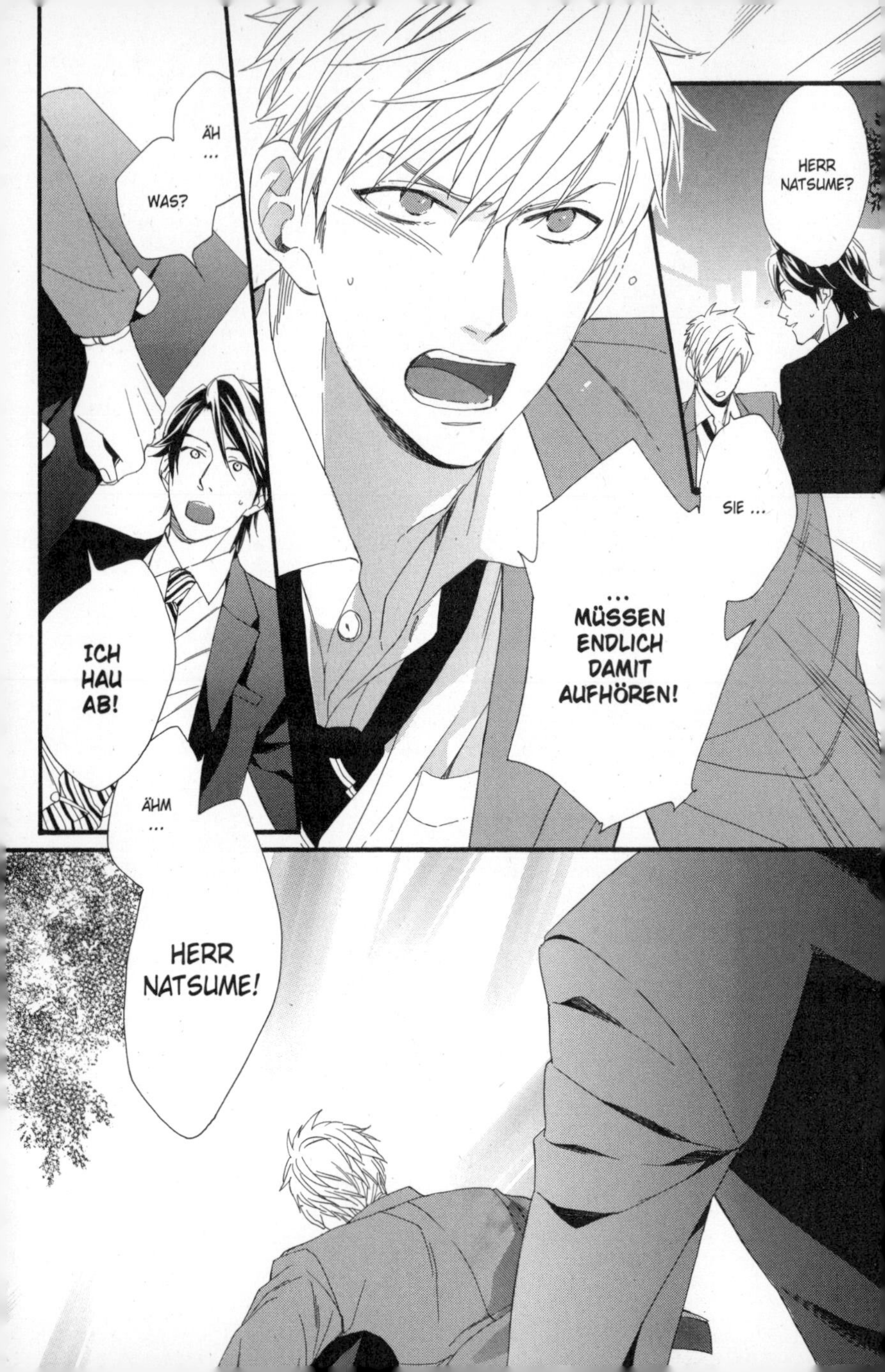
HERR NATSUME?
SIE ...
... MÜSSEN ENDLICH DAMIT AUFHÖREN!
ÄH ... WAS?
ICH HAU AB!
ÄHM ...
HERR NATSUME!

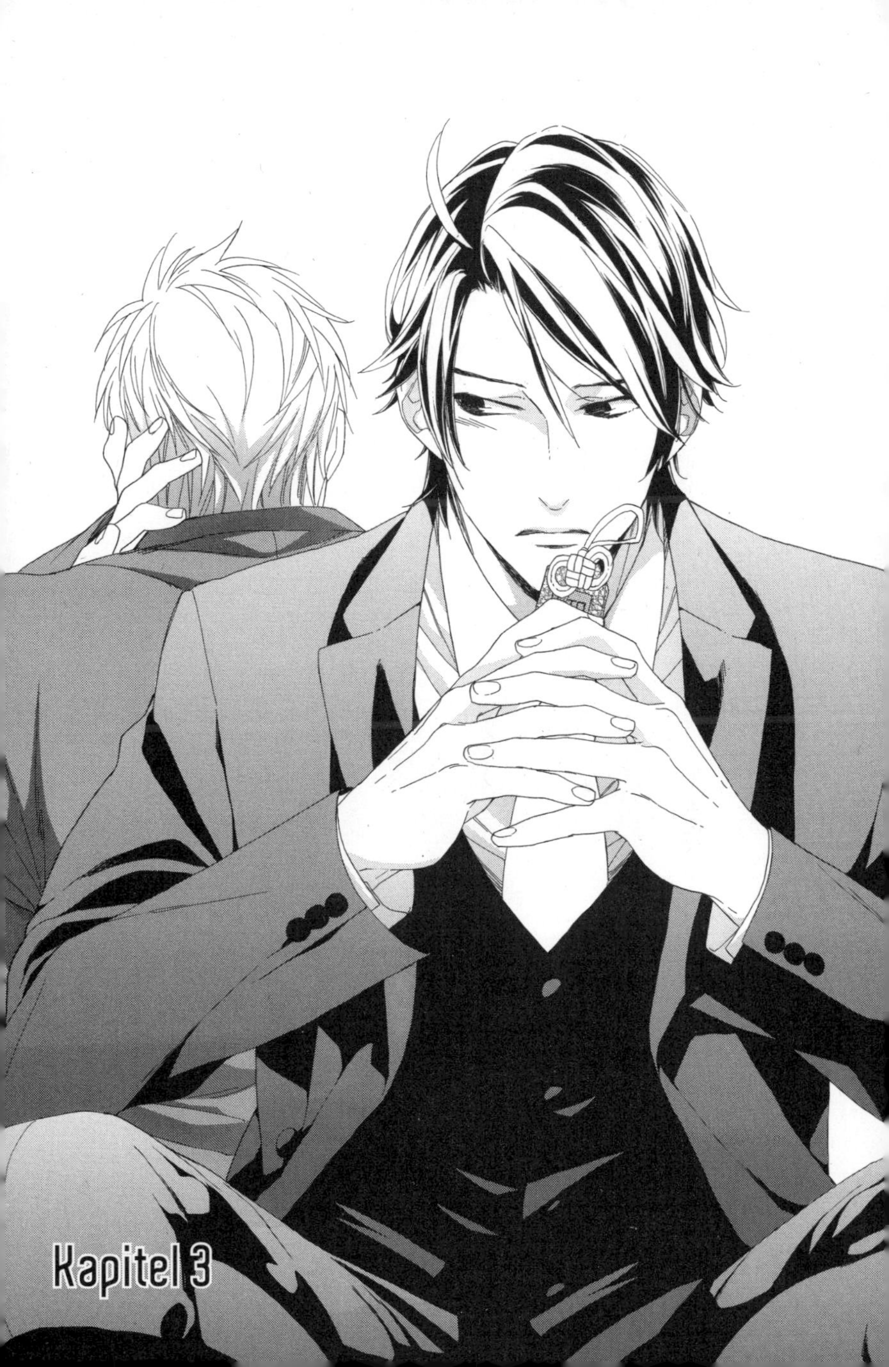
Kapitel 3

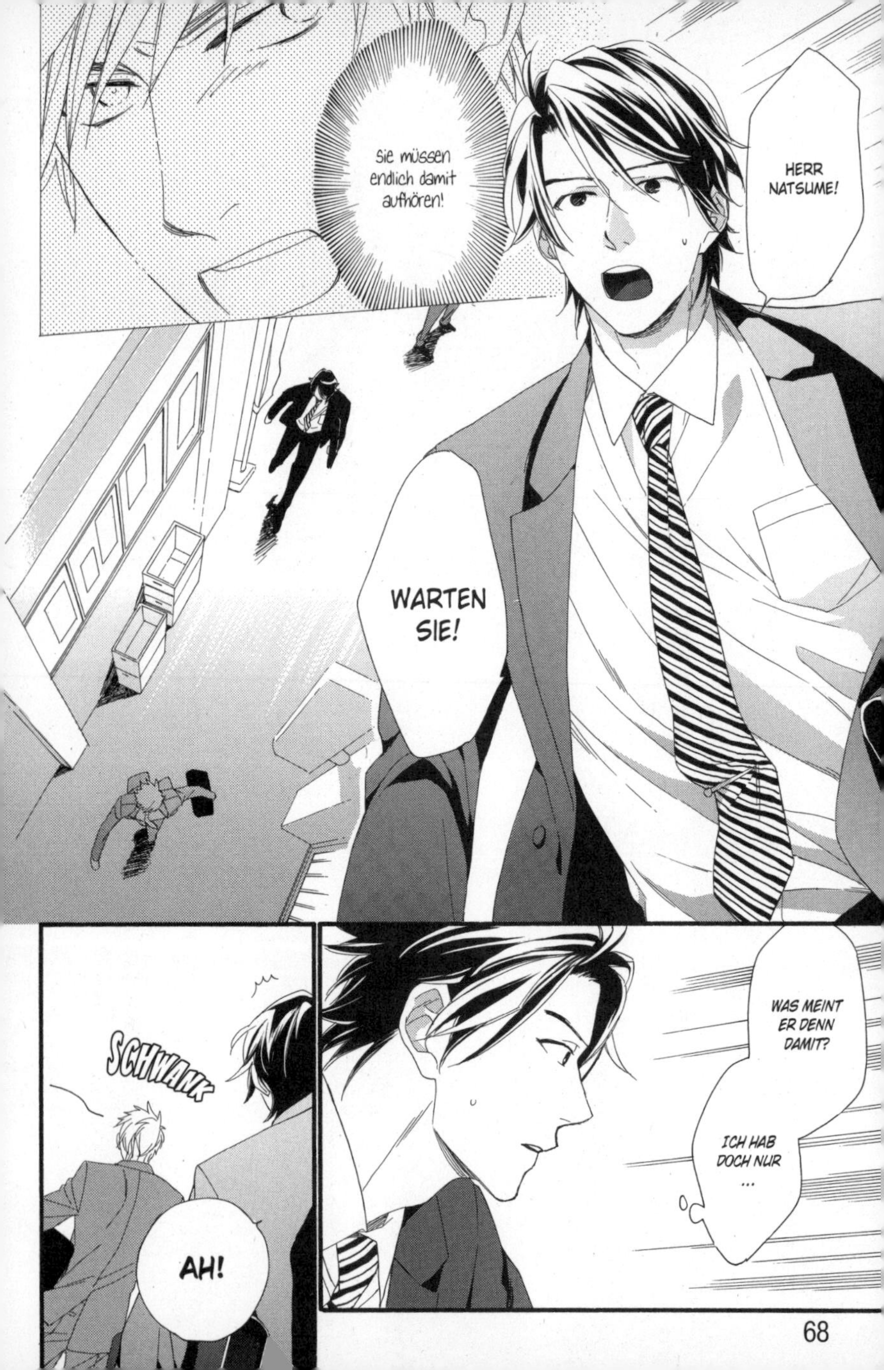

HERR NATSUME!
Sie müssen endlich damit aufhören!
WARTEN SIE!
WAS MEINT ER DENN DAMIT?
ICH HAB DOCH NUR ...
SCHWANK
AH!

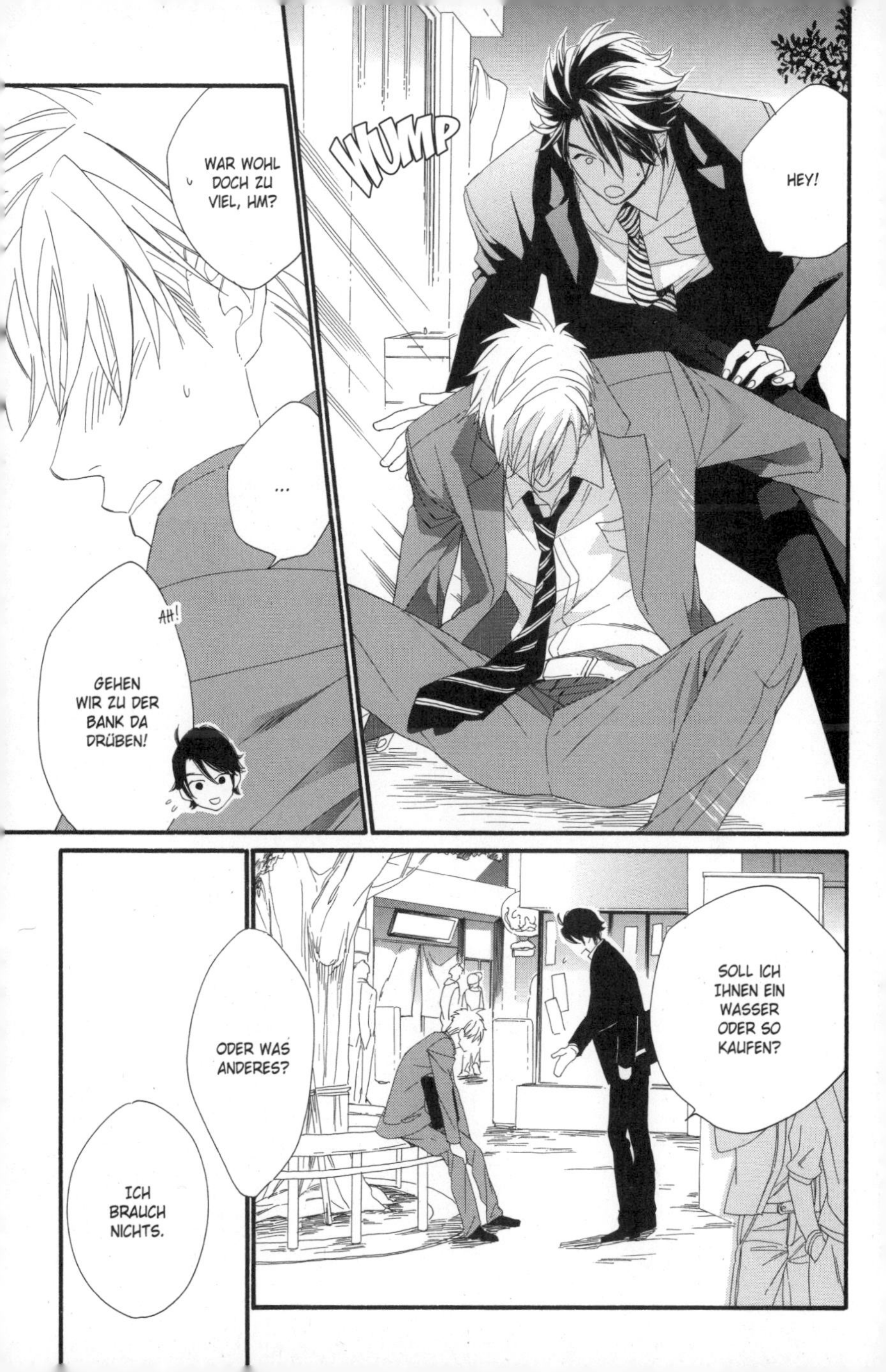

HEY!
WUMP
WAR WOHL DOCH ZU VIEL, HM?
...
AH!
GEHEN WIR ZU DER BANK DA DRÜBEN!
SOLL ICH IHNEN EIN WASSER ODER SO KAUFEN?
ODER WAS ANDERES?
ICH BRAUCH NICHTS.

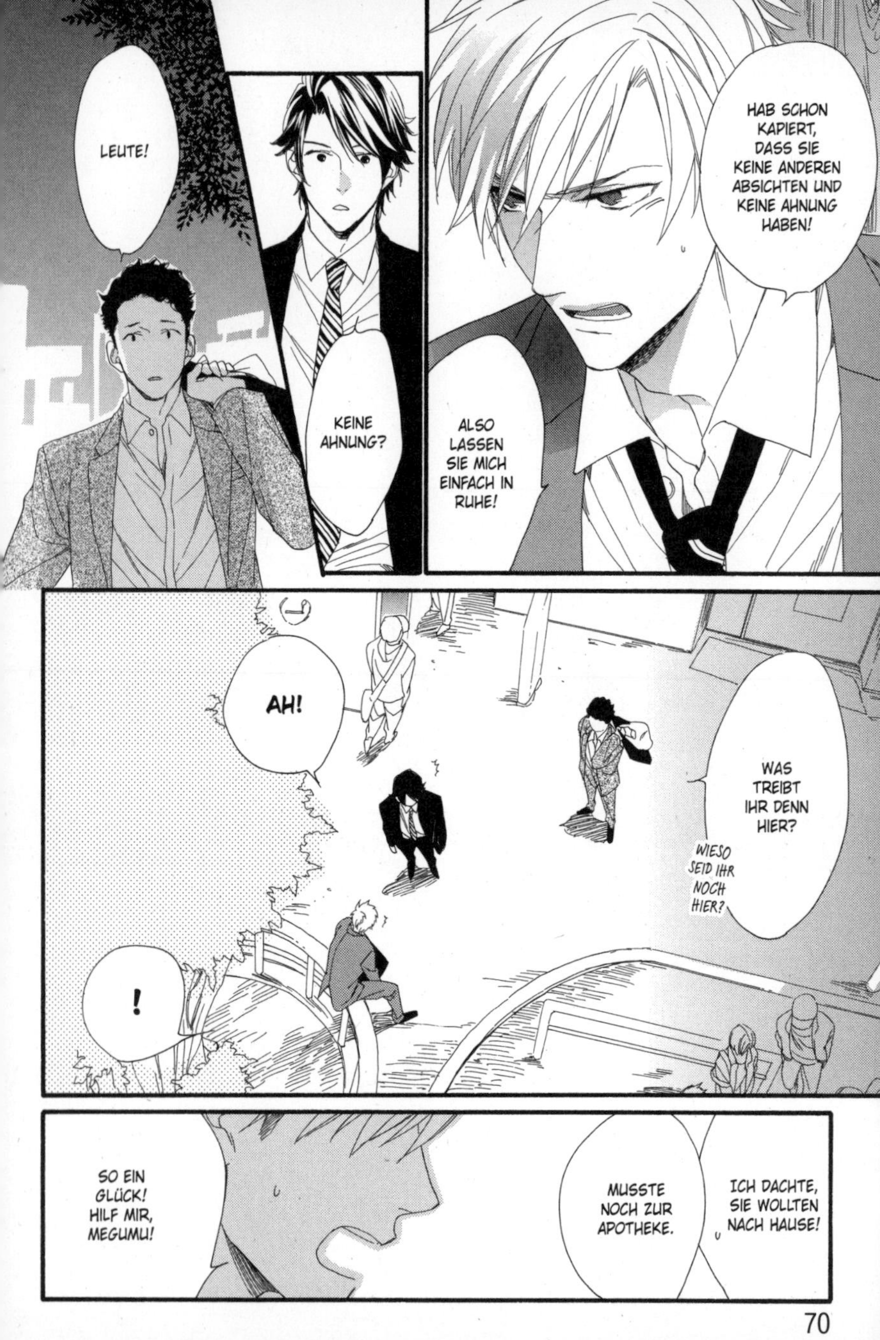
HAB SCHON KAPIERT, DASS SIE KEINE ANDEREN ABSICHTEN UND KEINE AHNUNG HABEN!
ALSO LASSEN SIE MICH EINFACH IN RUHE!
KEINE AHNUNG?
LEUTE!
WAS TREIBT IHR DENN HIER?
WIESO SEID IHR NOCH HIER?
AH!
!
ICH DACHTE, SIE WOLLTEN NACH HAUSE!
MUSSTE NOCH ZUR APOTHEKE.
SO EIN GLÜCK! HILF MIR, MEGUMU!

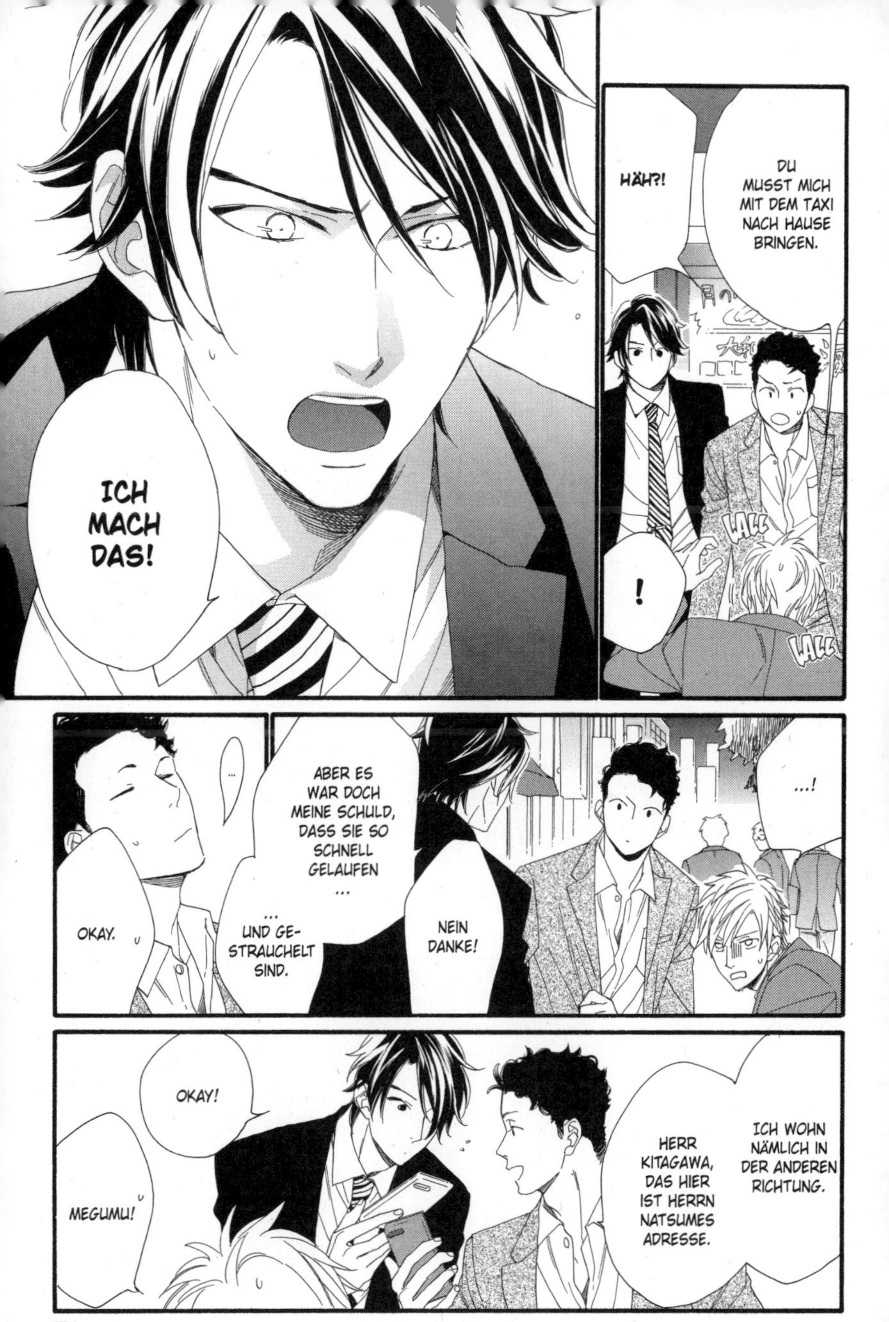

DU MUSST MICH MIT DEM TAXI NACH HAUSE BRINGEN.
HÄH?!
LALL
!
LALL
ICH MACH DAS!

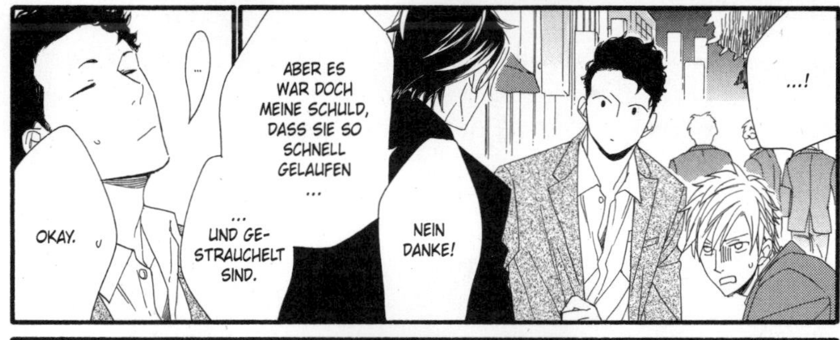

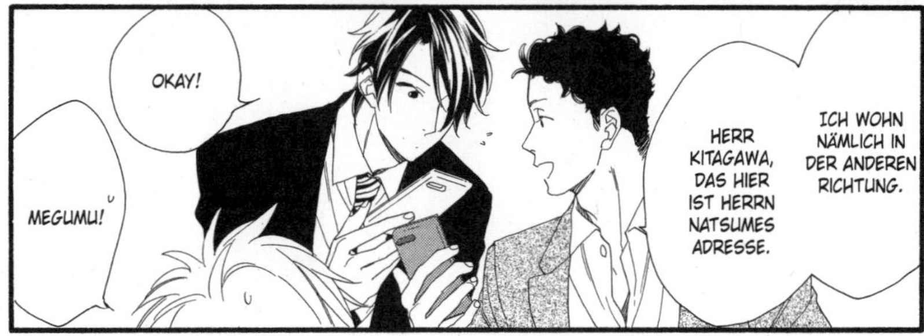

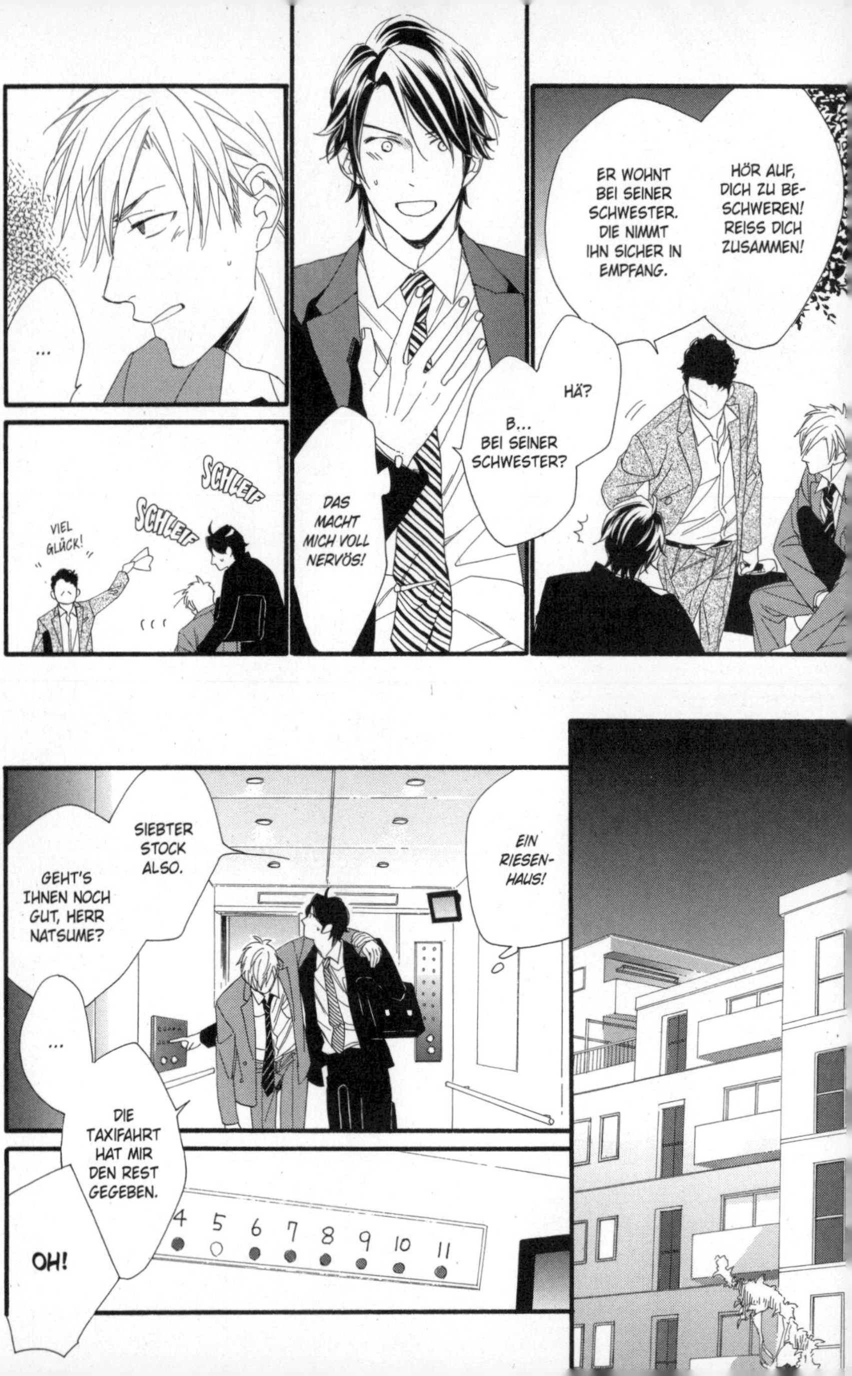

HÖR AUF, DICH ZU BESCHWEREN! REISS DICH ZUSAMMEN!

ER WOHNT BEI SEINER SCHWESTER. DIE NIMMT IHN SICHER IN EMPFANG.

HÄ?

B... BEI SEINER SCHWESTER?

DAS MACHT MICH VOLL NERVÖS!

...

SCHLEIF

SCHLEIF

VIEL GLÜCK!

EIN RIESENHAUS!

SIEBTER STOCK ALSO.

GEHT'S IHNEN NOCH GUT, HERR NATSUME?

...

DIE TAXIFAHRT HAT MIR DEN REST GEGEBEN.

OH!

4 5 6 7 8 9 10 11

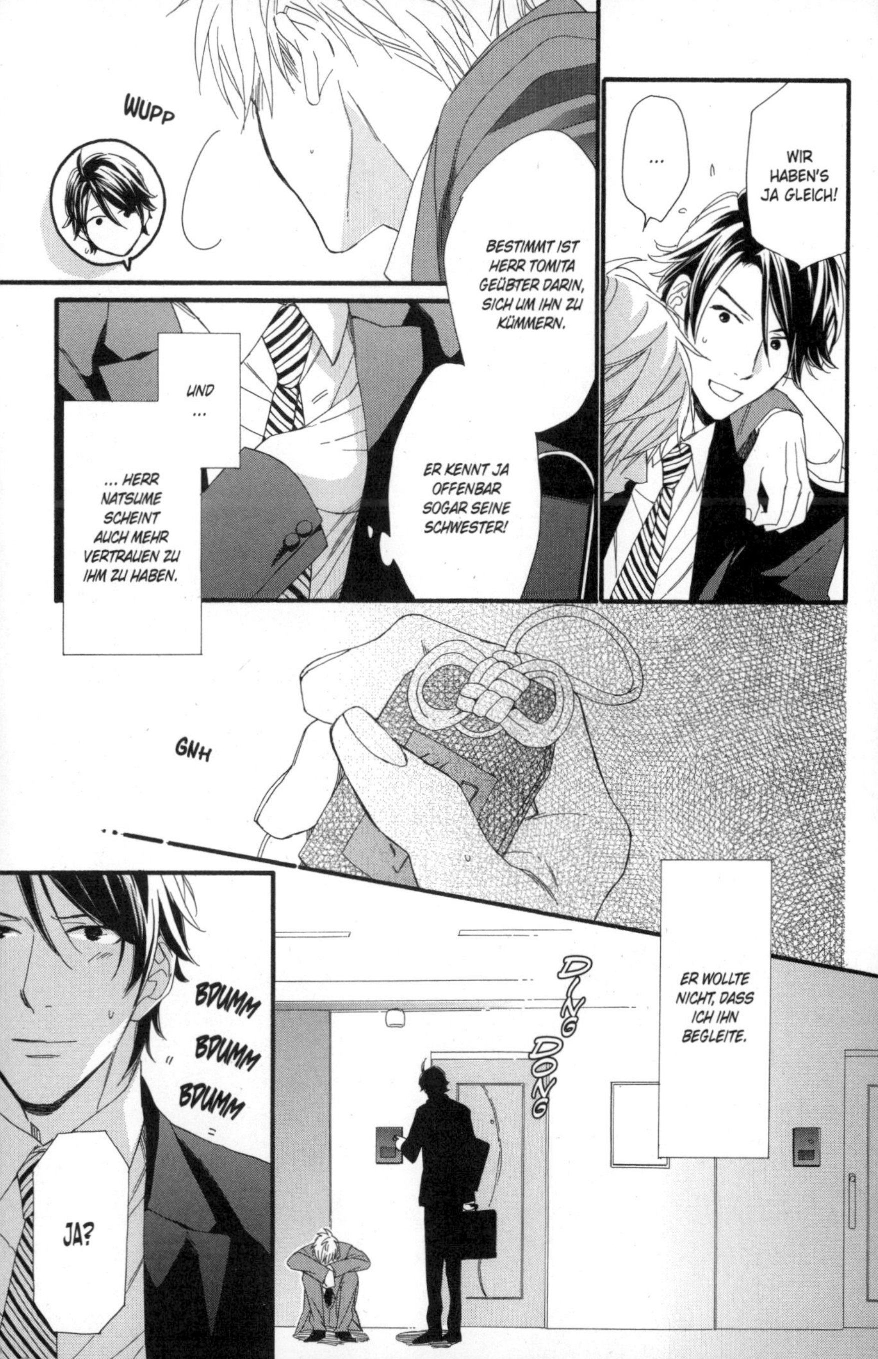
...
WIR HABEN'S JA GLEICH!
WUPP
BESTIMMT IST HERR TOMITA GEÜBTER DARIN, SICH UM IHN ZU KÜMMERN.
ER KENNT JA OFFENBAR SOGAR SEINE SCHWESTER!
UND ...
... HERR NATSUME SCHEINT AUCH MEHR VERTRAUEN ZU IHM ZU HABEN.
GNH
ER WOLLTE NICHT, DASS ICH IHN BEGLEITE.
DING DONG
BDUMM
BDUMM
BDUMM
JA?

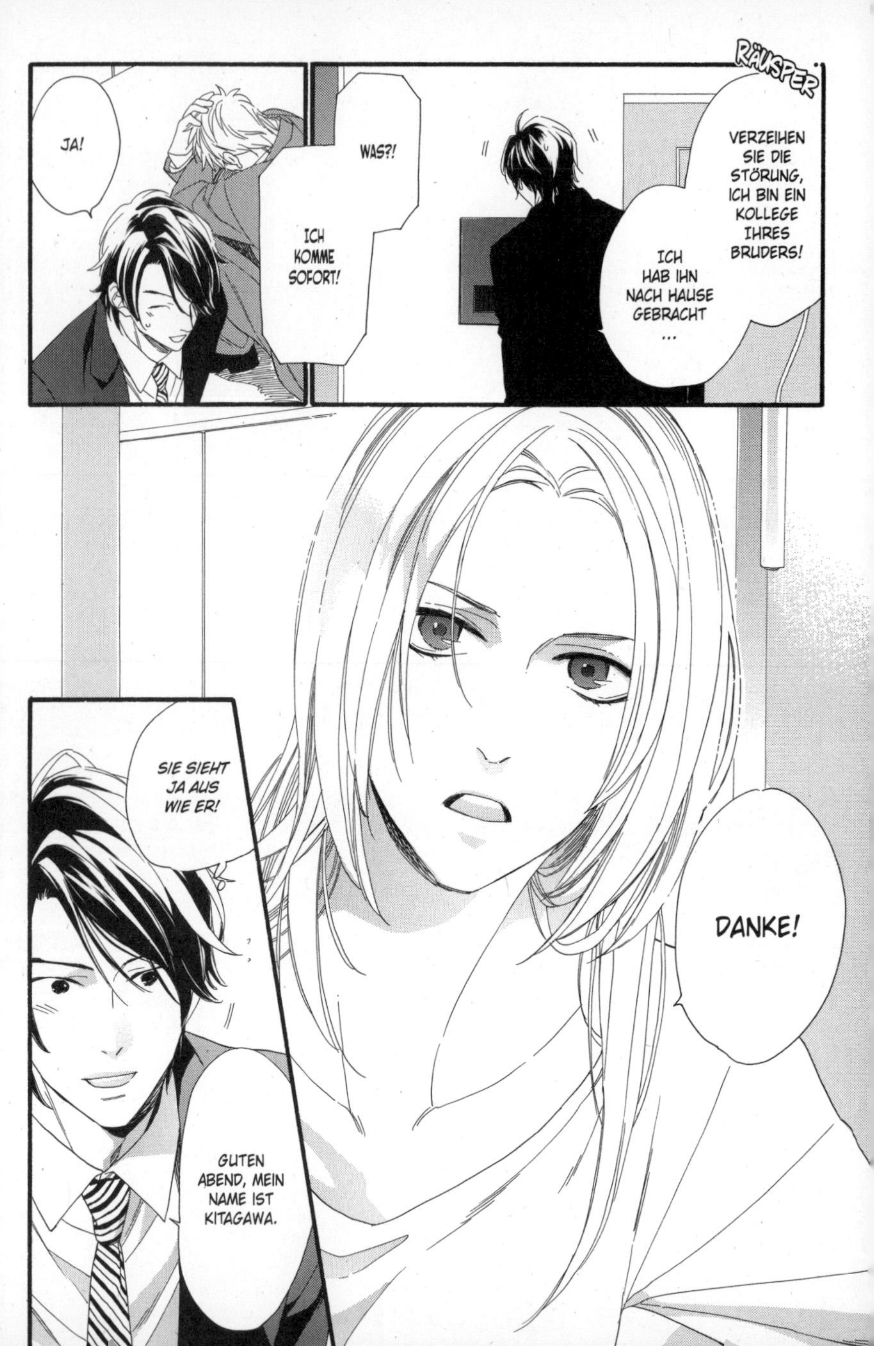
RÄUSPER
VERZEIHEN SIE DIE STÖRUNG, ICH BIN EIN KOLLEGE IHRES BRUDERS!
ICH HAB IHN NACH HAUSE GEBRACHT ...
WAS?!
ICH KOMME SOFORT!
JA!
DANKE!
SIE SIEHT JA AUS WIE ER!
GUTEN ABEND, MEIN NAME IST KITAGAWA.

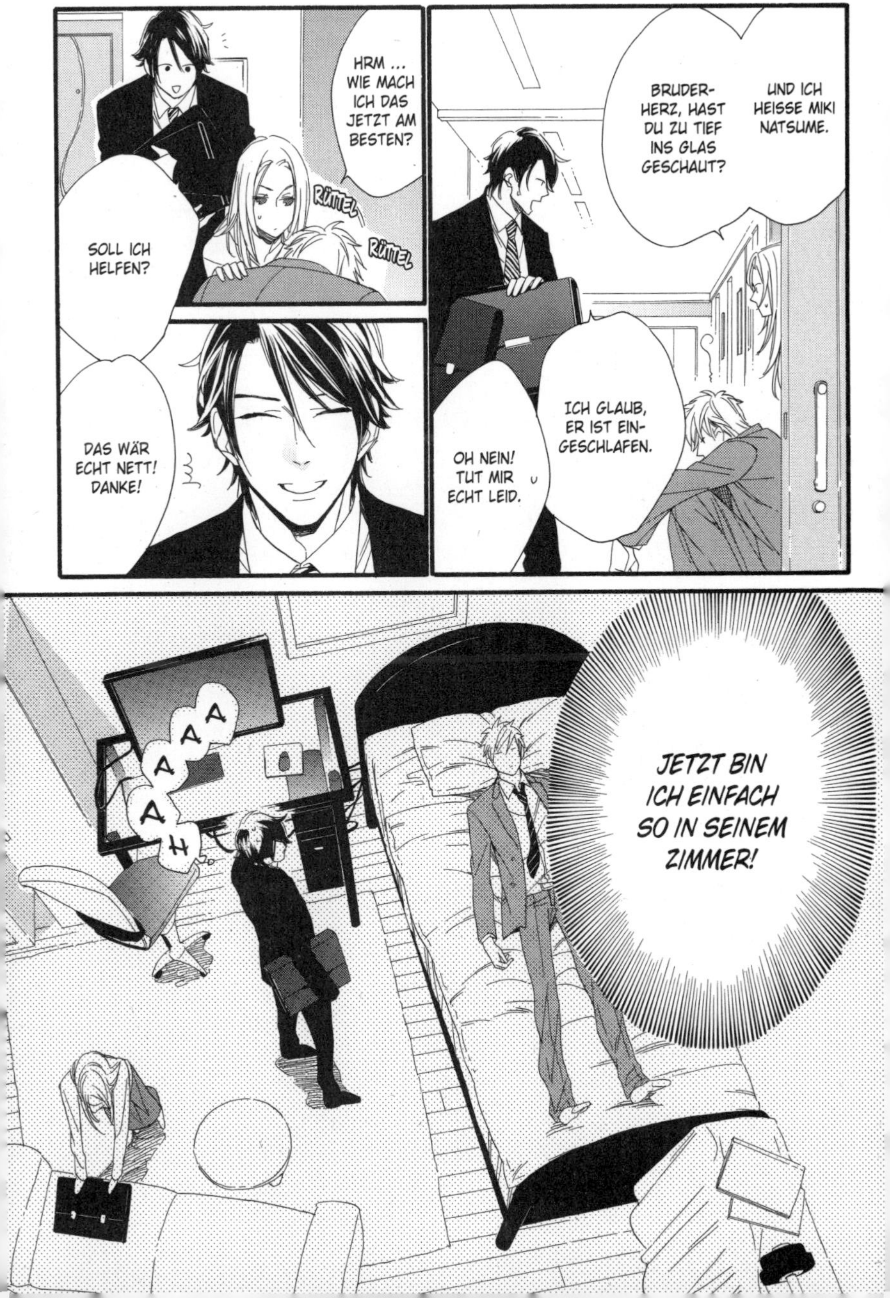

UND ICH HEISSE MIKI NATSUME.
BRUDERHERZ, HAST DU ZU TIEF INS GLAS GESCHAUT?
ICH GLAUB, ER IST EINGESCHLAFEN.
OH NEIN! TUT MIR ECHT LEID.
HRM … WIE MACH ICH DAS JETZT AM BESTEN?
RÜTTEL
RÜTTEL
SOLL ICH HELFEN?
DAS WÄR ECHT NETT! DANKE!
JETZT BIN ICH EINFACH SO IN SEINEM ZIMMER!
AAAAAH

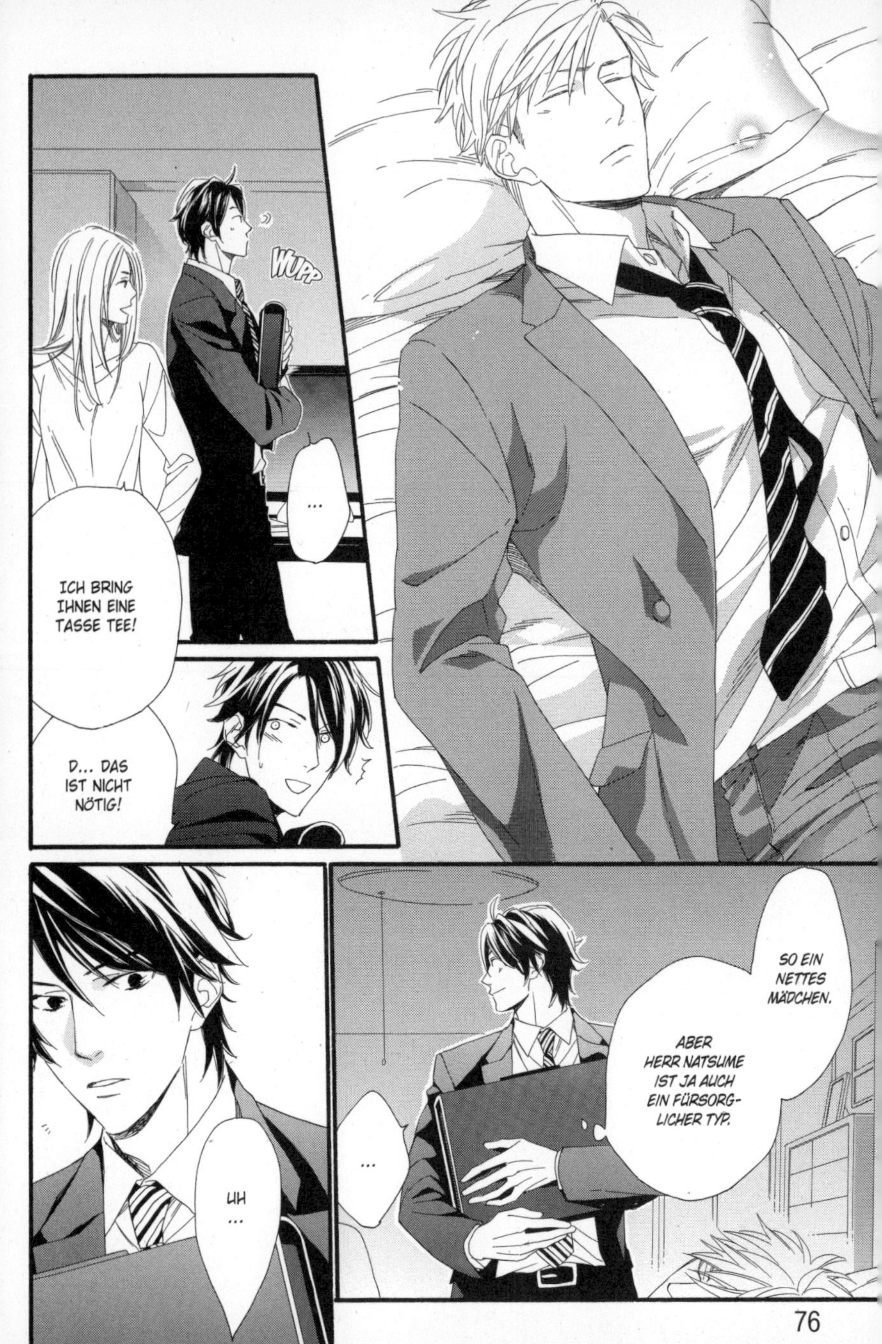
WUPP
...
ICH BRING IHNEN EINE TASSE TEE!
D... DAS IST NICHT NÖTIG!
SO EIN NETTES MÄDCHEN.
ABER HERR NATSUME IST JA AUCH EIN FÜRSORG-LICHER TYP.
...
UH ...

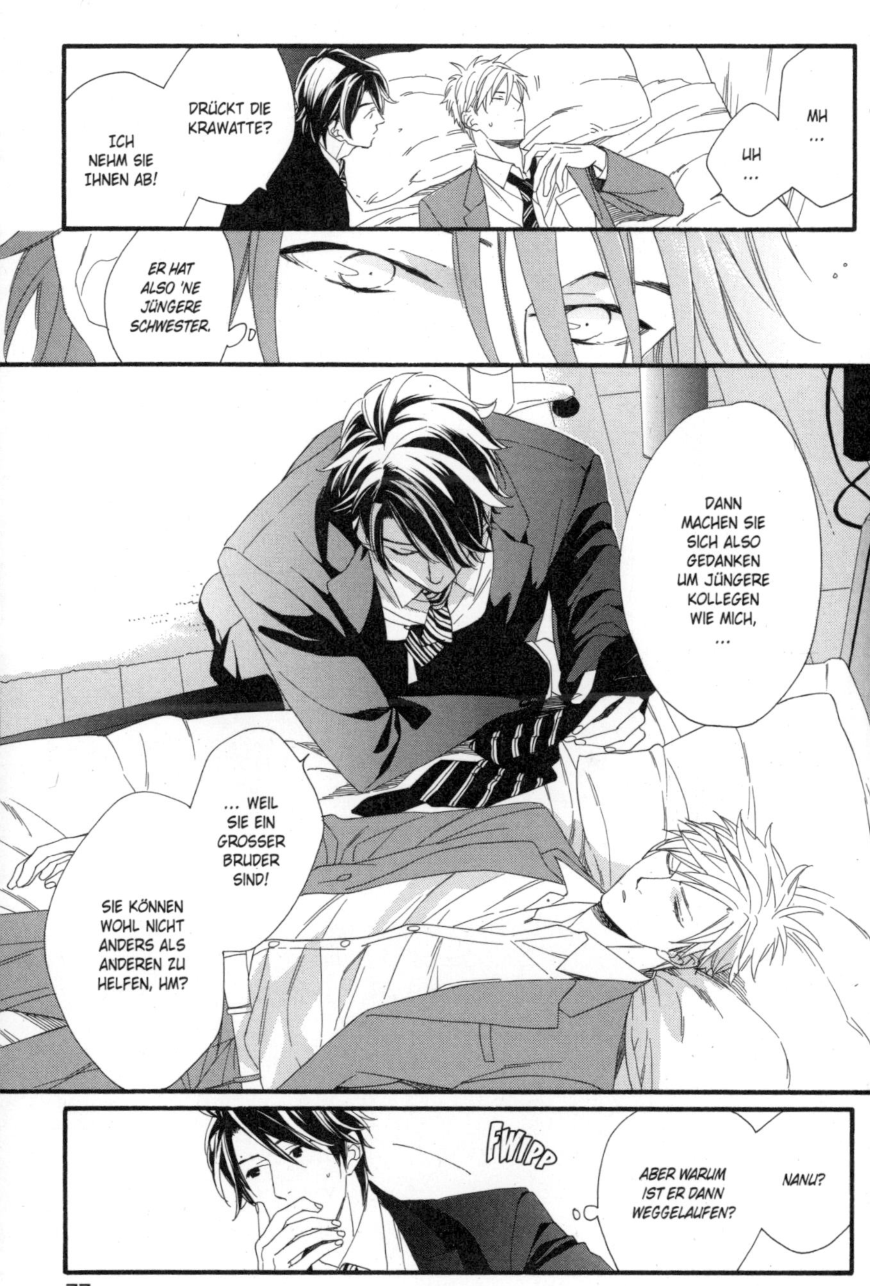
MH ...
UH ...
DRÜCKT DIE KRAWATTE?
ICH NEHM SIE IHNEN AB!
ER HAT ALSO 'NE JÜNGERE SCHWESTER.
DANN MACHEN SIE SICH ALSO GEDANKEN UM JÜNGERE KOLLEGEN WIE MICH, ...
... WEIL SIE EIN GROSSER BRUDER SIND!
SIE KÖNNEN WOHL NICHT ANDERS ALS ANDEREN ZU HELFEN, HM?
NANU?
ABER WARUM IST ER DANN WEGGELAUFEN?
FWIPP

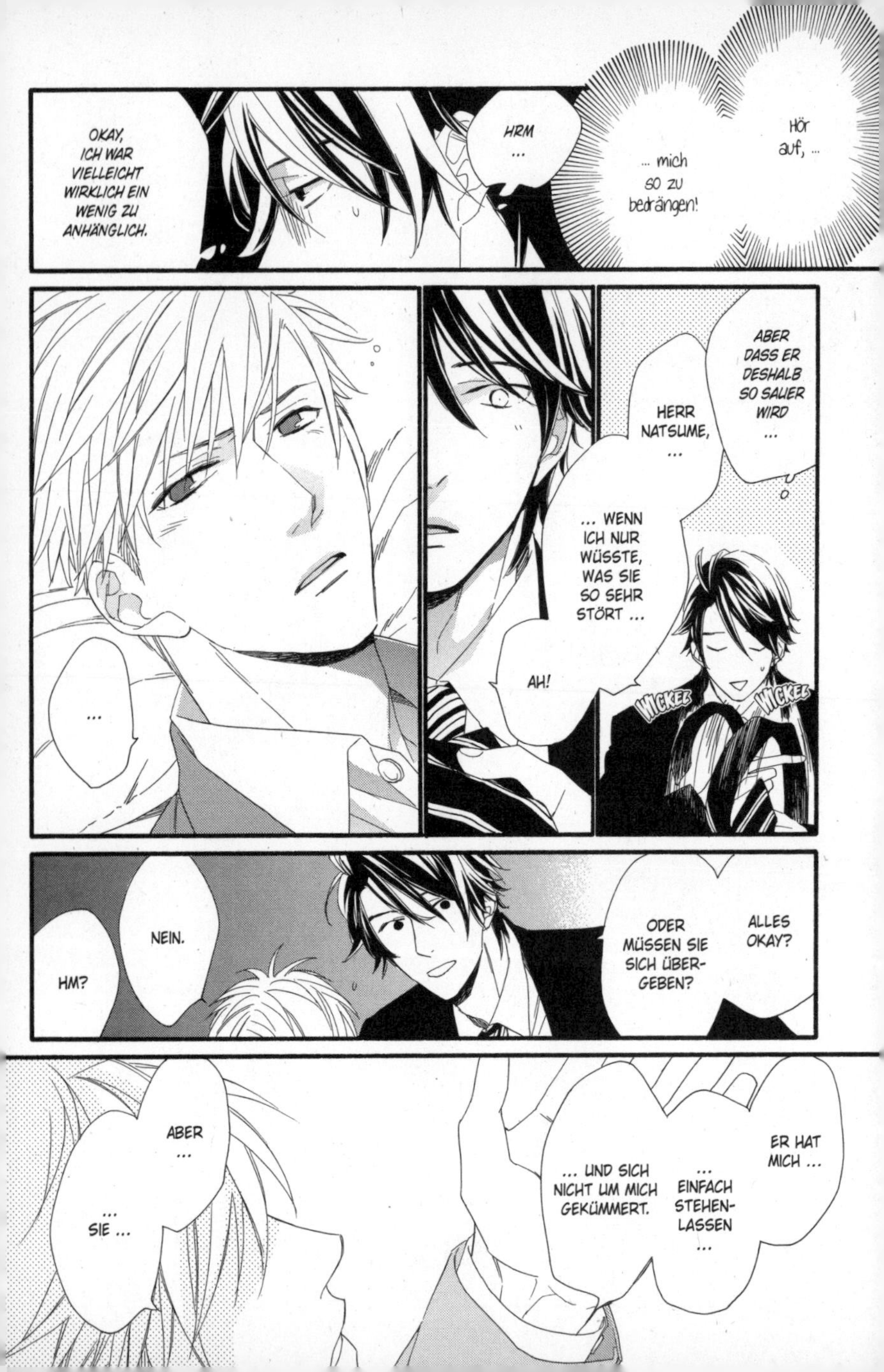

Hör auf, ...
... mich so zu bedrängen!
HRM ...
OKAY, ICH WAR VIELLEICHT WIRKLICH EIN WENIG ZU ANHÄNGLICH.

ABER DASS ER DESHALB SO SAUER WIRD ...
HERR NATSUME, ...
... WENN ICH NUR WÜSSTE, WAS SIE SO SEHR STÖRT ...
WICKEL
WICKEL
AH!
...

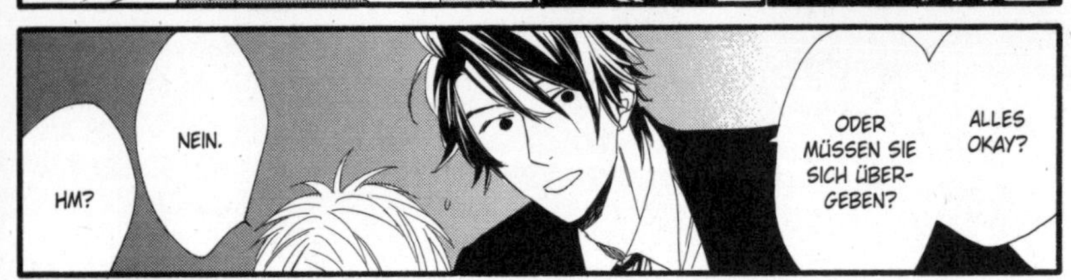

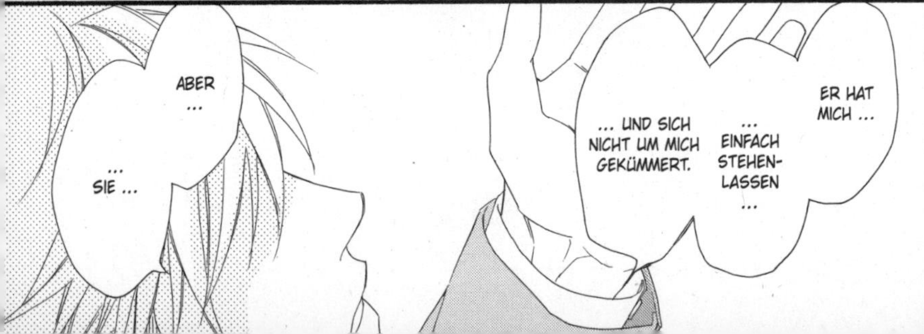

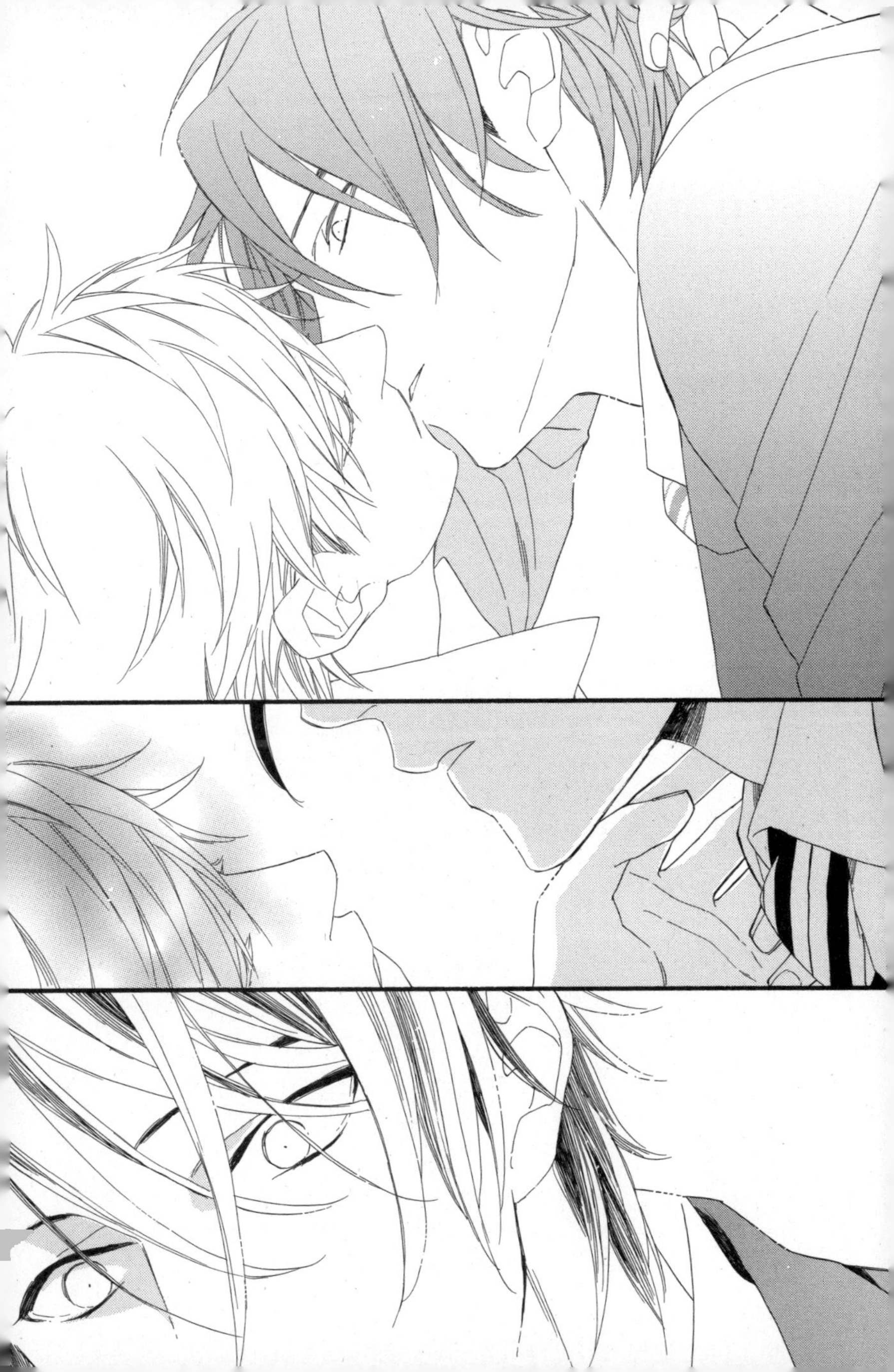

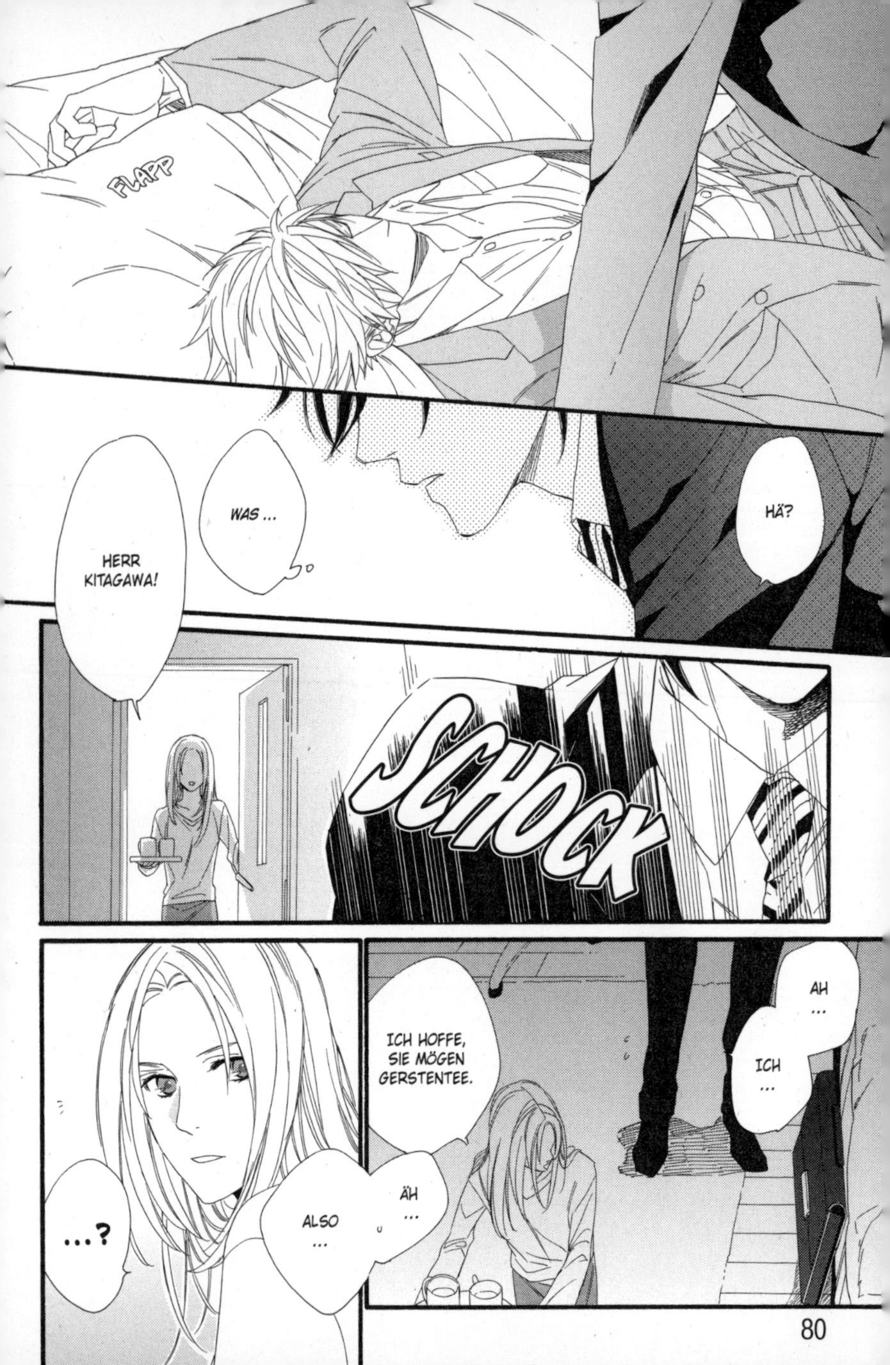
FLAPP
HÄ?
WAS ...
HERR KITAGAWA!
SCHOCK
AH ...
ICH ...
ICH HOFFE, SIE MÖGEN GERSTENTEE.
ÄH ...
ALSO ...
...?

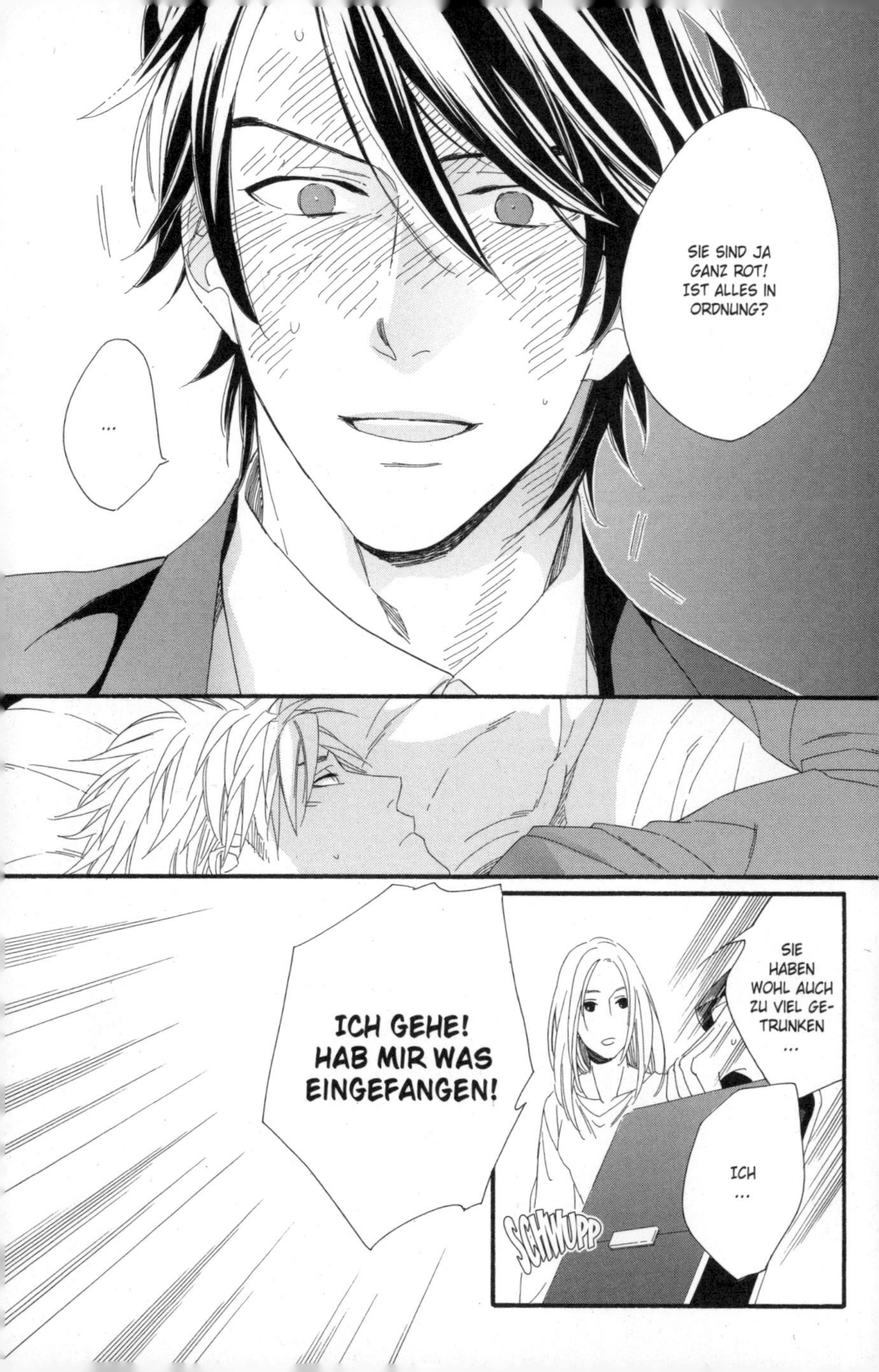
SIE SIND JA GANZ ROT! IST ALLES IN ORDNUNG?
...
SIE HABEN WOHL AUCH ZU VIEL GE-TRUNKEN ...
ICH ...
ICH GEHE! HAB MIR WAS EINGEFANGEN!
SCHWUPP

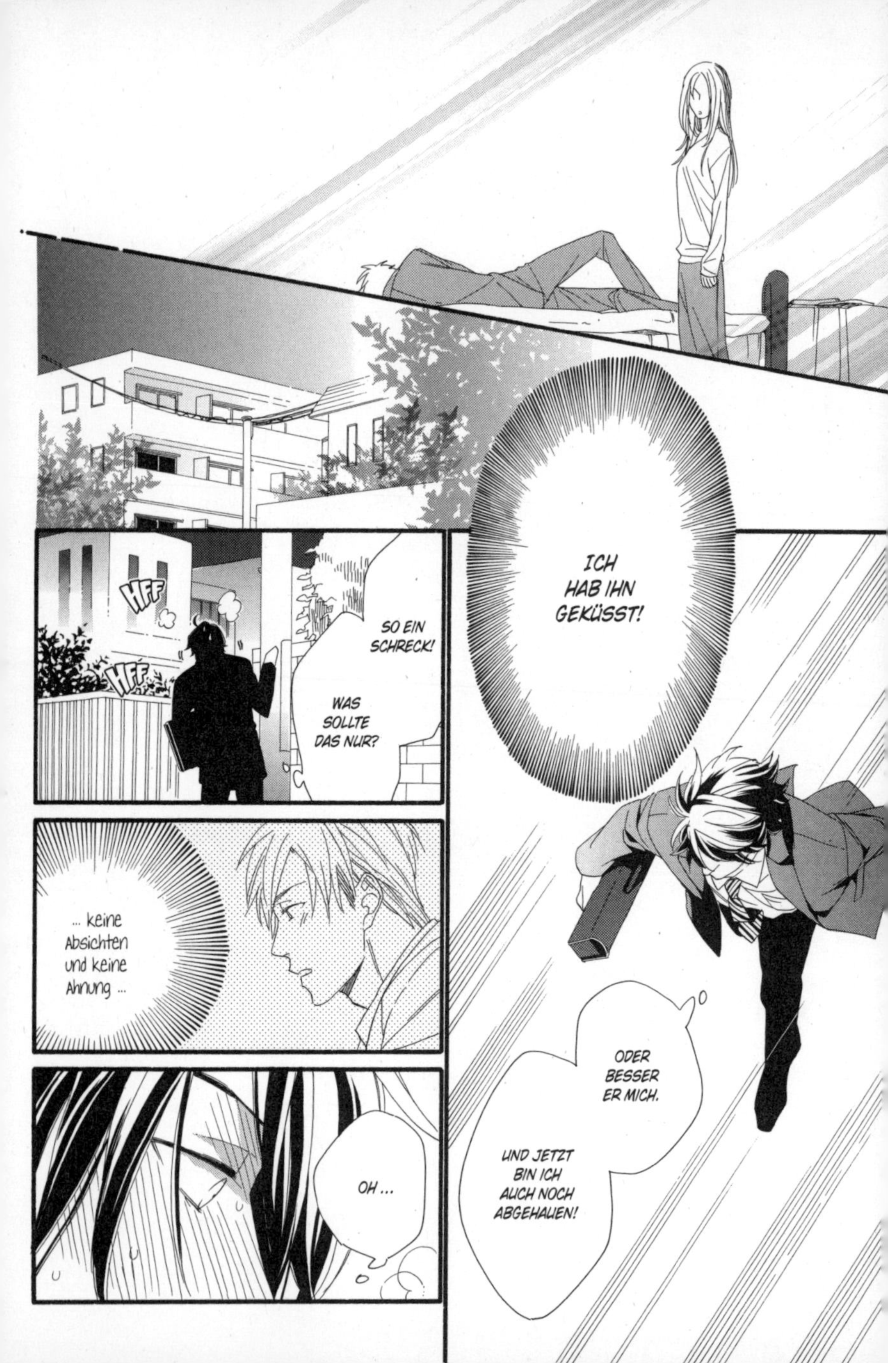
ICH HAB IHN GEKÜSST!
ODER BESSER ER MICH.
UND JETZT BIN ICH AUCH NOCH ABGEHAUEN!
HFF
HFF
SO EIN SCHRECK!
WAS SOLLTE DAS NUR?
... keine Absichten und keine Ahnung ...
OH ...

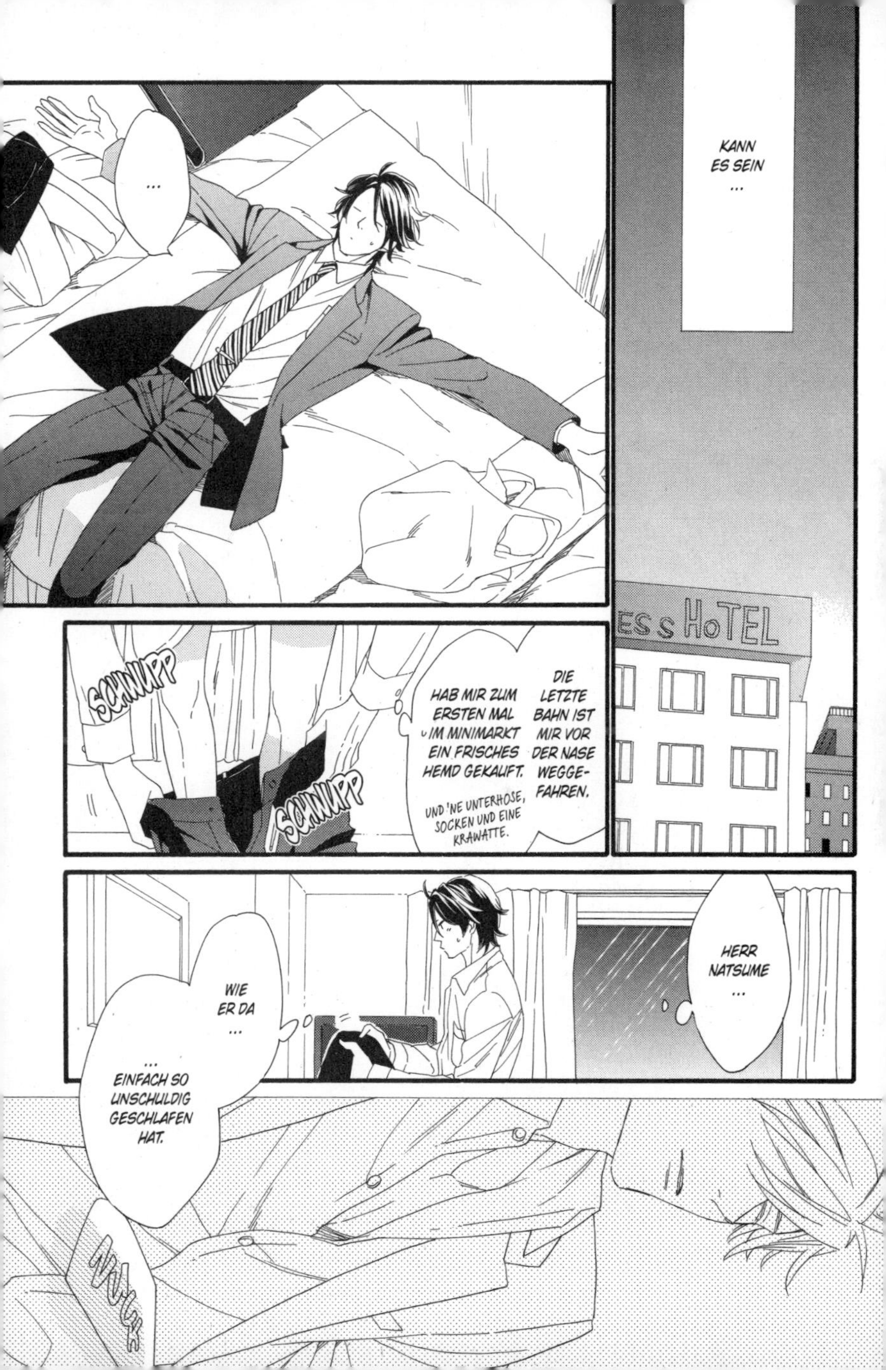
KANN ES SEIN …
…
ES S HoTEL
DIE LETZTE BAHN IST MIR VOR DER NASE WEGGEFAHREN.
HAB MIR ZUM ERSTEN MAL IM MINIMARKT EIN FRISCHES HEMD GEKAUFT.
UND 'NE UNTERHOSE, SOCKEN UND EINE KRAWATTE.
SCHWUPP
SCHWUPP
HERR NATSUME …
WIE ER DA …
… EINFACH SO UNSCHULDIG GESCHLAFEN HAT.

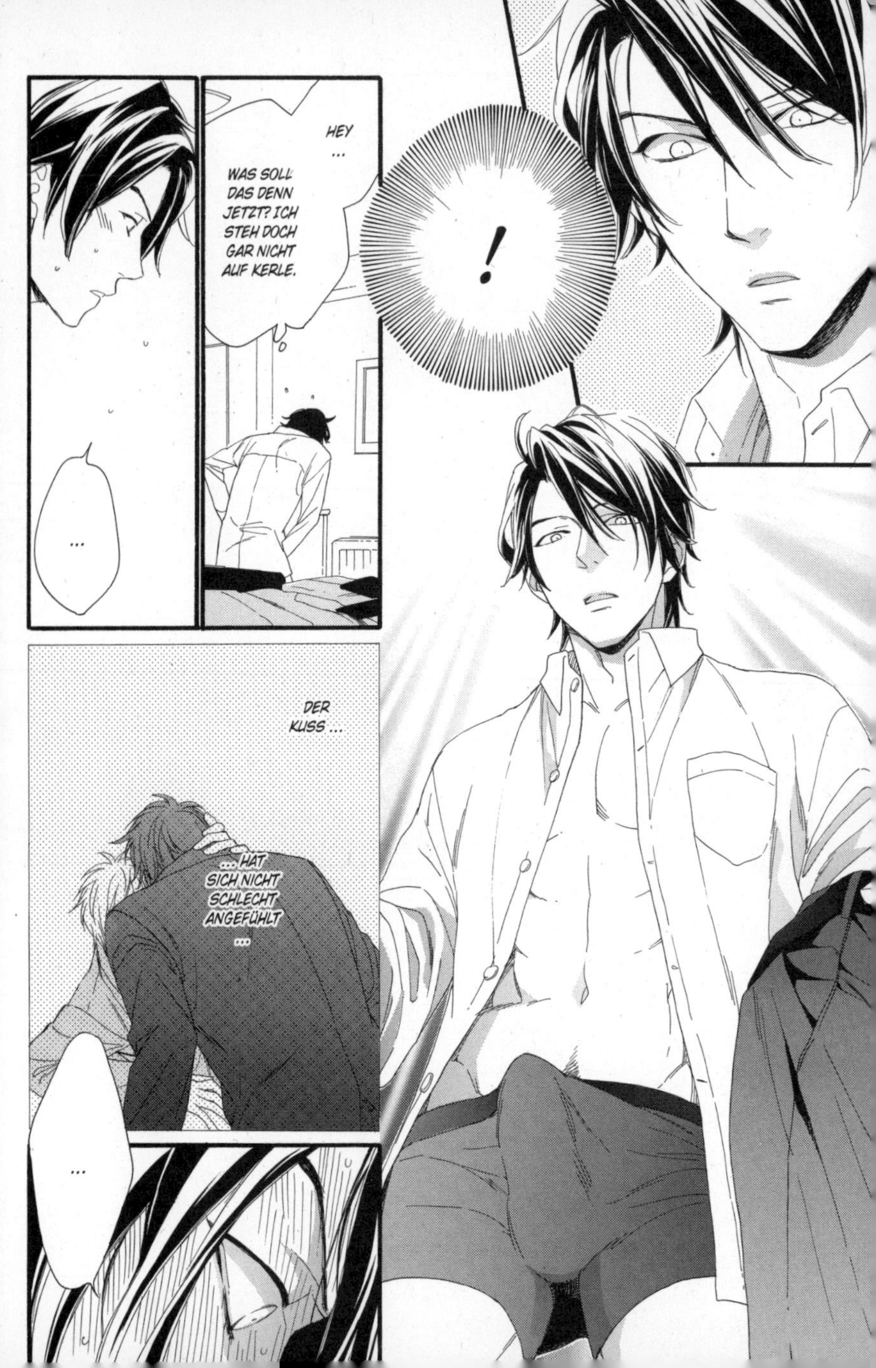
!
HEY ...
WAS SOLL DAS DENN JETZT? ICH STEH DOCH GAR NICHT AUF KERLE.
...
DER KUSS ...
... HAT SICH NICHT SCHLECHT ANGEFÜHLT ...
...

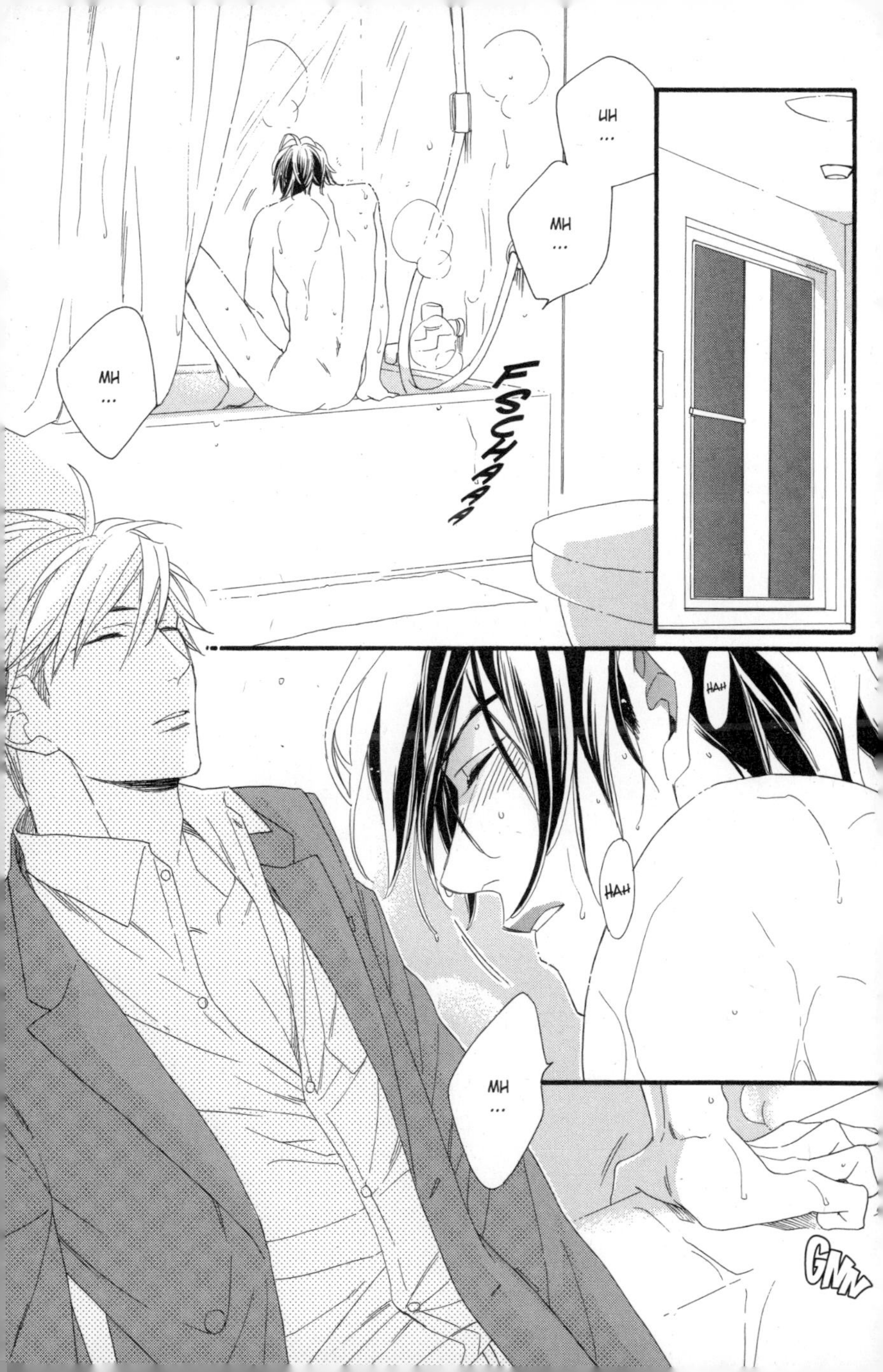
UH
...
MH
...
FSCHAAAA
MH
...
HAH
HAH
MH
...
GMN

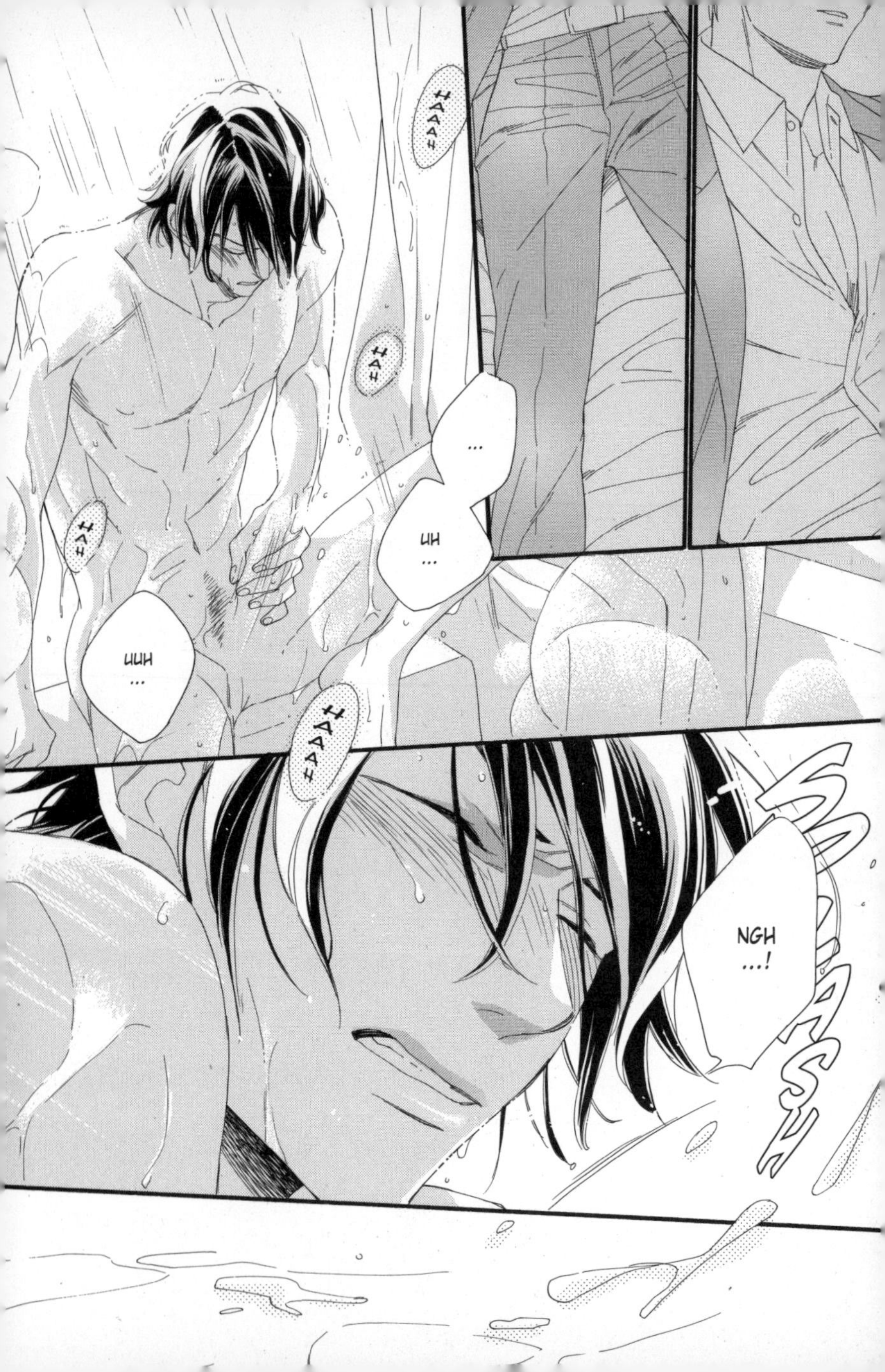
HAAAH
HAH
...
UH ...
HAH
UUH ...
HAAAH
NGH ...!

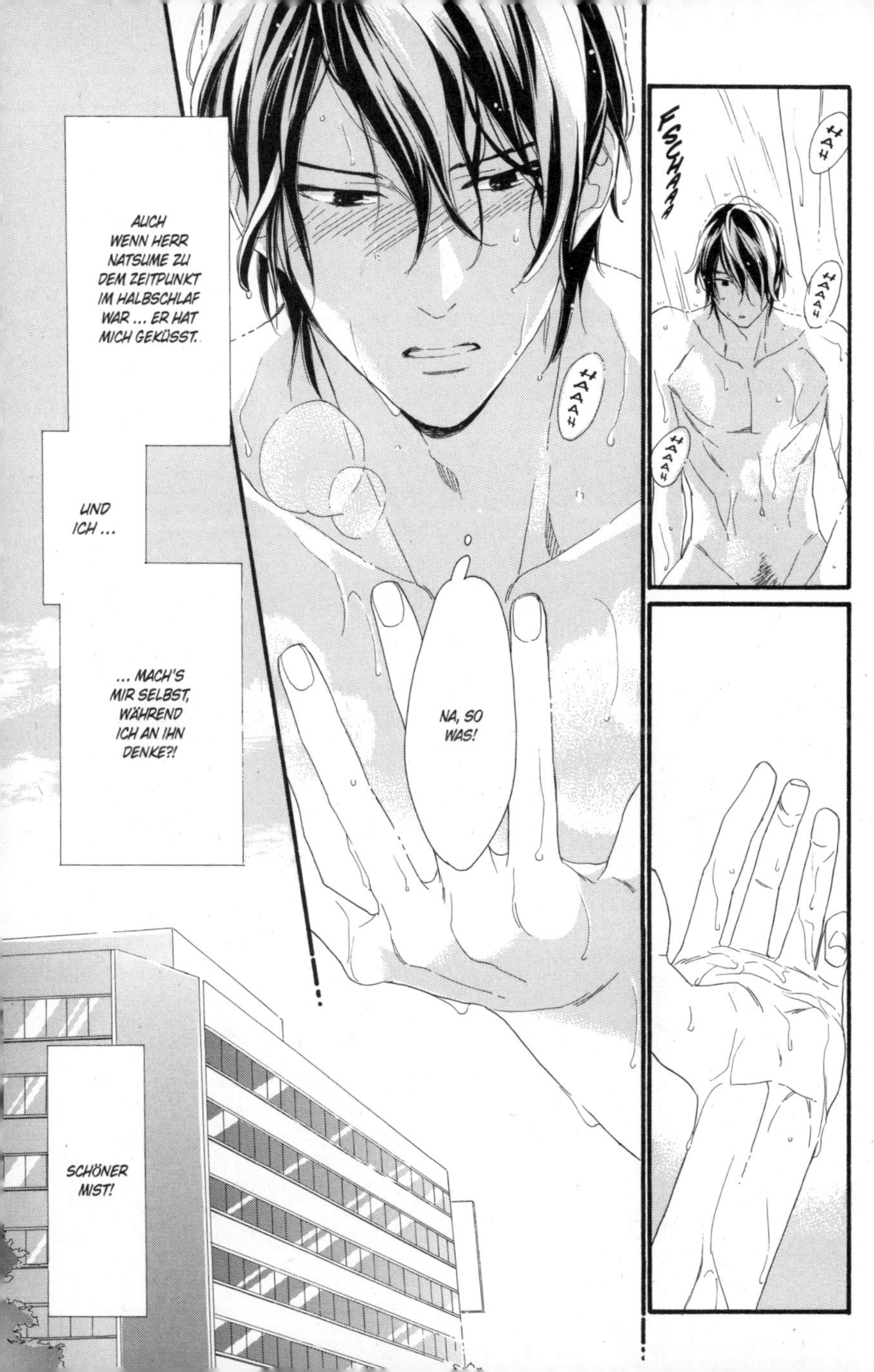
FSCHHHHH
HAH
HAAAH
HAAAH
HAAAH
AUCH WENN HERR NATSUME ZU DEM ZEITPUNKT IM HALBSCHLAF WAR … ER HAT MICH GEKÜSST.
UND ICH …
… MACH'S MIR SELBST, WÄHREND ICH AN IHN DENKE?!
NA, SO WAS!
SCHÖNER MIST!

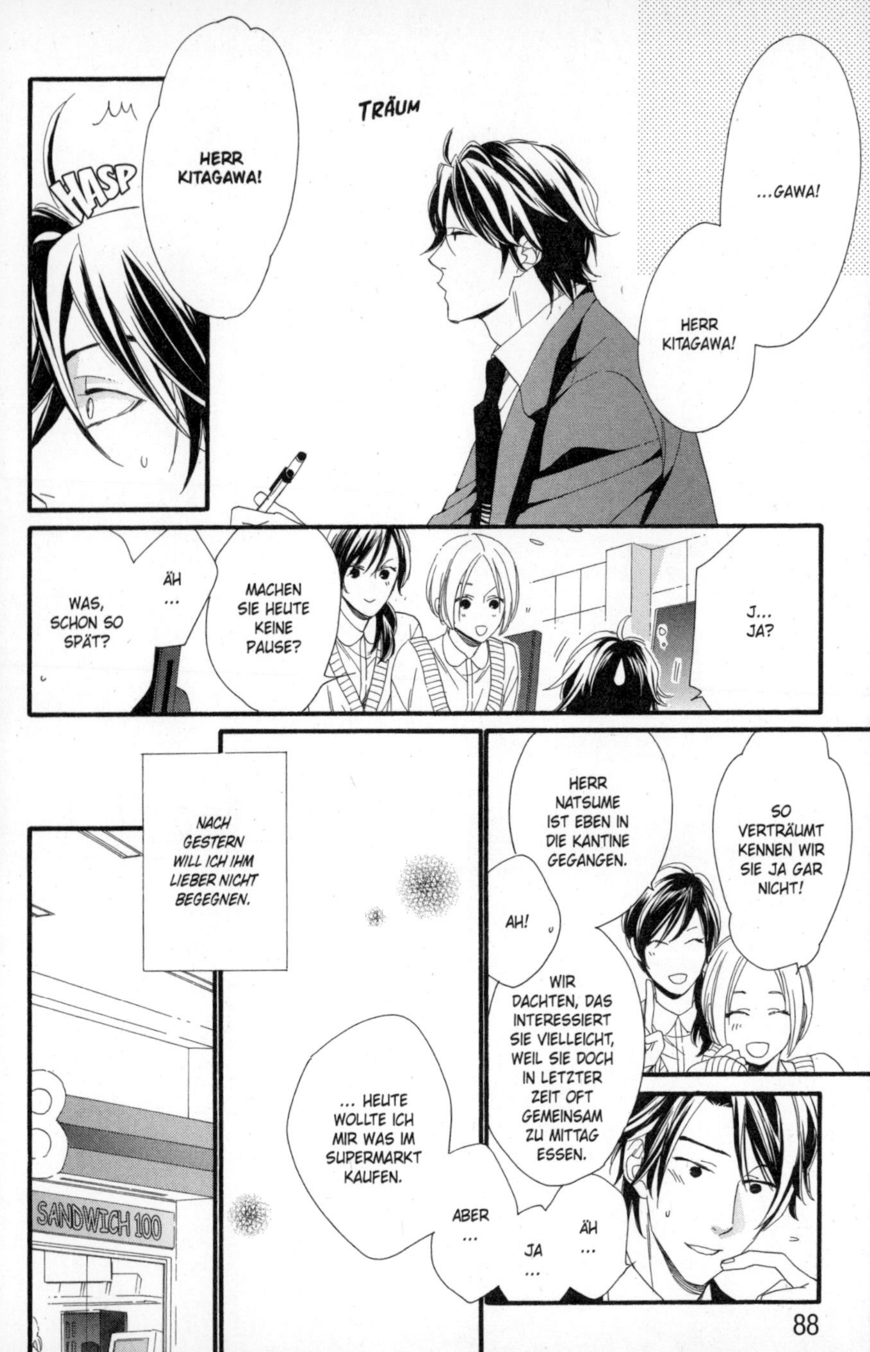
...GAWA!
HERR KITAGAWA!
TRÄUM
HERR KITAGAWA!
HASP
J... JA?
MACHEN SIE HEUTE KEINE PAUSE?
ÄH ...
WAS, SCHON SO SPÄT?
SO VERTRÄUMT KENNEN WIR SIE JA GAR NICHT!
HERR NATSUME IST EBEN IN DIE KANTINE GEGANGEN.
AH!
WIR DACHTEN, DAS INTERESSIERT SIE VIELLEICHT, WEIL SIE DOCH IN LETZTER ZEIT OFT GEMEINSAM ZU MITTAG ESSEN.
ÄH ...
JA ...
ABER ...
... HEUTE WOLLTE ICH MIR WAS IM SUPERMARKT KAUFEN.
NACH GESTERN WILL ICH IHM LIEBER NICHT BEGEGNEN.
SANDWICH 100

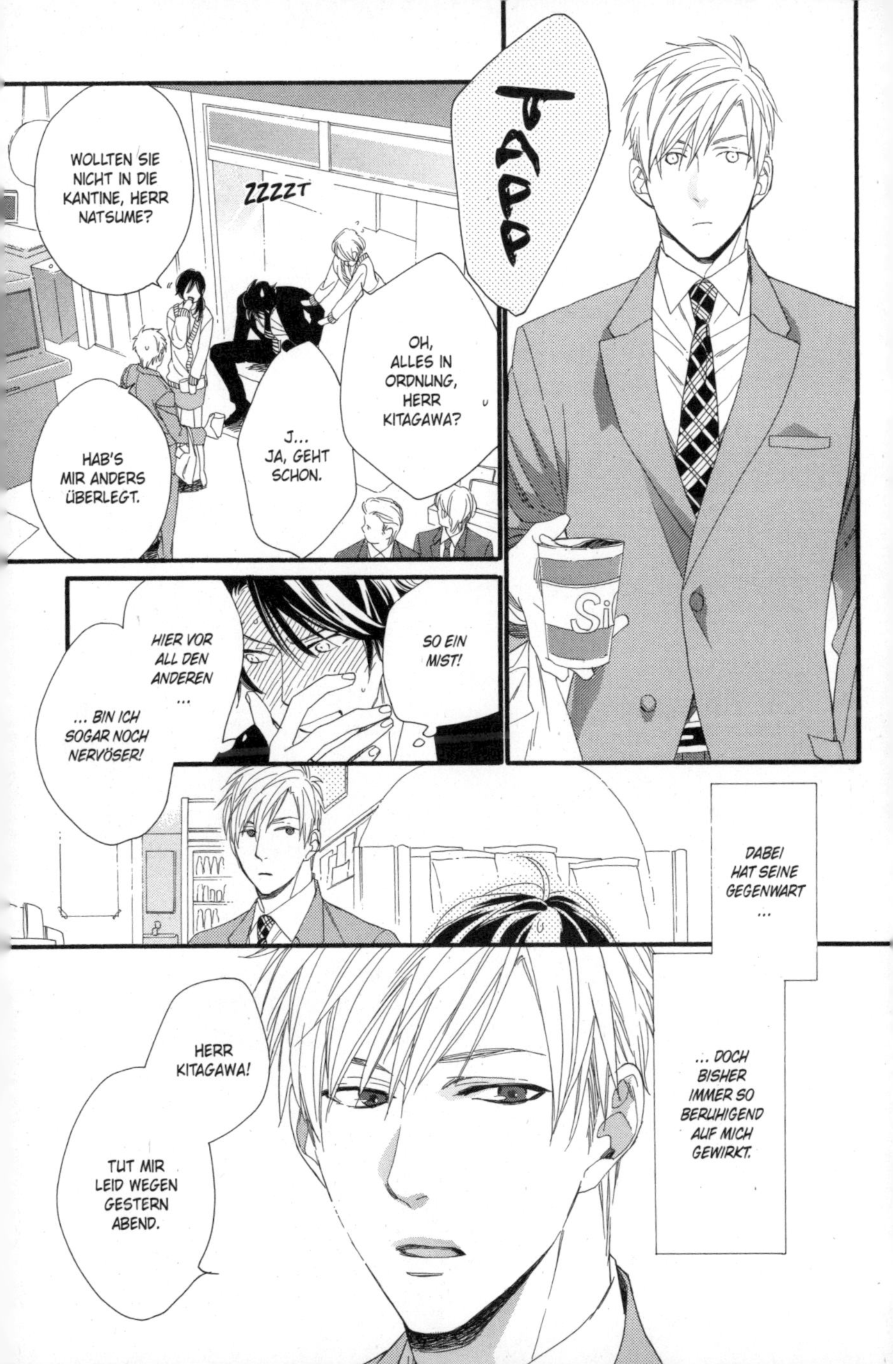
TAPP
WOLLTEN SIE NICHT IN DIE KANTINE, HERR NATSUME?
ZZZZT
HAB'S MIR ANDERS ÜBERLEGT.
OH, ALLES IN ORDNUNG, HERR KITAGAWA?
J... JA, GEHT SCHON.
SO EIN MIST!
HIER VOR ALL DEN ANDEREN ...
... BIN ICH SOGAR NOCH NERVÖSER!
DABEI HAT SEINE GEGENWART ...
... DOCH BISHER IMMER SO BERUHIGEND AUF MICH GEWIRKT.
HERR KITAGAWA!
TUT MIR LEID WEGEN GESTERN ABEND.

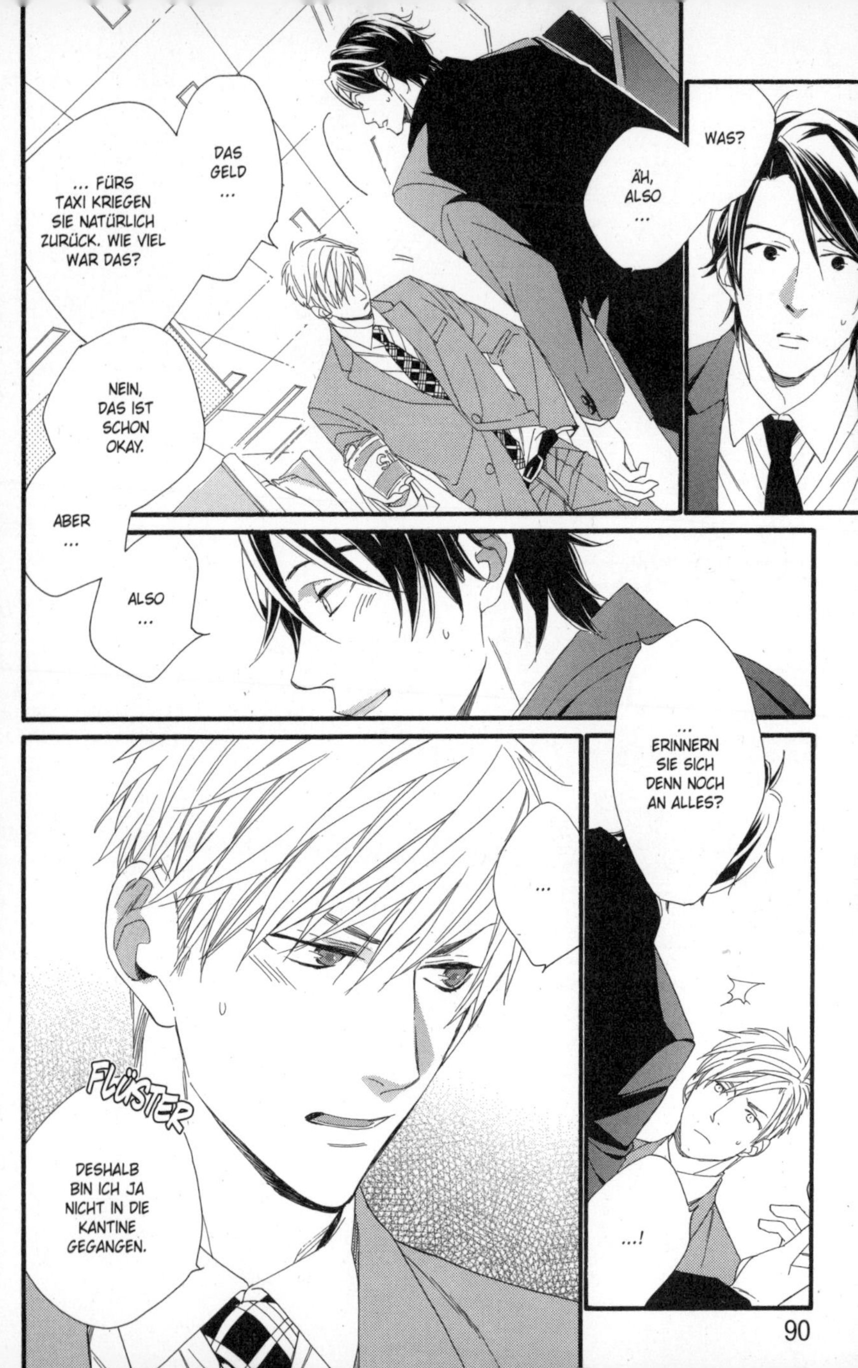
WAS?
ÄH, ALSO …
DAS GELD …
… FÜRS TAXI KRIEGEN SIE NATÜRLICH ZURÜCK. WIE VIEL WAR DAS?
NEIN, DAS IST SCHON OKAY.
ABER …
ALSO …
… ERINNERN SIE SICH DENN NOCH AN ALLES?
…!
…
FLÜSTER
DESHALB BIN ICH JA NICHT IN DIE KANTINE GEGANGEN.

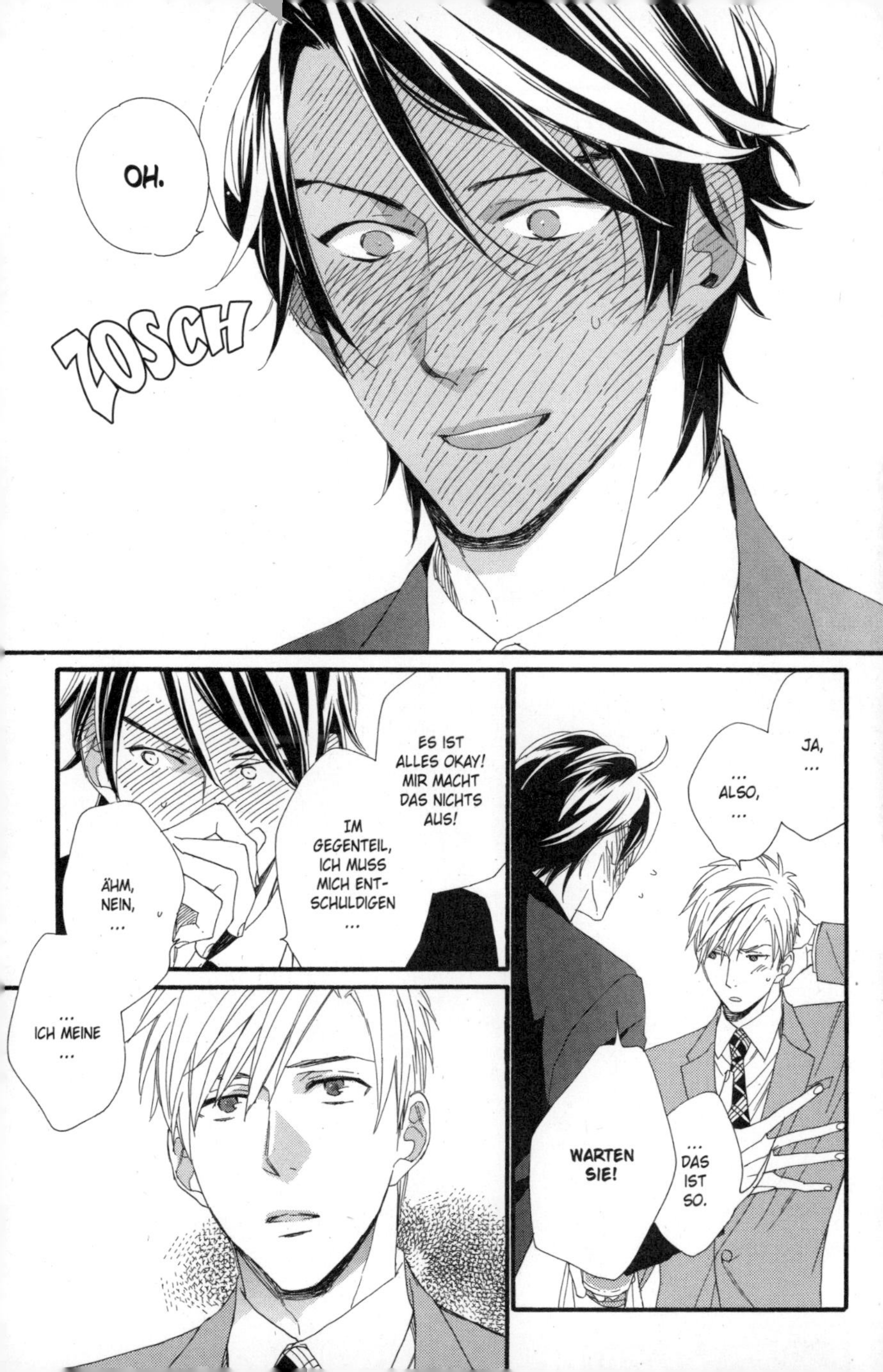
OH.
ZOSCH
JA, ... ALSO, ...
ES IST ALLES OKAY! MIR MACHT DAS NICHTS AUS!
IM GEGENTEIL, ICH MUSS MICH ENT-SCHULDIGEN ...
ÄHM, NEIN, ...
... ICH MEINE ...
... DAS IST SO.
WARTEN SIE!

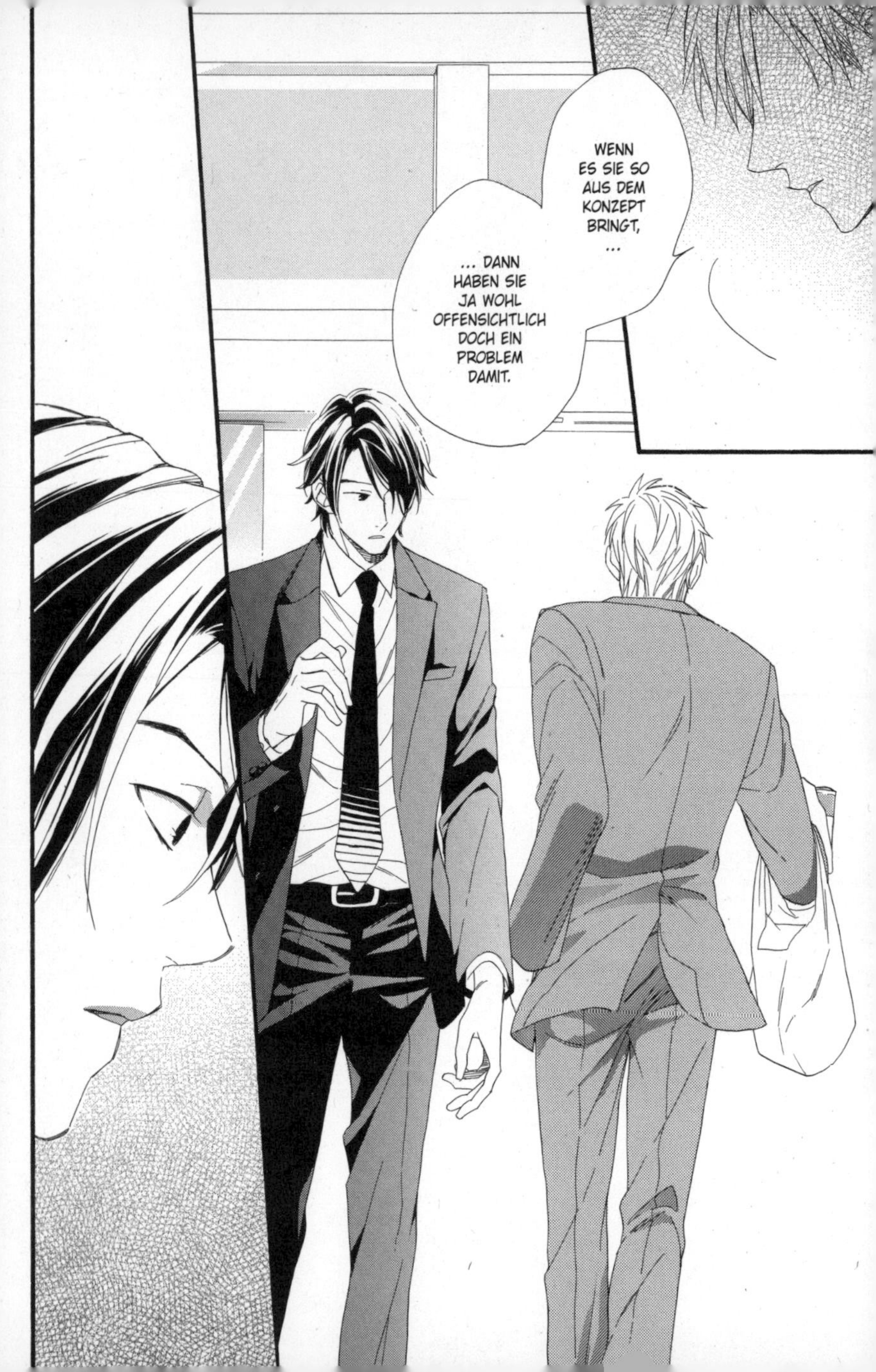
WENN ES SIE SO AUS DEM KONZEPT BRINGT, ...
... DANN HABEN SIE JA WOHL OFFENSICHTLICH DOCH EIN PROBLEM DAMIT.

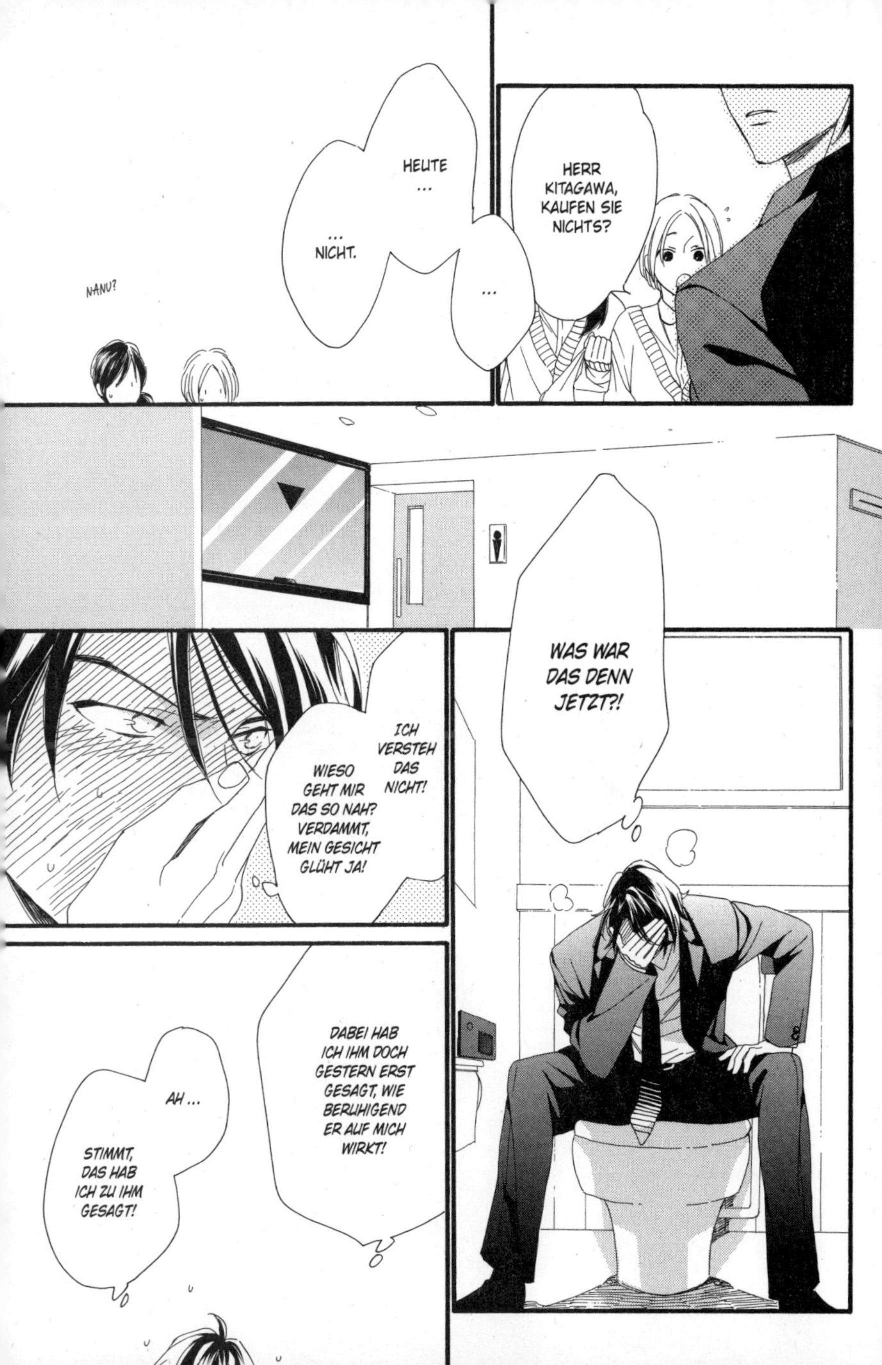
HERR KITAGAWA, KAUFEN SIE NICHTS?
...
HEUTE ...
... NICHT.
NANU?
WAS WAR DAS DENN JETZT?!
ICH VERSTEH DAS NICHT!
WIESO GEHT MIR DAS SO NAH? VERDAMMT, MEIN GESICHT GLÜHT JA!
DABEI HAB ICH IHM DOCH GESTERN ERST GESAGT, WIE BERUHIGEND ER AUF MICH WIRKT!
AH ...
STIMMT, DAS HAB ICH ZU IHM GESAGT!

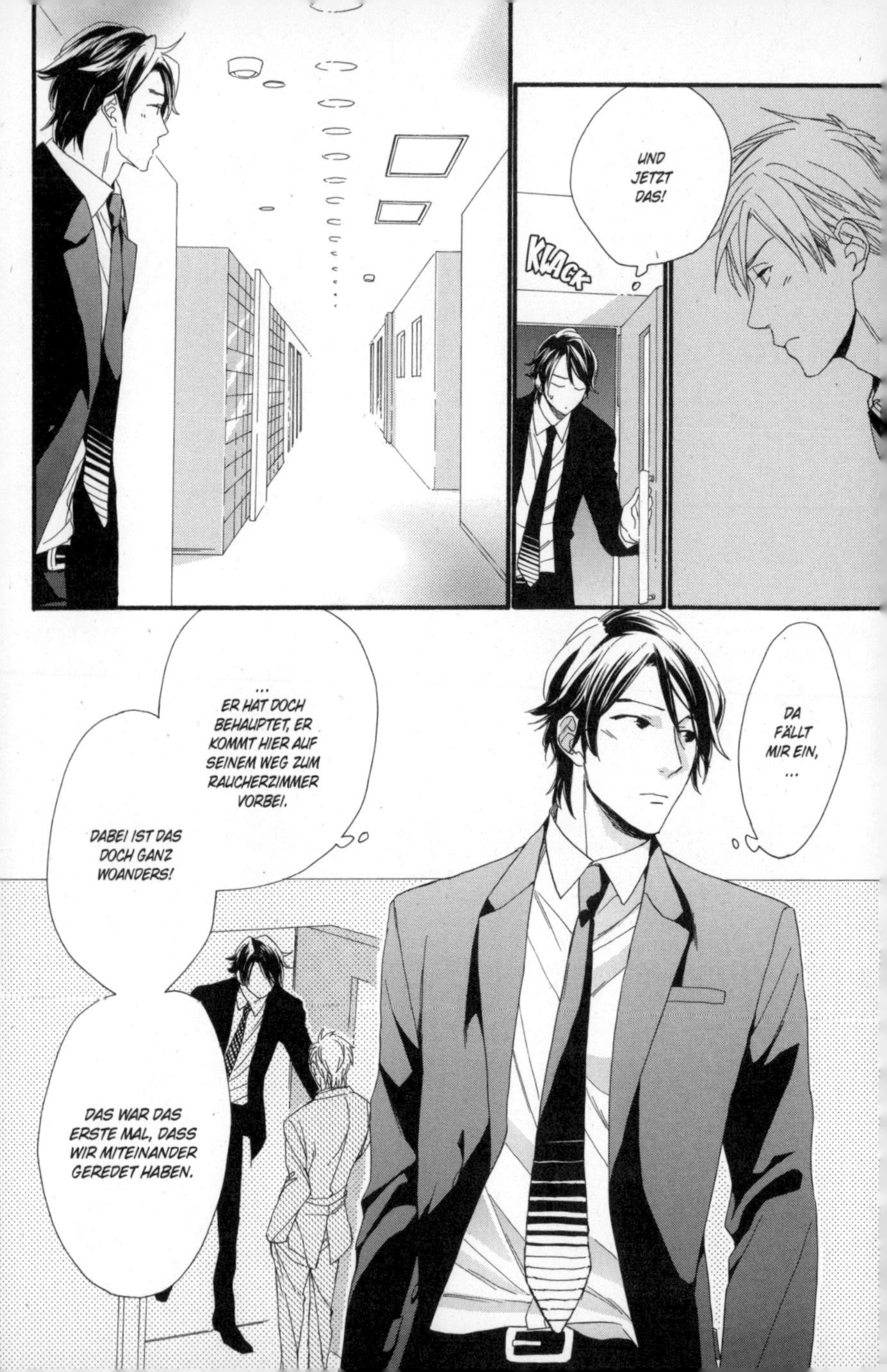
UND JETZT DAS!
KLACK
DA FÄLLT MIR EIN, …
… ER HAT DOCH BEHAUPTET, ER KOMMT HIER AUF SEINEM WEG ZUM RAUCHERZIMMER VORBEI.
DABEI IST DAS DOCH GANZ WOANDERS!
DAS WAR DAS ERSTE MAL, DASS WIR MITEINANDER GEREDET HABEN.

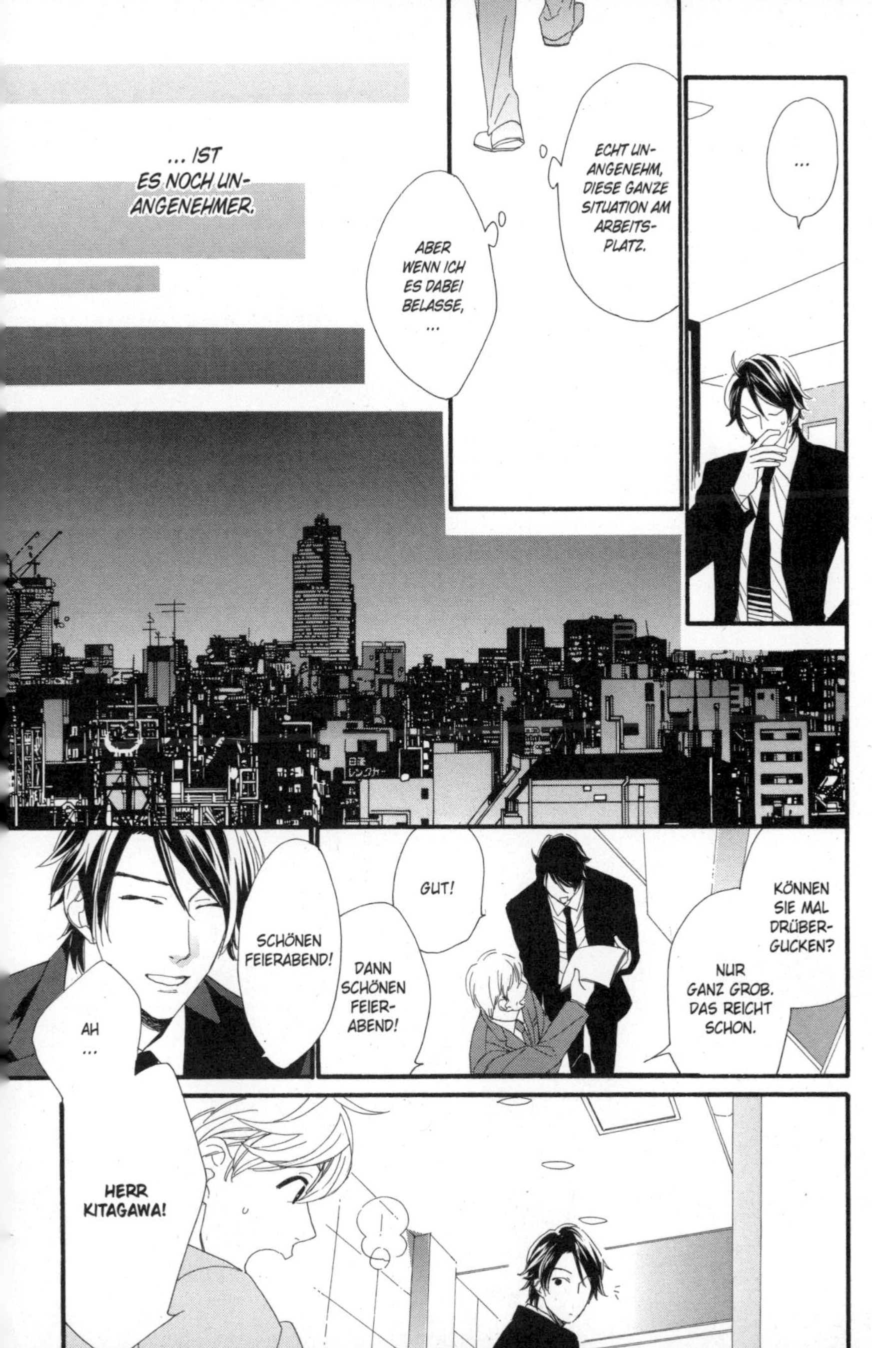
...
ECHT UN-ANGENEHM, DIESE GANZE SITUATION AM ARBEITS-PLATZ.
ABER WENN ICH ES DABEI BELASSE, ...
... IST ES NOCH UN-ANGENEHMER.
KÖNNEN SIE MAL DRÜBER-GUCKEN?
NUR GANZ GROB. DAS REICHT SCHON.
GUT!
DANN SCHÖNEN FEIER-ABEND!
SCHÖNEN FEIERABEND!
AH ...
HERR KITAGAWA!

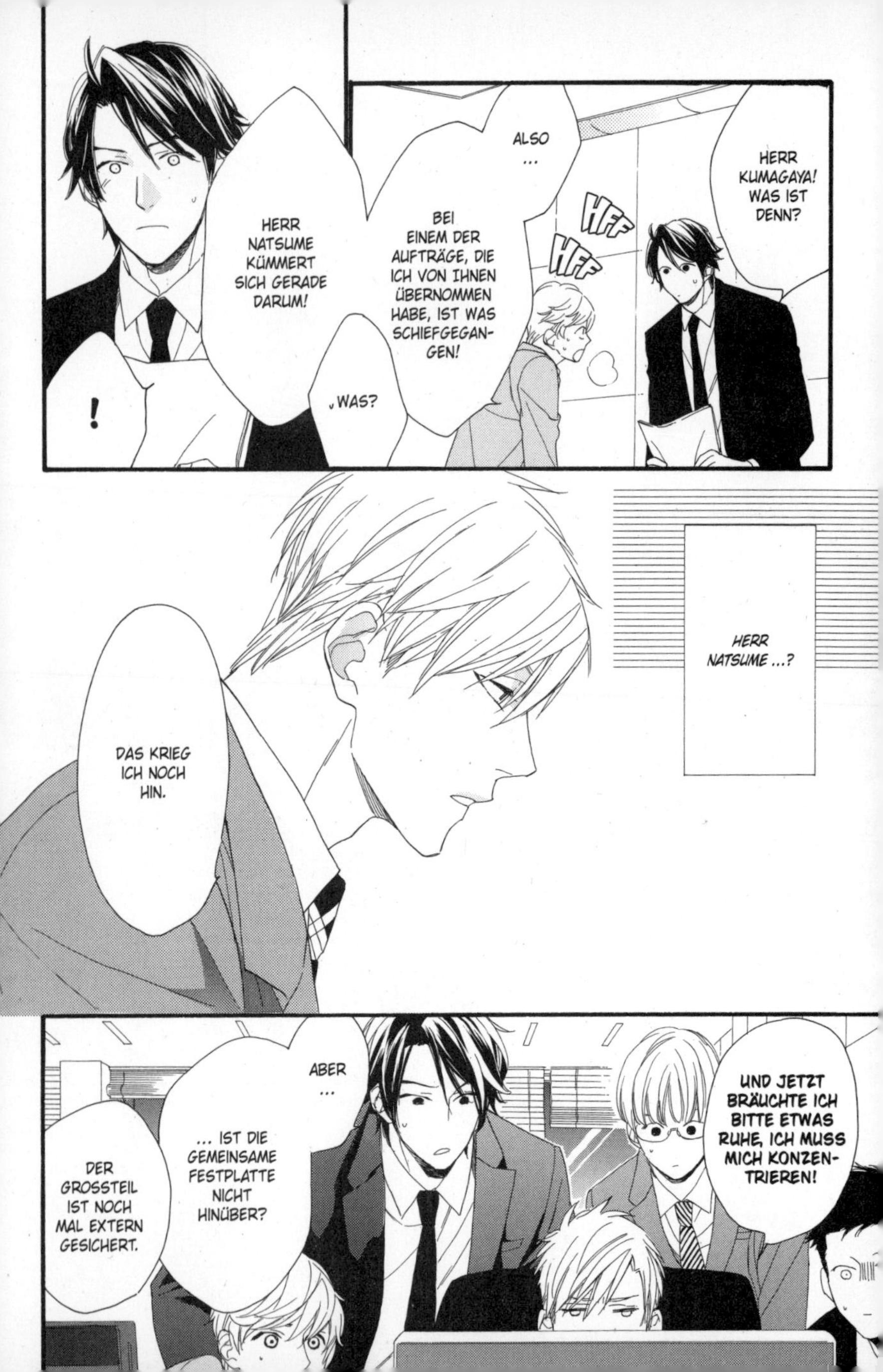
HERR KUMAGAYA! WAS IST DENN?
HFF
HFF
ALSO ...
BEI EINEM DER AUFTRÄGE, DIE ICH VON IHNEN ÜBERNOMMEN HABE, IST WAS SCHIEFGEGANGEN!
WAS?
HERR NATSUME KÜMMERT SICH GERADE DARUM!
!
HERR NATSUME ...?
DAS KRIEG ICH NOCH HIN.
UND JETZT BRÄUCHTE ICH BITTE ETWAS RUHE, ICH MUSS MICH KONZENTRIEREN!
ABER ...
... IST DIE GEMEINSAME FESTPLATTE NICHT HINÜBER?
DER GROSSTEIL IST NOCH MAL EXTERN GESICHERT.

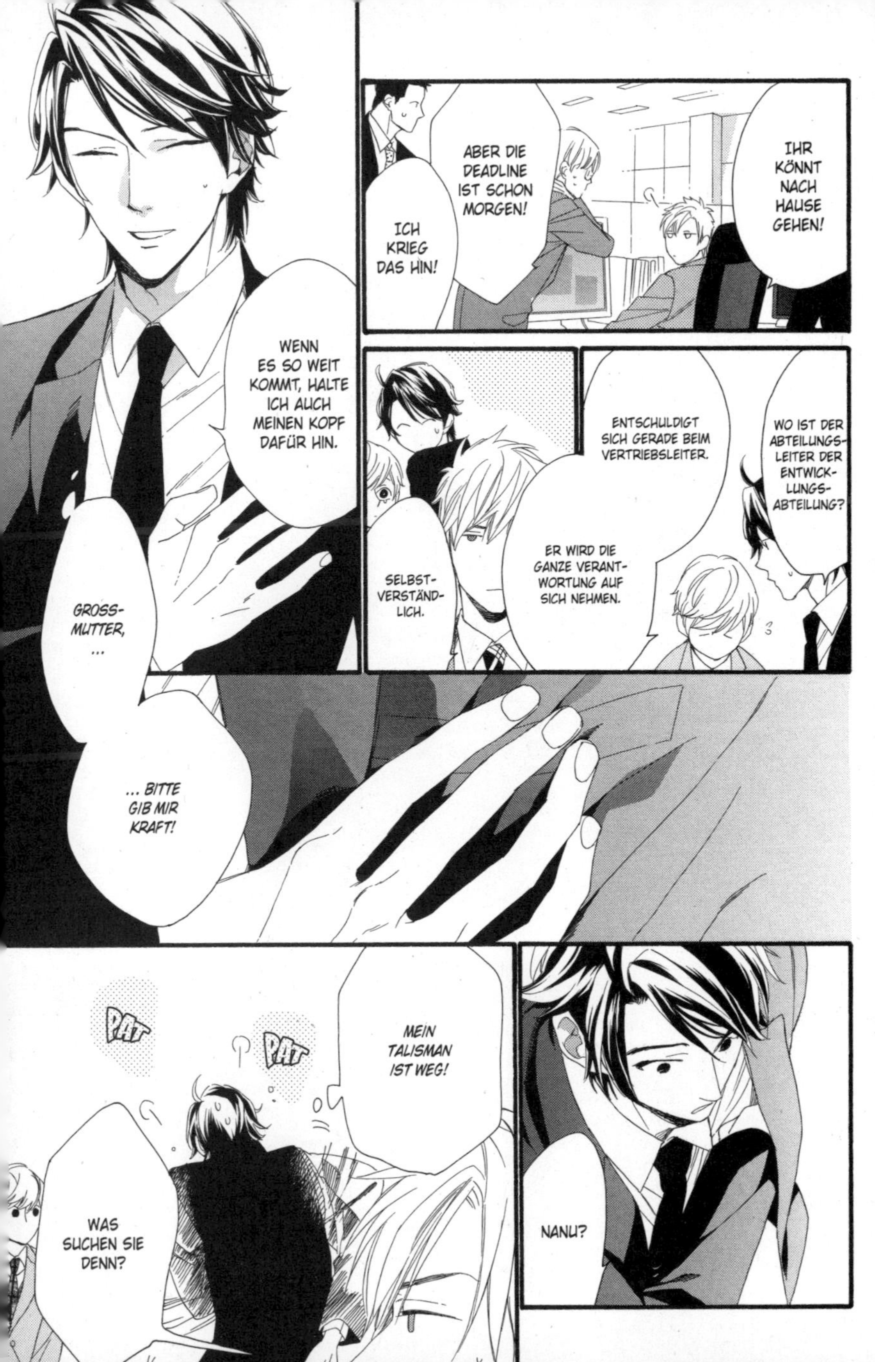
IHR KÖNNT NACH HAUSE GEHEN!
ABER DIE DEADLINE IST SCHON MORGEN!
ICH KRIEG DAS HIN!
WO IST DER ABTEILUNGS-LEITER DER ENTWICK-LUNGS-ABTEILUNG?
ENTSCHULDIGT SICH GERADE BEIM VERTRIEBSLEITER.
ER WIRD DIE GANZE VERANT-WORTUNG AUF SICH NEHMEN.
SELBST-VERSTÄND-LICH.
WENN ES SO WEIT KOMMT, HALTE ICH AUCH MEINEN KOPF DAFÜR HIN.
GROSS-MUTTER, ...
... BITTE GIB MIR KRAFT!
NANU?
MEIN TALISMAN IST WEG!
PAT
PAT
WAS SUCHEN SIE DENN?

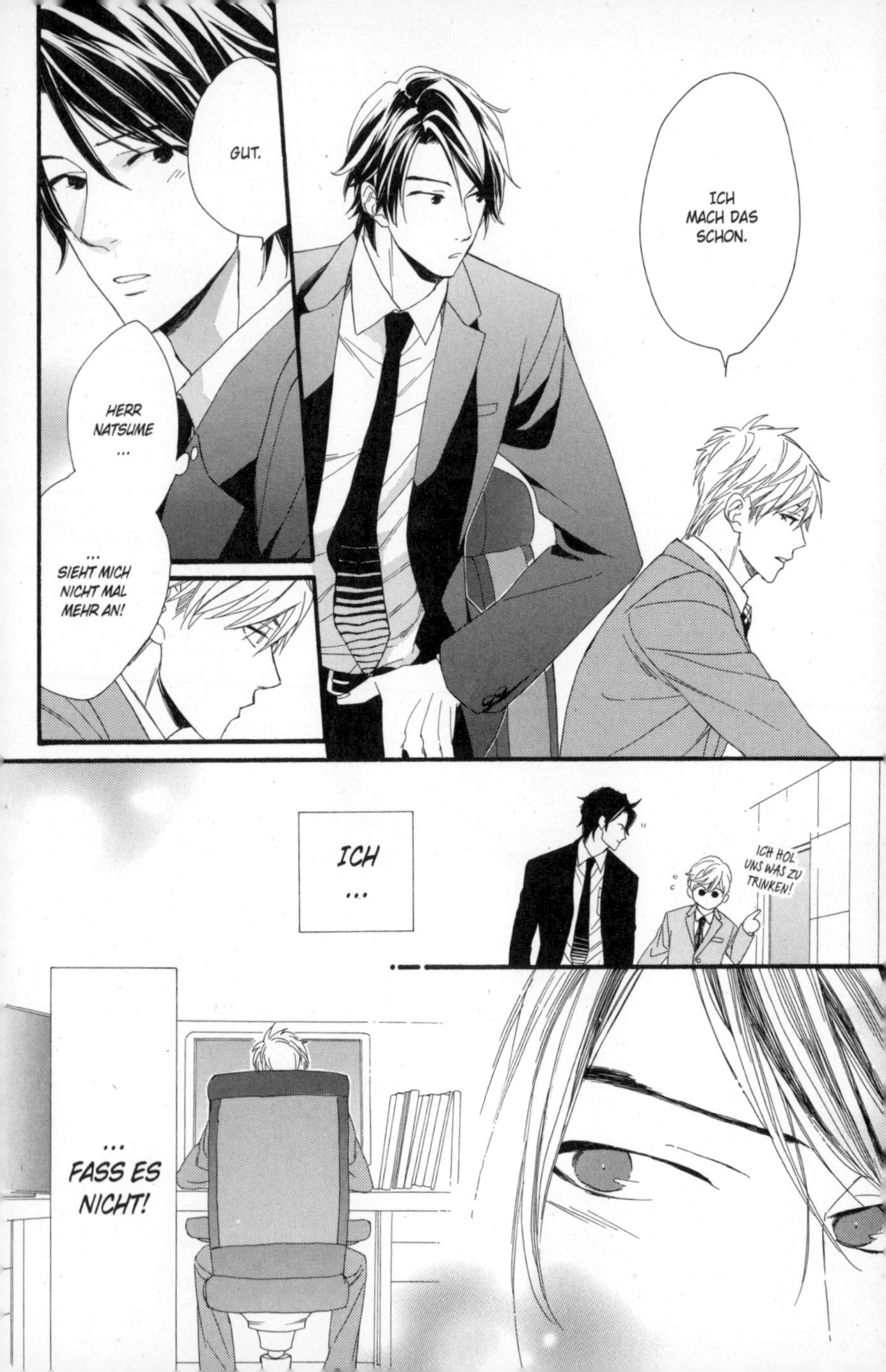
ICH MACH DAS SCHON.
GUT.
HERR NATSUME ...
... SIEHT MICH NICHT MAL MEHR AN!
ICH HOL UNS WAS ZU TRINKEN!
ICH ...
... FASS ES NICHT!

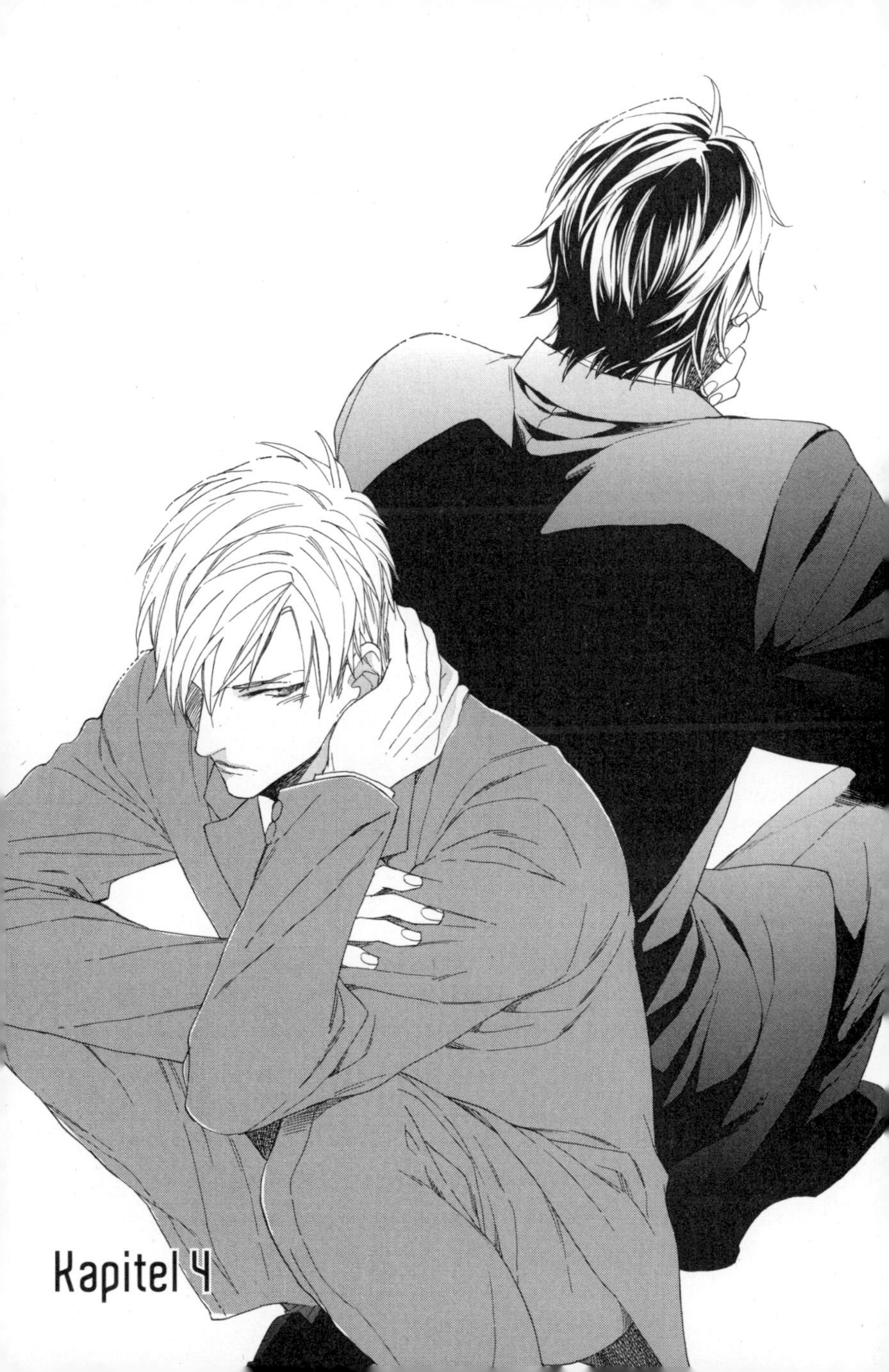
Kapitel 4

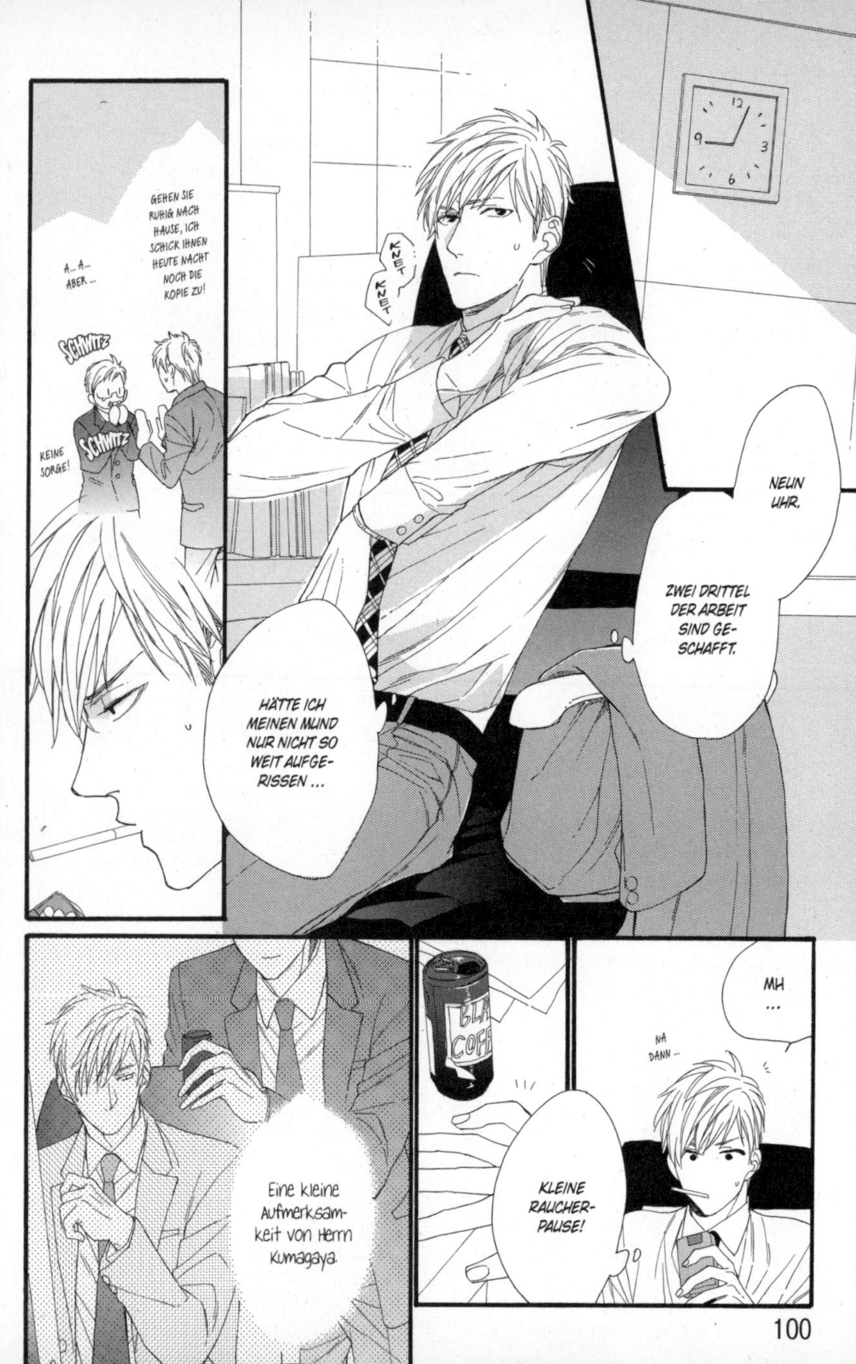
NEUN UHR.
ZWEI DRITTEL DER ARBEIT SIND GESCHAFFT.
KNET KNET
GEHEN SIE RUHIG NACH HAUSE, ICH SCHICK IHNEN HEUTE NACHT NOCH DIE KOPIE ZU!
A... A... ABER ...
SCHWITZ
SCHWITZ
KEINE SORGE!
HÄTTE ICH MEINEN MUND NUR NICHT SO WEIT AUFGERISSEN ...
MH ...
NA DANN ...
KLEINE RAUCHERPAUSE!
Eine kleine Aufmerksamkeit von Herrn Kumagaya.

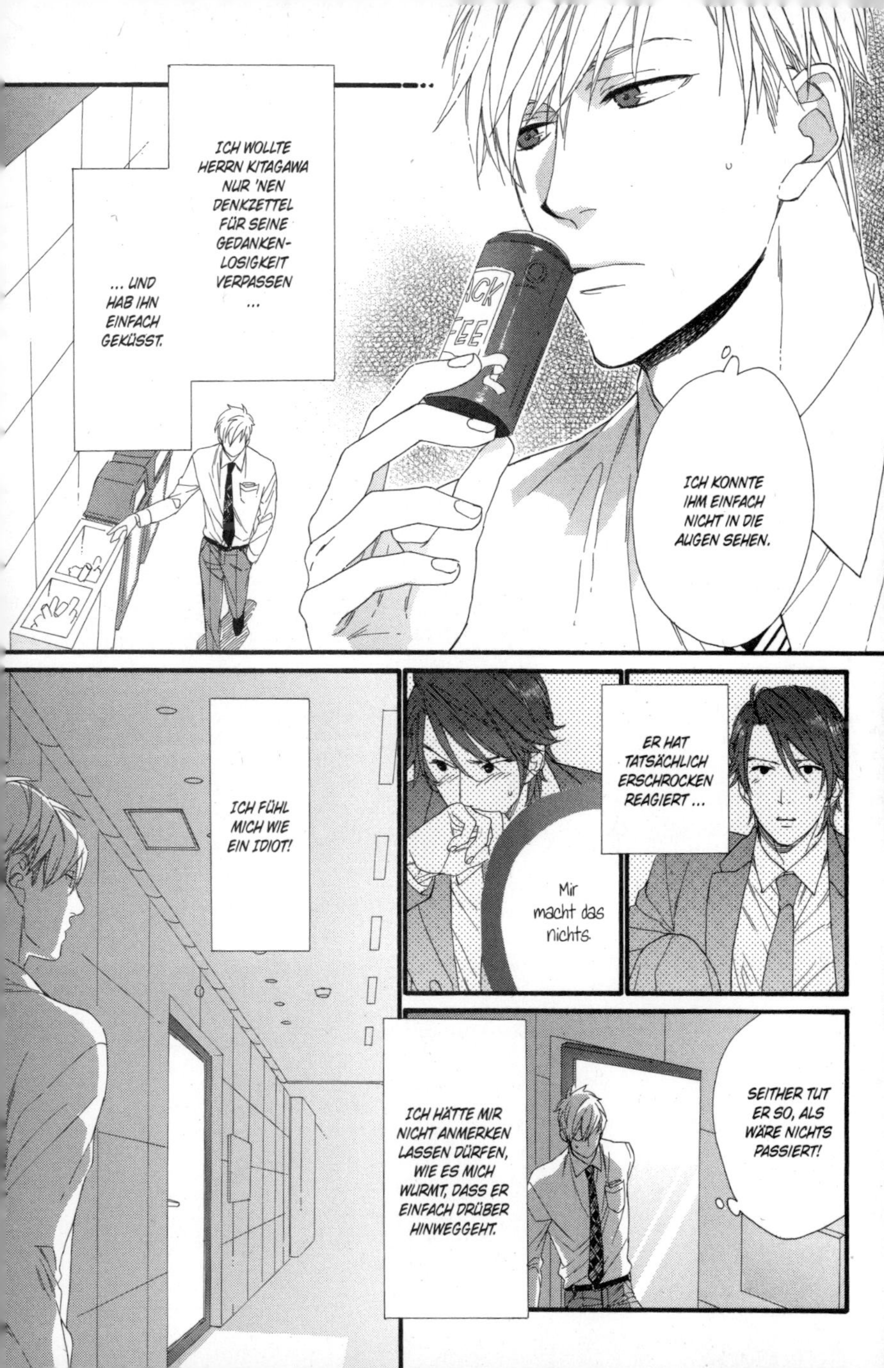
ICH WOLLTE HERRN KITAGAWA NUR 'NEN DENKZETTEL FÜR SEINE GEDANKEN-LOSIGKEIT VERPASSEN …
… UND HAB IHN EINFACH GEKÜSST.
ICH KONNTE IHM EINFACH NICHT IN DIE AUGEN SEHEN.
ER HAT TATSÄCHLICH ERSCHROCKEN REAGIERT …
Mir macht das nichts.
SEITHER TUT ER SO, ALS WÄRE NICHTS PASSIERT!
ICH HÄTTE MIR NICHT ANMERKEN LASSEN DÜRFEN, WIE ES MICH WURMT, DASS ER EINFACH DRÜBER HINWEGGEHT.
ICH FÜHL MICH WIE EIN IDIOT!

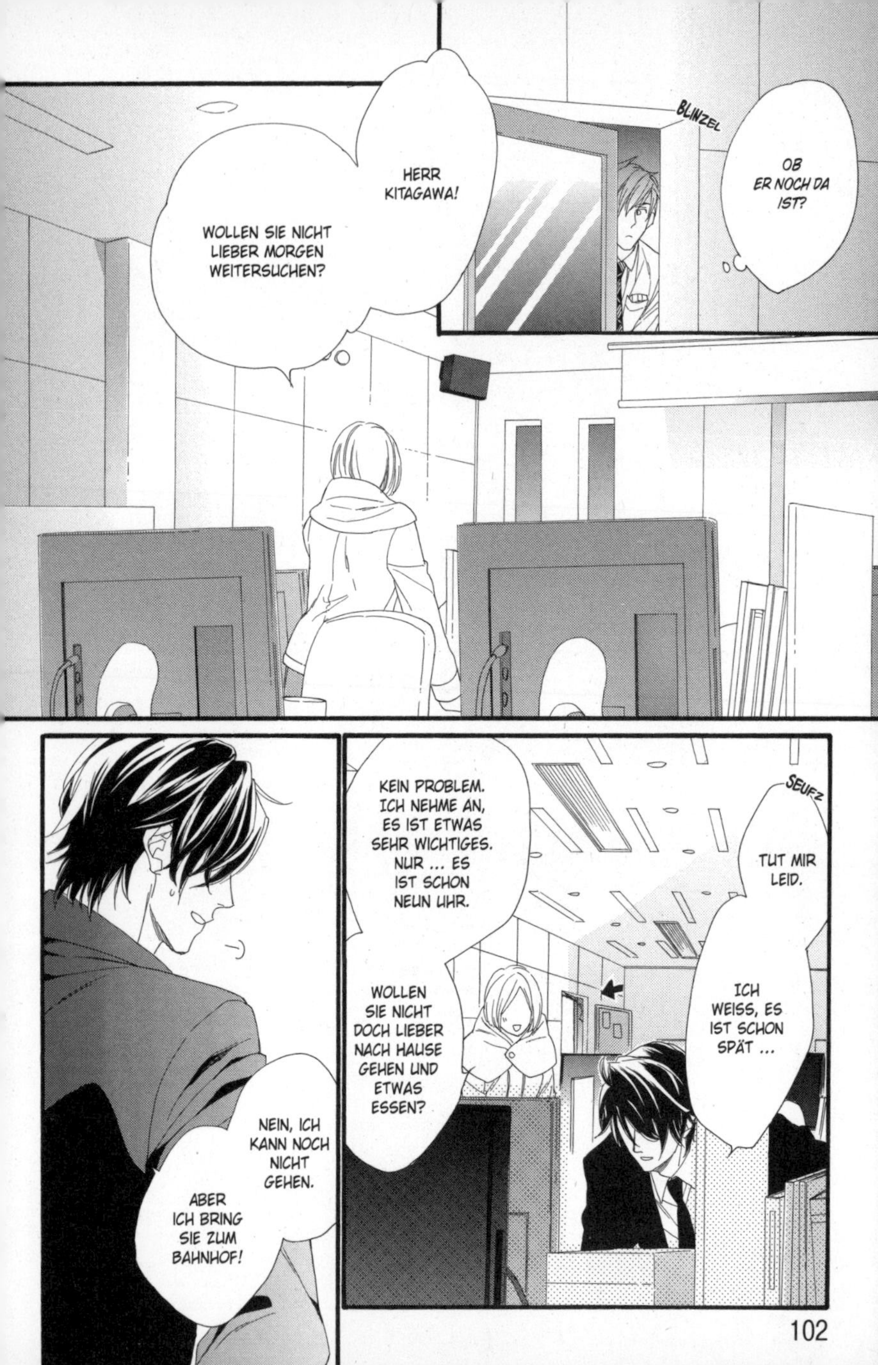
BLINZEL
OB ER NOCH DA IST?
HERR KITAGAWA!
WOLLEN SIE NICHT LIEBER MORGEN WEITERSUCHEN?
SEUFZ
TUT MIR LEID.
ICH WEISS, ES IST SCHON SPÄT …
KEIN PROBLEM. ICH NEHME AN, ES IST ETWAS SEHR WICHTIGES. NUR … ES IST SCHON NEUN UHR.
WOLLEN SIE NICHT DOCH LIEBER NACH HAUSE GEHEN UND ETWAS ESSEN?
NEIN, ICH KANN NOCH NICHT GEHEN.
ABER ICH BRING SIE ZUM BAHNHOF!

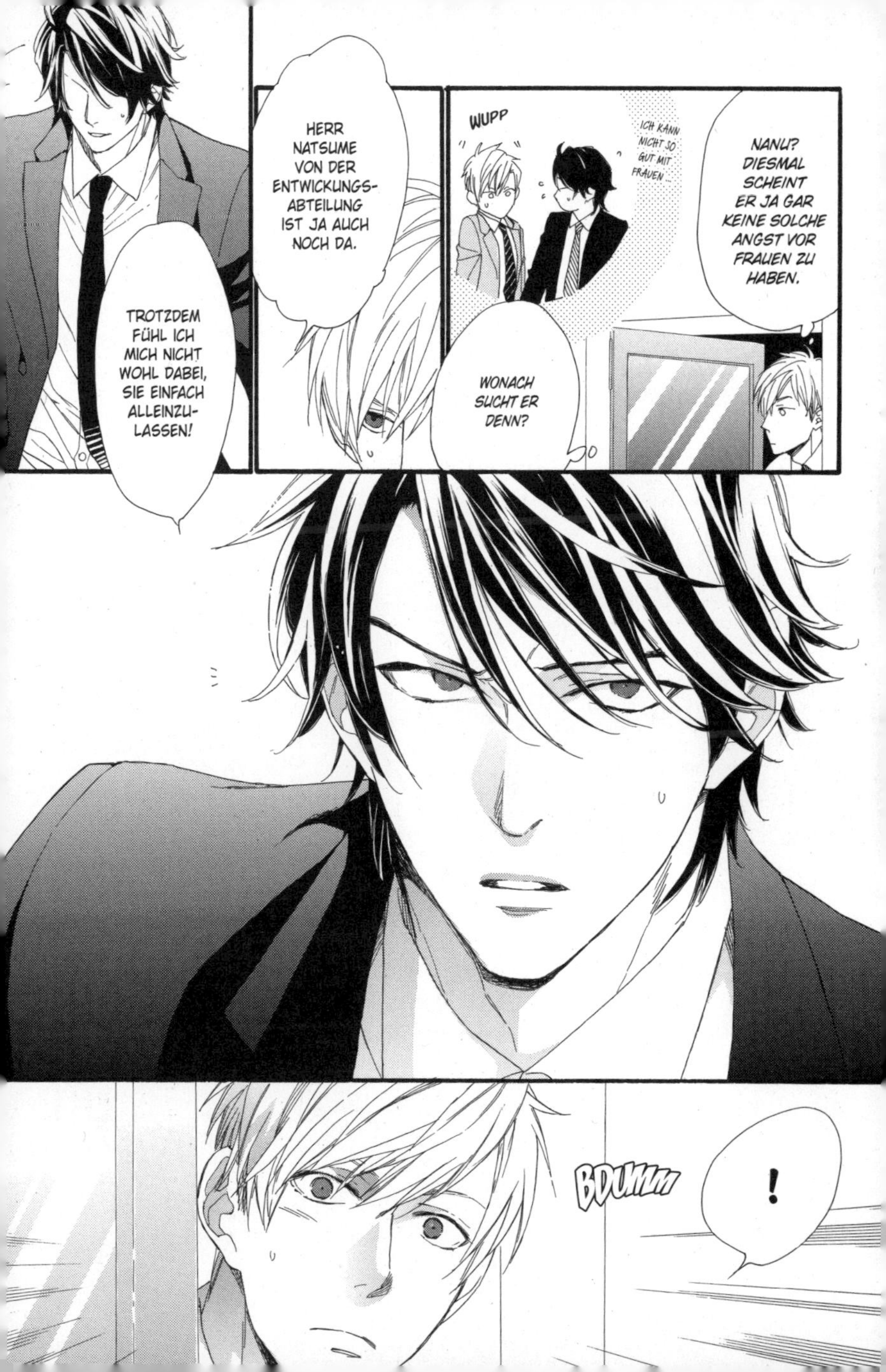
NANU? DIESMAL SCHEINT ER JA GAR KEINE SOLCHE ANGST VOR FRAUEN ZU HABEN.
WUPP
ICH KANN NICHT SO GUT MIT FRAUEN ...
WONACH SUCHT ER DENN?
HERR NATSUME VON DER ENTWICKUNGS-ABTEILUNG IST JA AUCH NOCH DA.
TROTZDEM FÜHL ICH MICH NICHT WOHL DABEI, SIE EINFACH ALLEINZU-LASSEN!
BDUMM
!

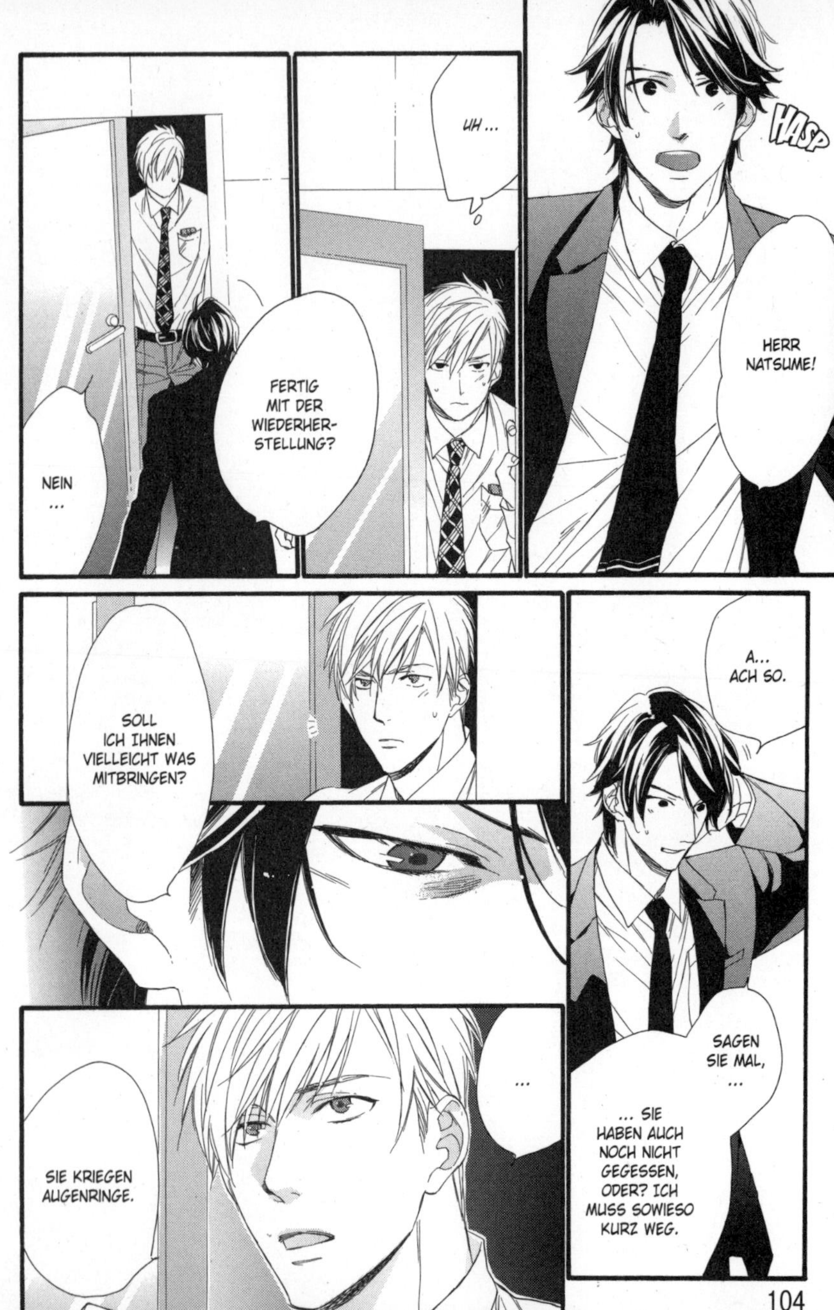
HASP
HERR NATSUME!
UH ...
FERTIG MIT DER WIEDERHER-STELLUNG?
NEIN ...
A... ACH SO.
SAGEN SIE MAL, ...
... SIE HABEN AUCH NOCH NICHT GEGESSEN, ODER? ICH MUSS SOWIESO KURZ WEG.
SOLL ICH IHNEN VIELLEICHT WAS MITBRINGEN?
...
SIE KRIEGEN AUGENRINGE.

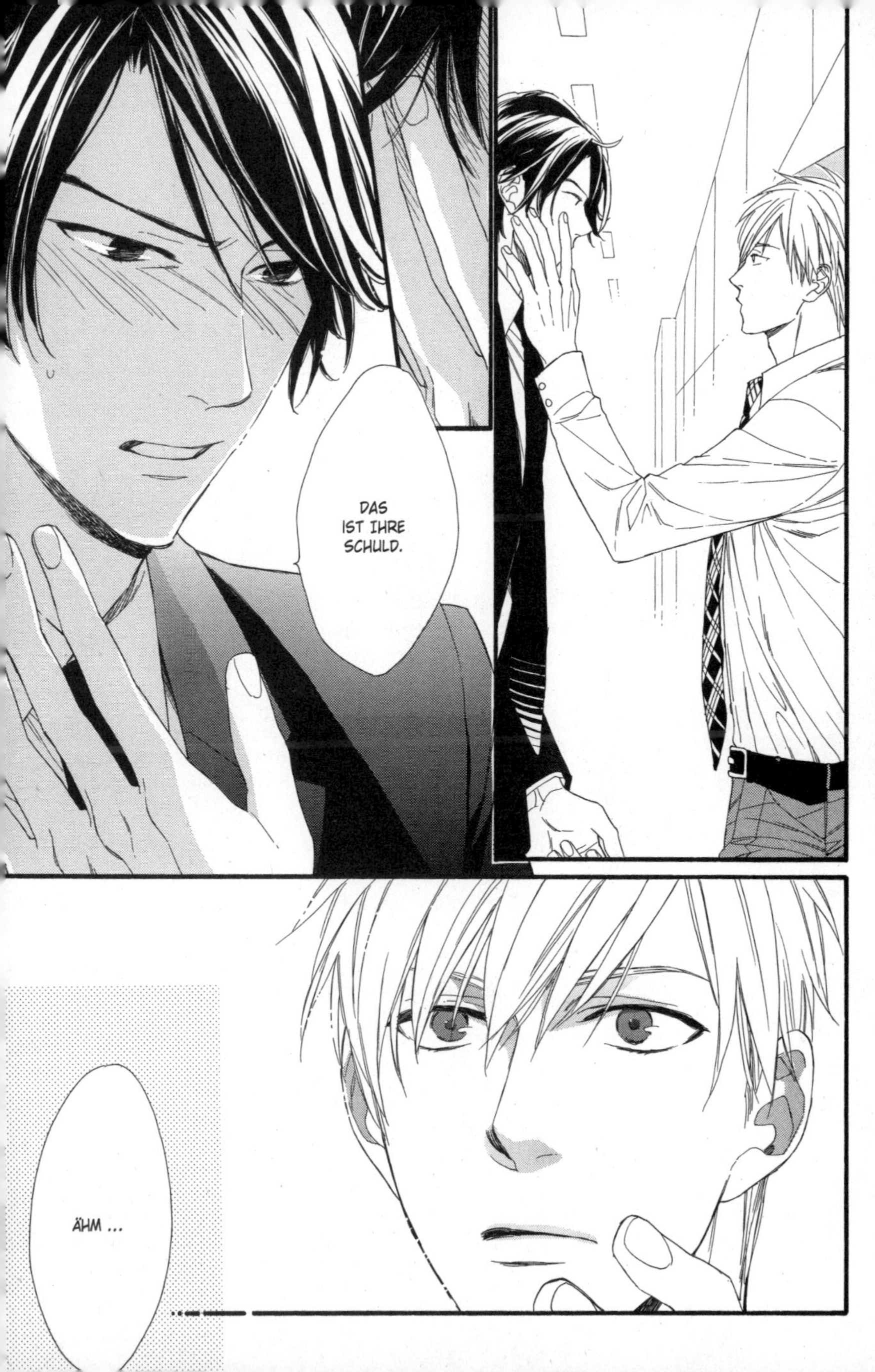
DAS IST IHRE SCHULD.
ÄHM ...

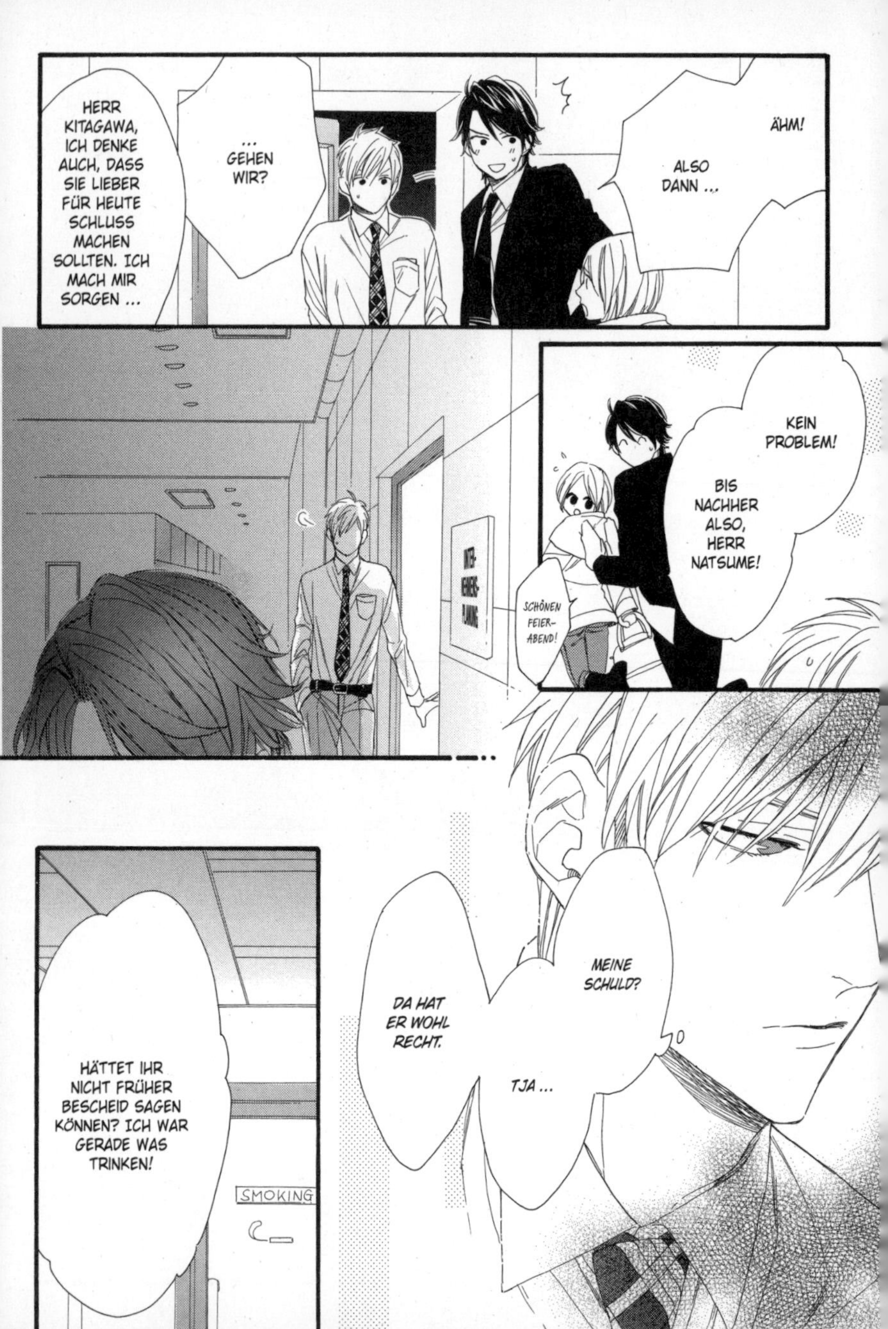
ÄHM!
ALSO DANN ...
... GEHEN WIR?
HERR KITAGAWA, ICH DENKE AUCH, DASS SIE LIEBER FÜR HEUTE SCHLUSS MACHEN SOLLTEN. ICH MACH MIR SORGEN ...
KEIN PROBLEM!
BIS NACHHER ALSO, HERR NATSUME!
SCHÖNEN FEIER-ABEND!
MEINE SCHULD?
DA HAT ER WOHL RECHT.
TJA ...
HÄTTET IHR NICHT FRÜHER BESCHEID SAGEN KÖNNEN? ICH WAR GERADE WAS TRINKEN!
SMOKING

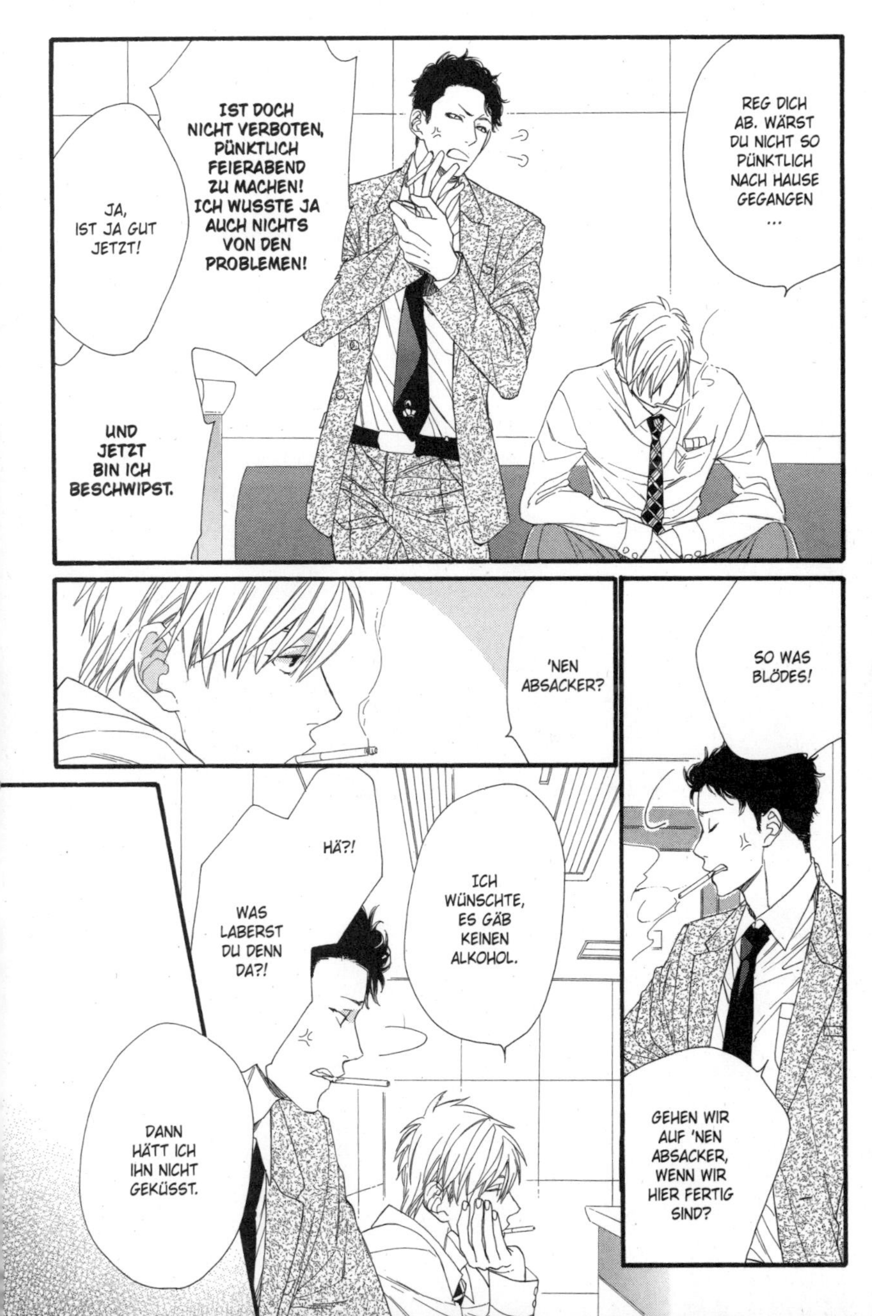

REG DICH AB. WÄRST DU NICHT SO PÜNKTLICH NACH HAUSE GEGANGEN …
IST DOCH NICHT VERBOTEN, PÜNKTLICH FEIERABEND ZU MACHEN! ICH WUSSTE JA AUCH NICHTS VON DEN PROBLEMEN!
JA, IST JA GUT JETZT!
UND JETZT BIN ICH BESCHWIPST.
SO WAS BLÖDES!
GEHEN WIR AUF 'NEN ABSACKER, WENN WIR HIER FERTIG SIND?
'NEN ABSACKER?
ICH WÜNSCHTE, ES GÄB KEINEN ALKOHOL.
HÄ?!
WAS LABERST DU DENN DA?!
DANN HÄTT ICH IHN NICHT GEKÜSST.

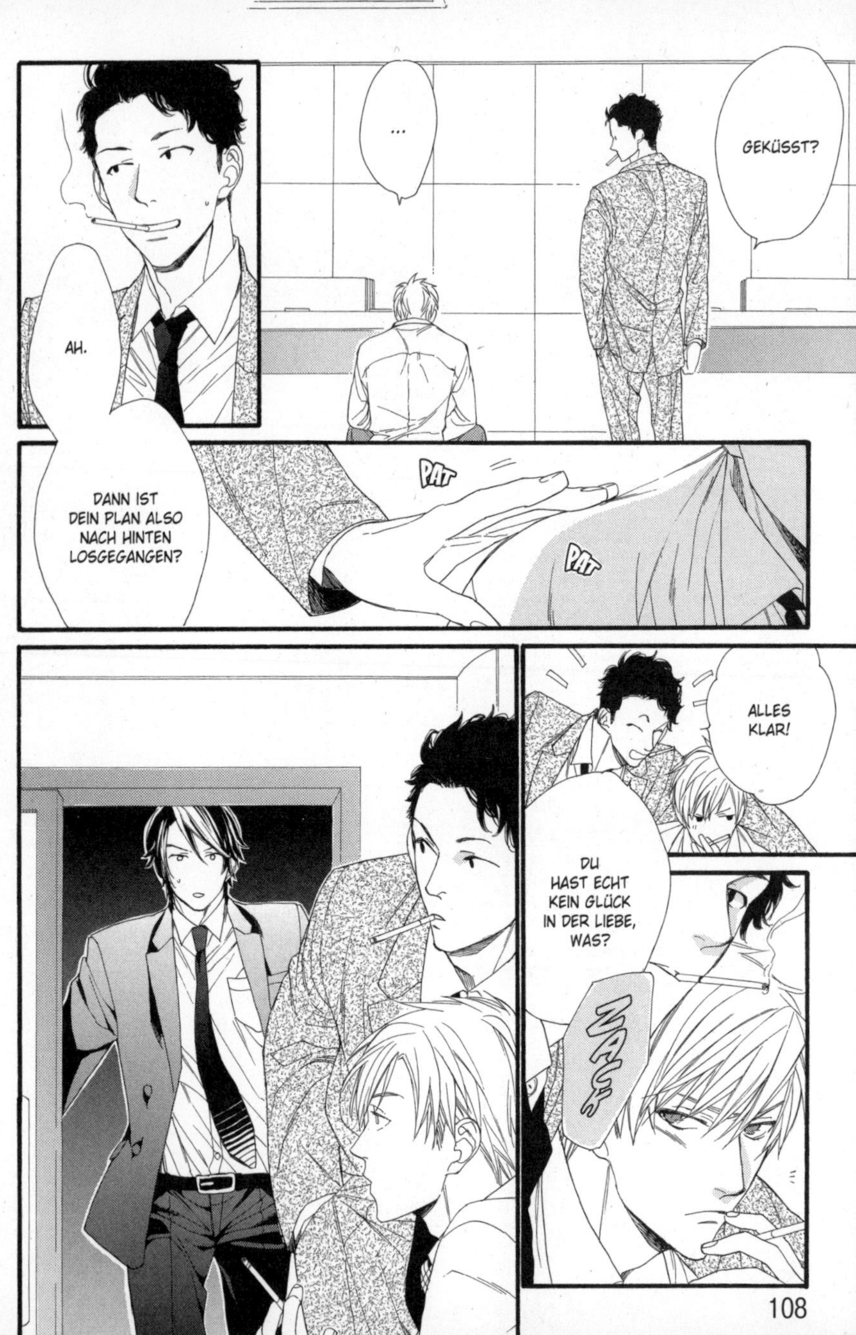
GEKÜSST?
...
AH.
DANN IST DEIN PLAN ALSO NACH HINTEN LOSGEGANGEN?
PAT
PAT
ALLES KLAR!
DU HAST ECHT KEIN GLÜCK IN DER LIEBE, WAS?
WACK

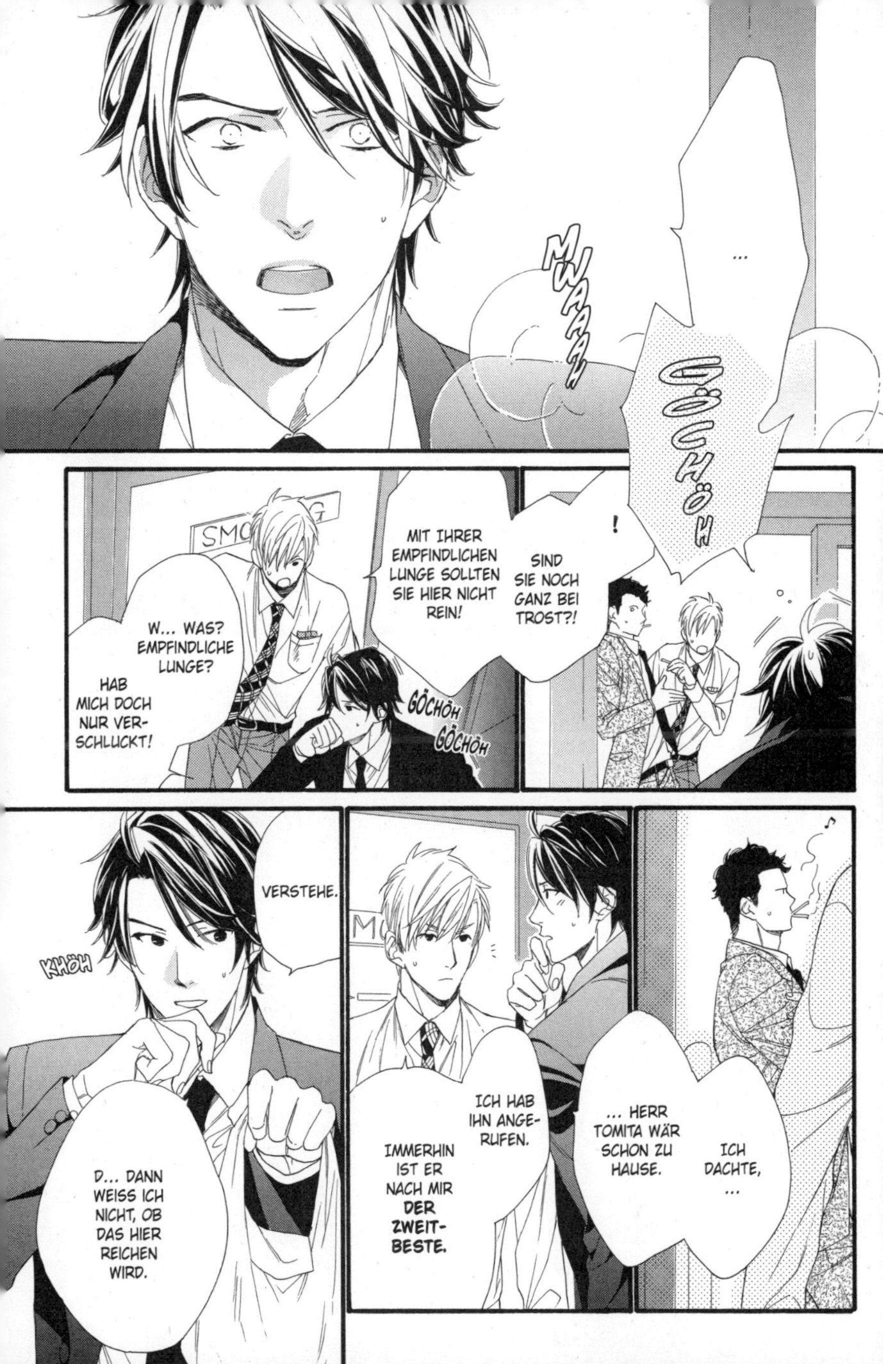
...
GÖCHÖH
MWAAAH
SIND SIE NOCH GANZ BEI TROST?!
MIT IHRER EMPFINDLICHEN LUNGE SOLLTEN SIE HIER NICHT REIN!
!
GÖCHÖH GÖCHÖH
W... WAS? EMPFINDLICHE LUNGE?
HAB MICH DOCH NUR VER-SCHLUCKT!
ICH DACHTE, ...
... HERR TOMITA WÄR SCHON ZU HAUSE.
ICH HAB IHN ANGE-RUFEN.
IMMERHIN IST ER NACH MIR DER ZWEIT-BESTE.
VERSTEHE.
KHÖH
D... DANN WEISS ICH NICHT, OB DAS HIER REICHEN WIRD.

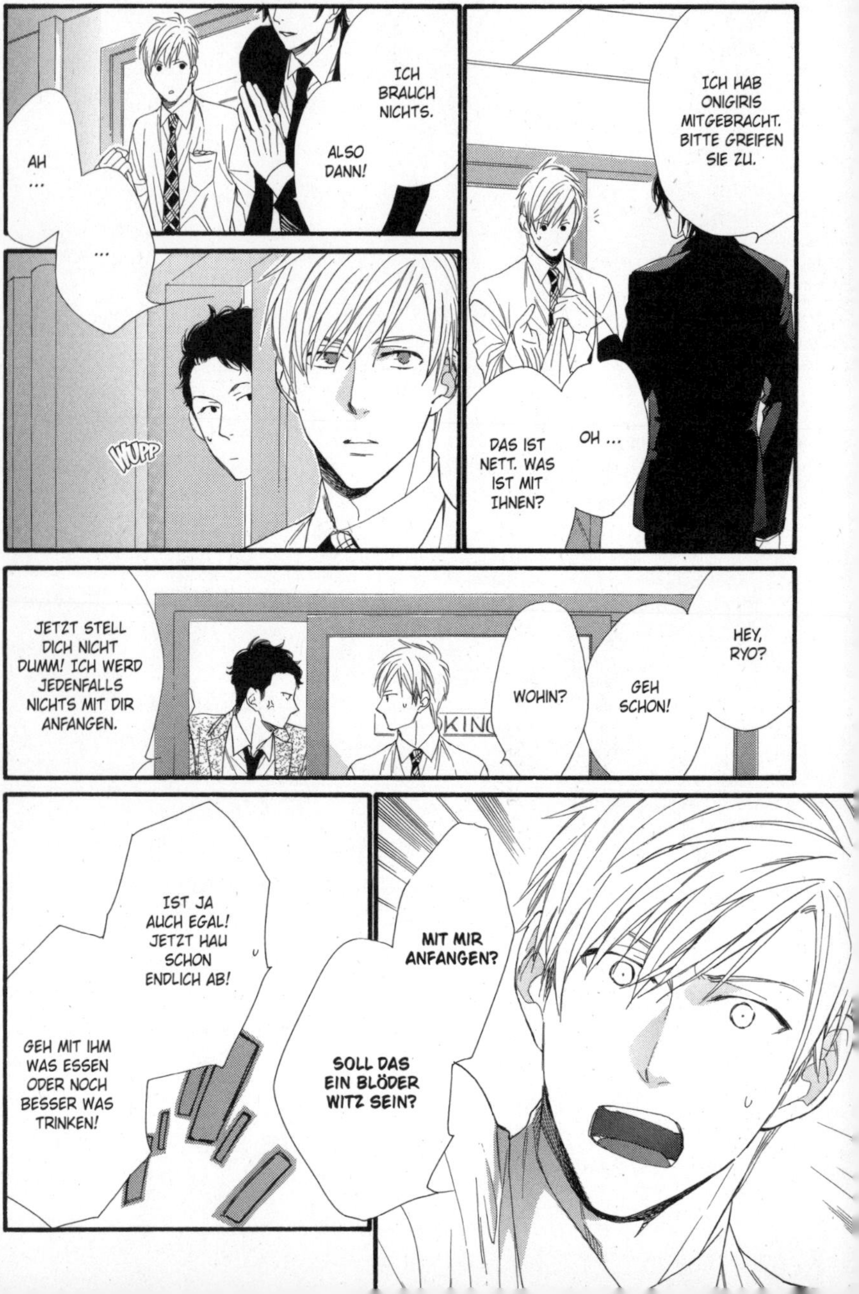

ICH HAB ONIGIRIS MITGEBRACHT. BITTE GREIFEN SIE ZU.
OH ...
DAS IST NETT. WAS IST MIT IHNEN?
ICH BRAUCH NICHTS.
ALSO DANN!
AH ...
...
WUPP

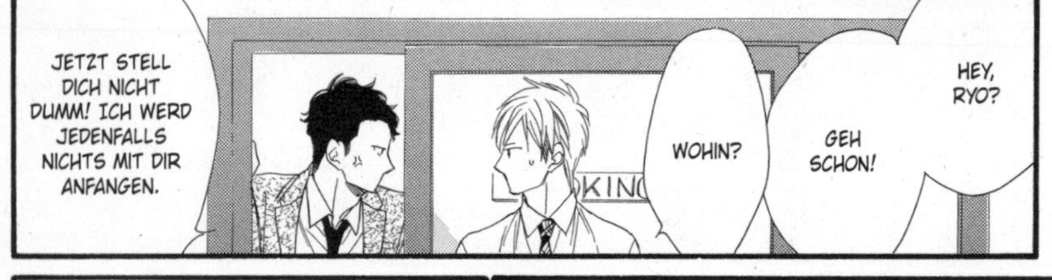

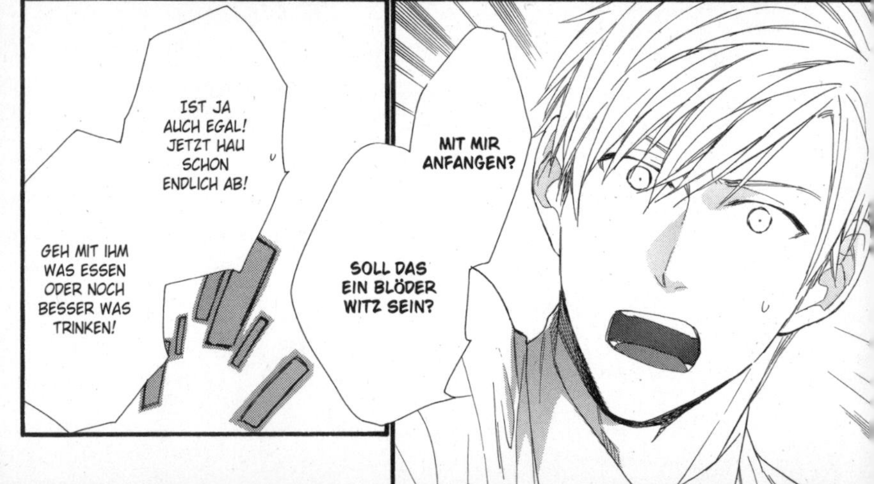

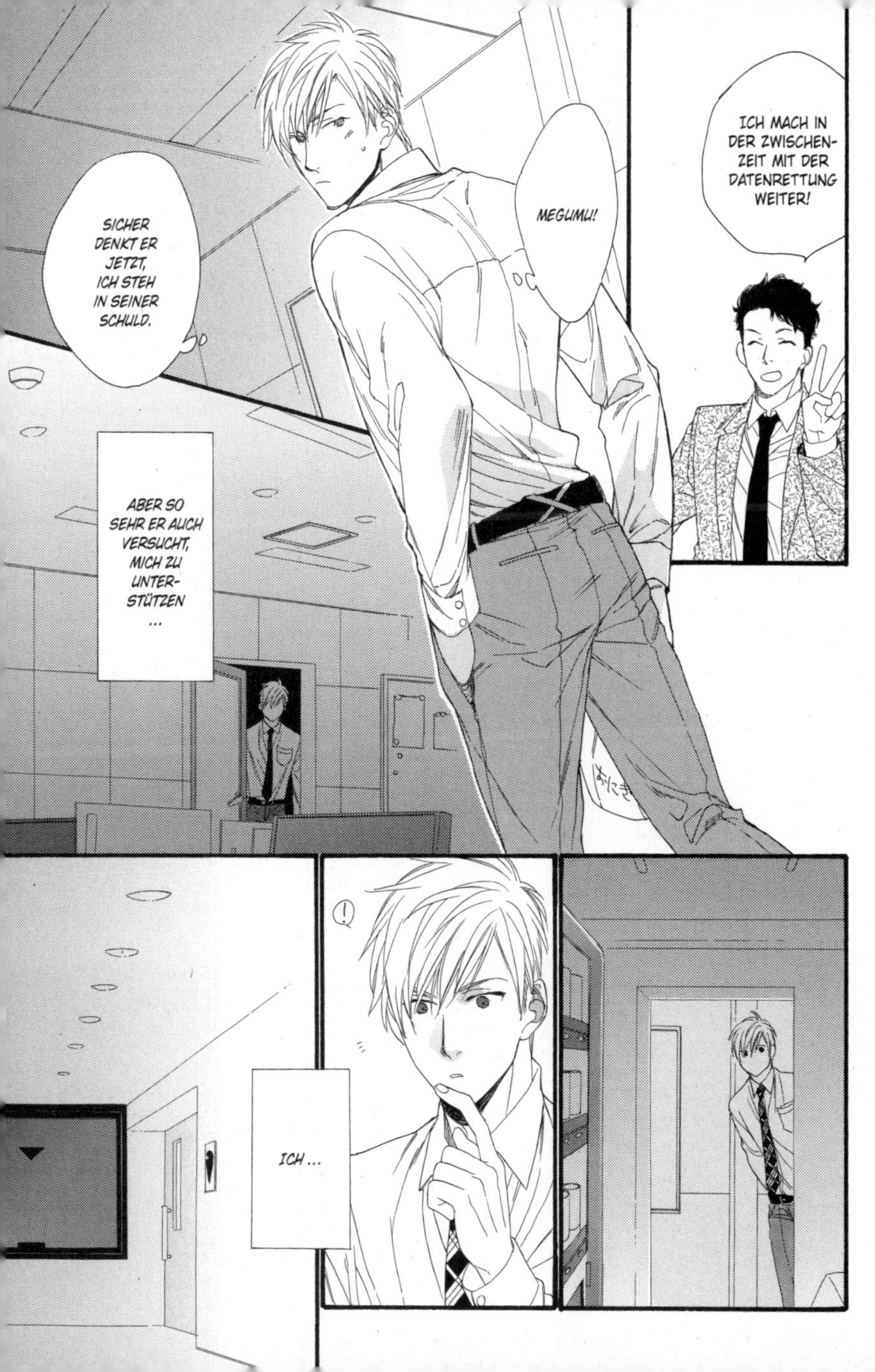
ICH MACH IN DER ZWISCHEN-ZEIT MIT DER DATENRETTUNG WEITER!
MEGUMU!
SICHER DENKT ER JETZT, ICH STEH IN SEINER SCHULD.
ABER SO SEHR ER AUCH VERSUCHT, MICH ZU UNTER-STÜTZEN …
!
ICH …

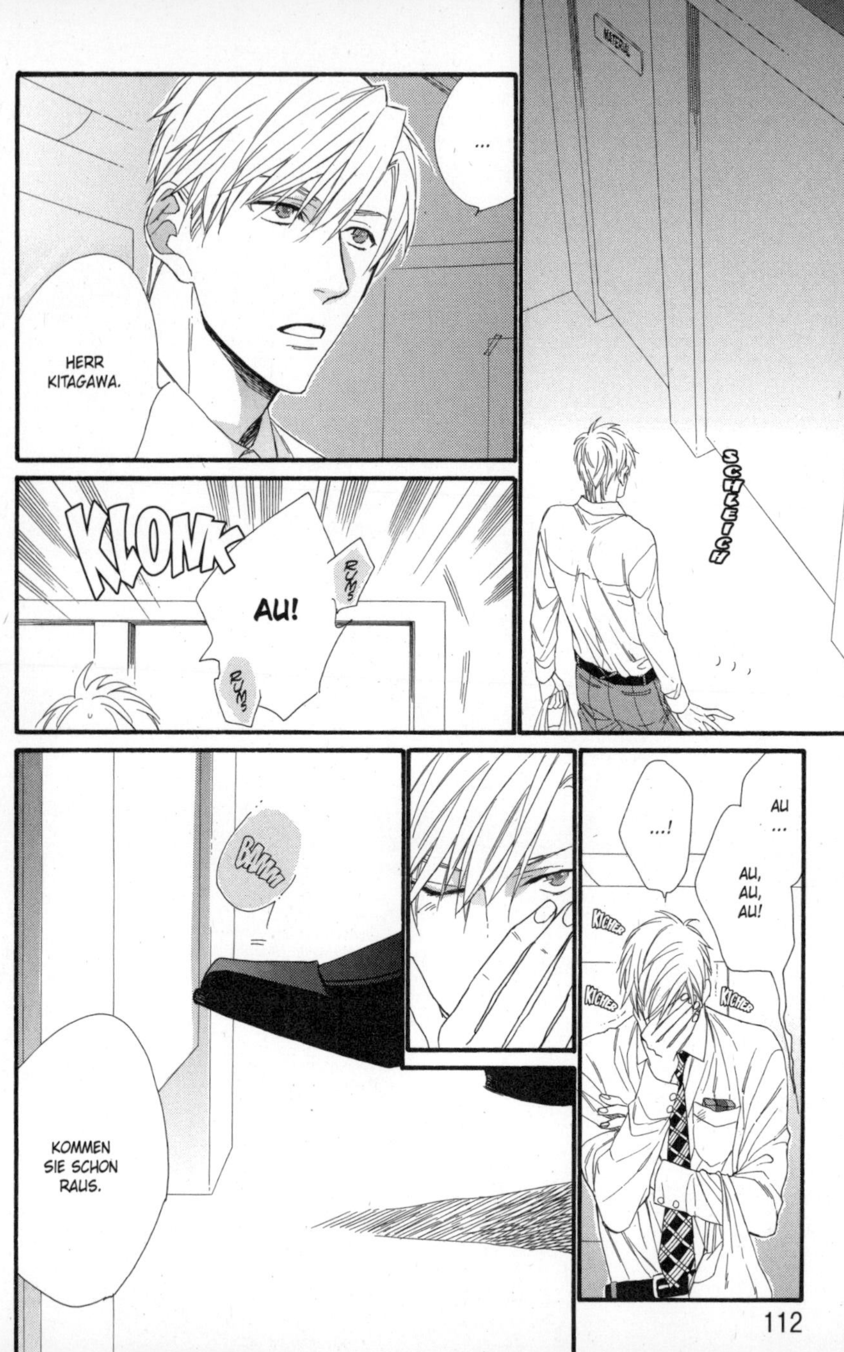
SCHLEICH
...
HERR KITAGAWA.
KLONK
RUMS
AU!
RUMS
AU ...
AU, AU, AU!
...!
KICHER
KICHER
KICHER
BAMM
KOMMEN SIE SCHON RAUS.

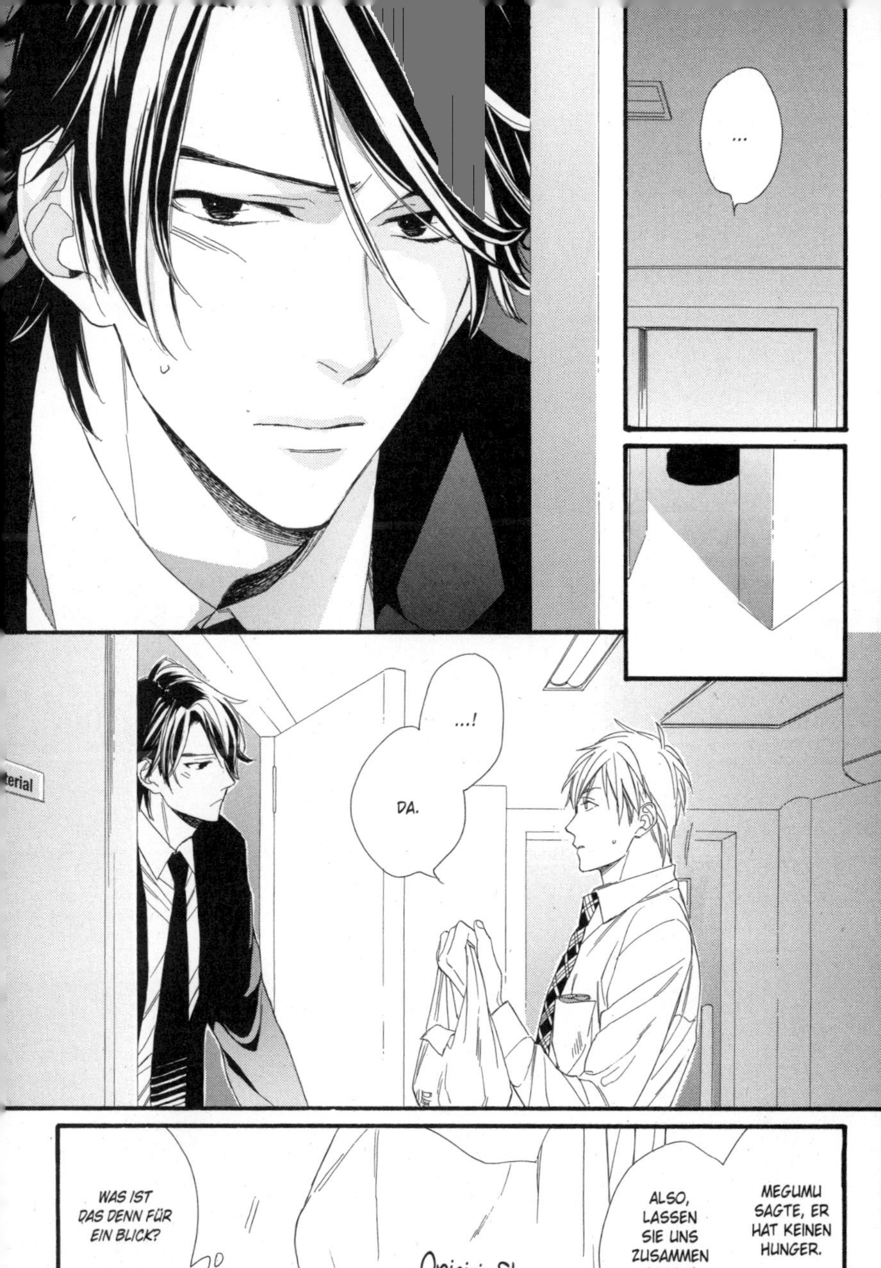
...
...!
DA.
MEGUMU SAGTE, ER HAT KEINEN HUNGER.
ALSO, LASSEN SIE UNS ZUSAMMEN ESSEN!
Onigiri Shop
WAS IST DAS DENN FÜR EIN BLICK?

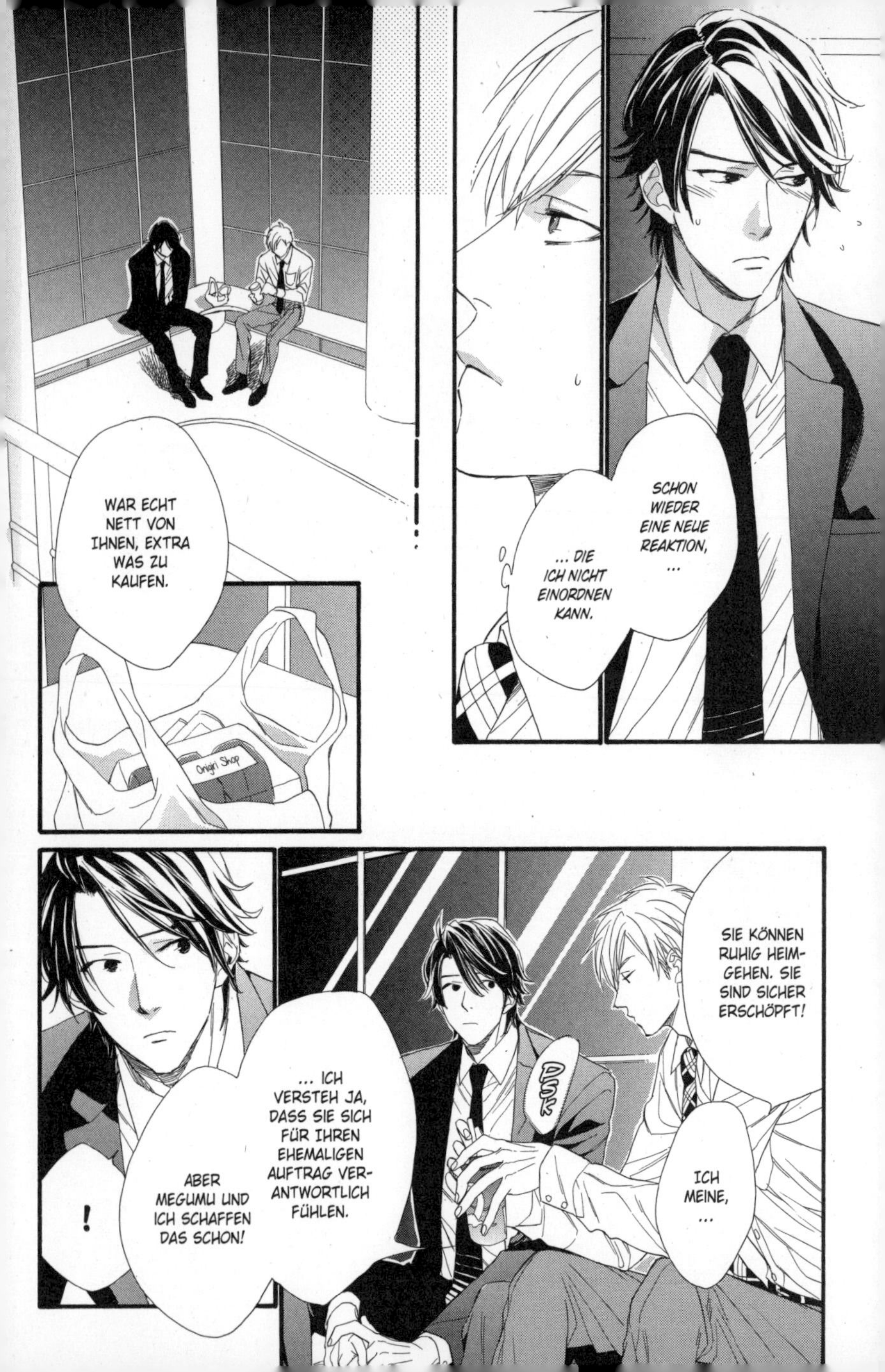

SCHON WIEDER EINE NEUE REAKTION, ...
... DIE ICH NICHT EINORDNEN KANN.
WAR ECHT NETT VON IHNEN, EXTRA WAS ZU KAUFEN.
Onigiri Shop
SIE KÖNNEN RUHIG HEIMGEHEN. SIE SIND SICHER ERSCHÖPFT!
ICH MEINE, ...
DSK
... ICH VERSTEH JA, DASS SIE SICH FÜR IHREN EHEMALIGEN AUFTRAG VERANTWORTLICH FÜHLEN.
ABER MEGUMU UND ICH SCHAFFEN DAS SCHON!
!

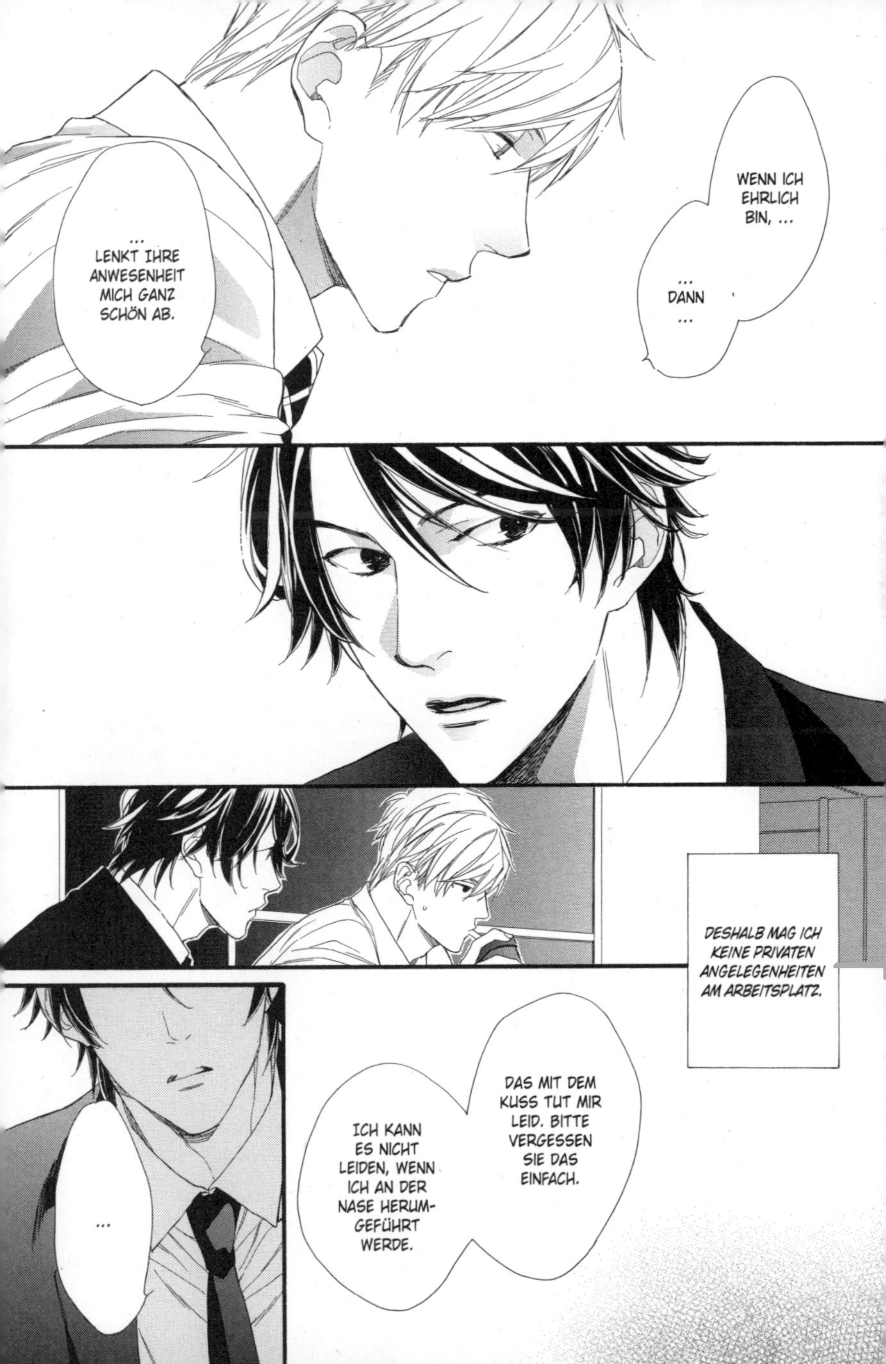
WENN ICH EHRLICH BIN, ...
... DANN ...
... LENKT IHRE ANWESENHEIT MICH GANZ SCHÖN AB.
DESHALB MAG ICH KEINE PRIVATEN ANGELEGENHEITEN AM ARBEITSPLATZ.
DAS MIT DEM KUSS TUT MIR LEID. BITTE VERGESSEN SIE DAS EINFACH.
ICH KANN ES NICHT LEIDEN, WENN ICH AN DER NASE HERUMGEFÜHRT WERDE.
...

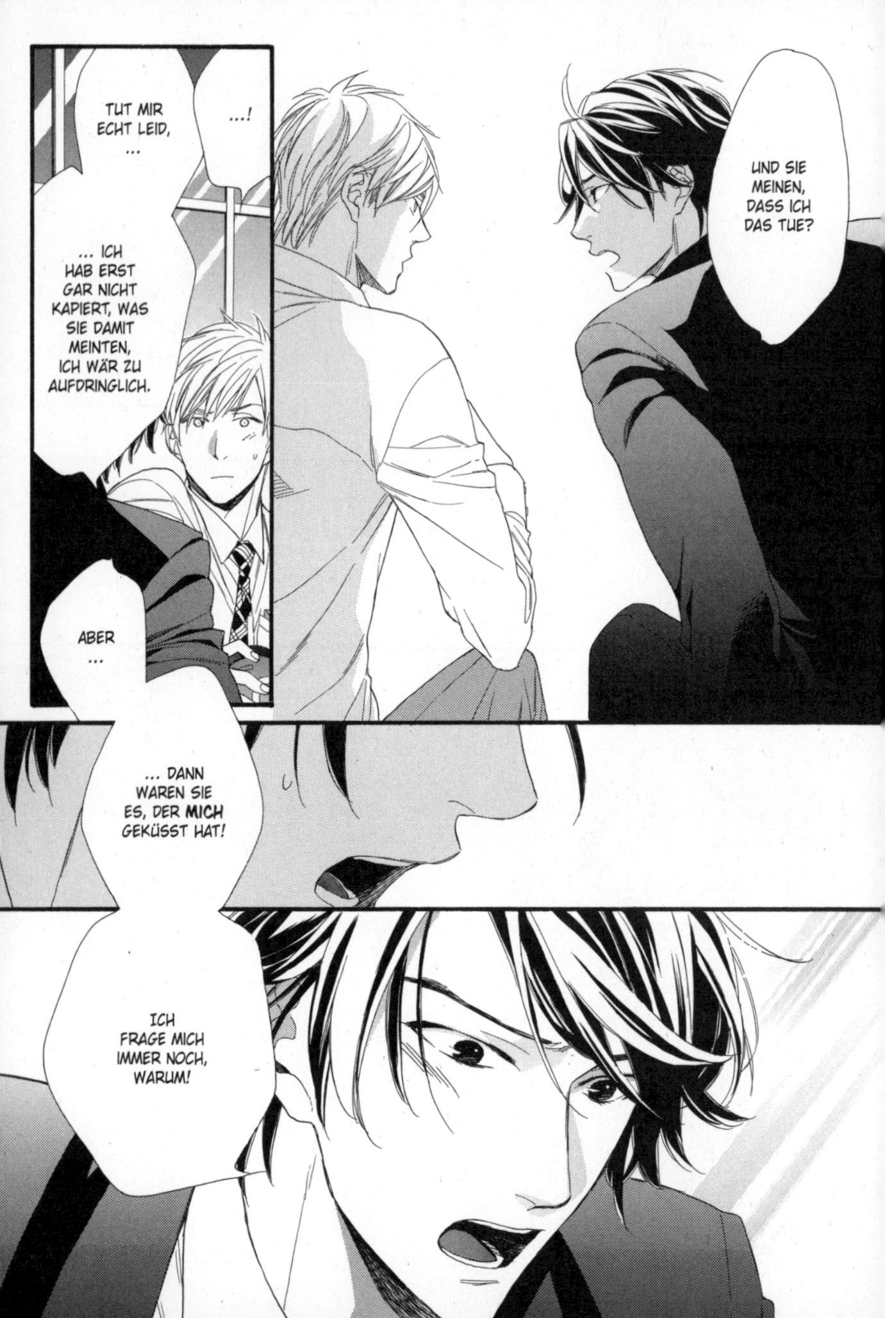
UND SIE MEINEN, DASS ICH DAS TUE?
...!
TUT MIR ECHT LEID, ...
... ICH HAB ERST GAR NICHT KAPIERT, WAS SIE DAMIT MEINTEN, ICH WÄR ZU AUFDRINGLICH.
ABER ...
... DANN WAREN SIE ES, DER **MICH** GEKÜSST HAT!
ICH FRAGE MICH IMMER NOCH, WARUM!

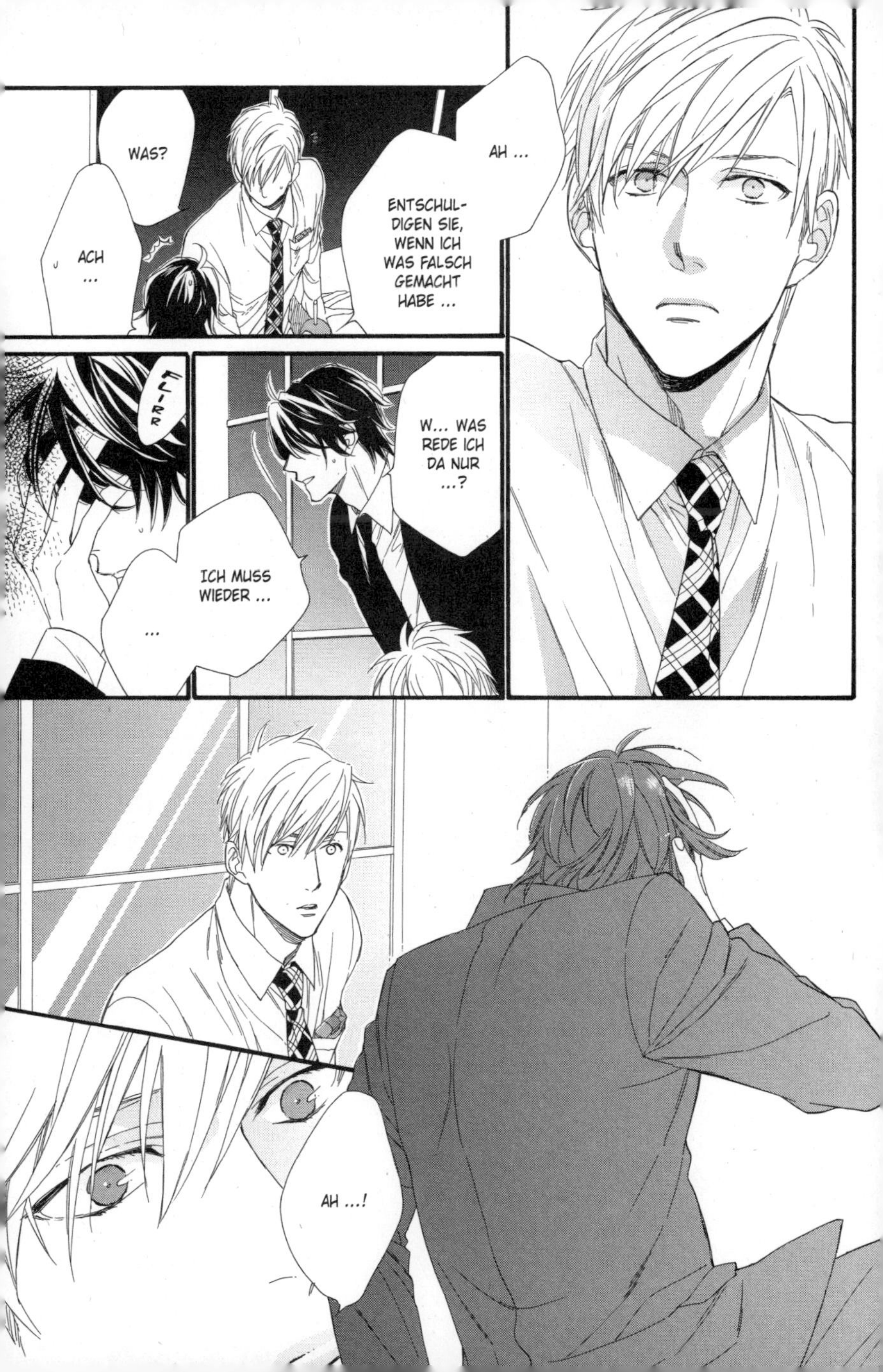
AH ...
ENTSCHULDIGEN SIE, WENN ICH WAS FALSCH GEMACHT HABE ...
WAS?
ACH ...
W... WAS REDE ICH DA NUR ...?
ICH MUSS WIEDER ...
...
FLIRR
AH ...!

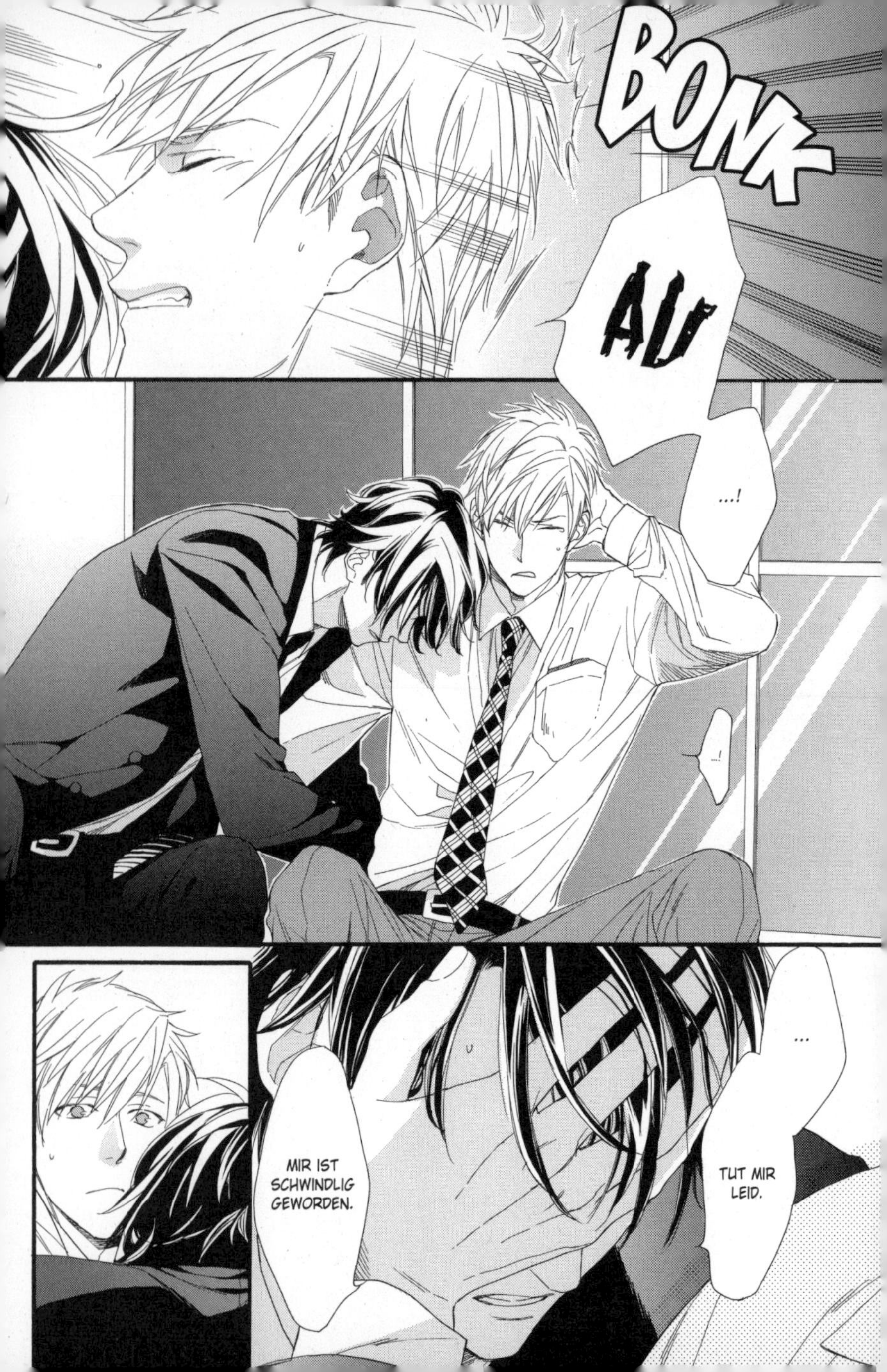
BONK
AU
...!
...!
...
TUT MIR LEID.
MIR IST SCHWINDLIG GEWORDEN.

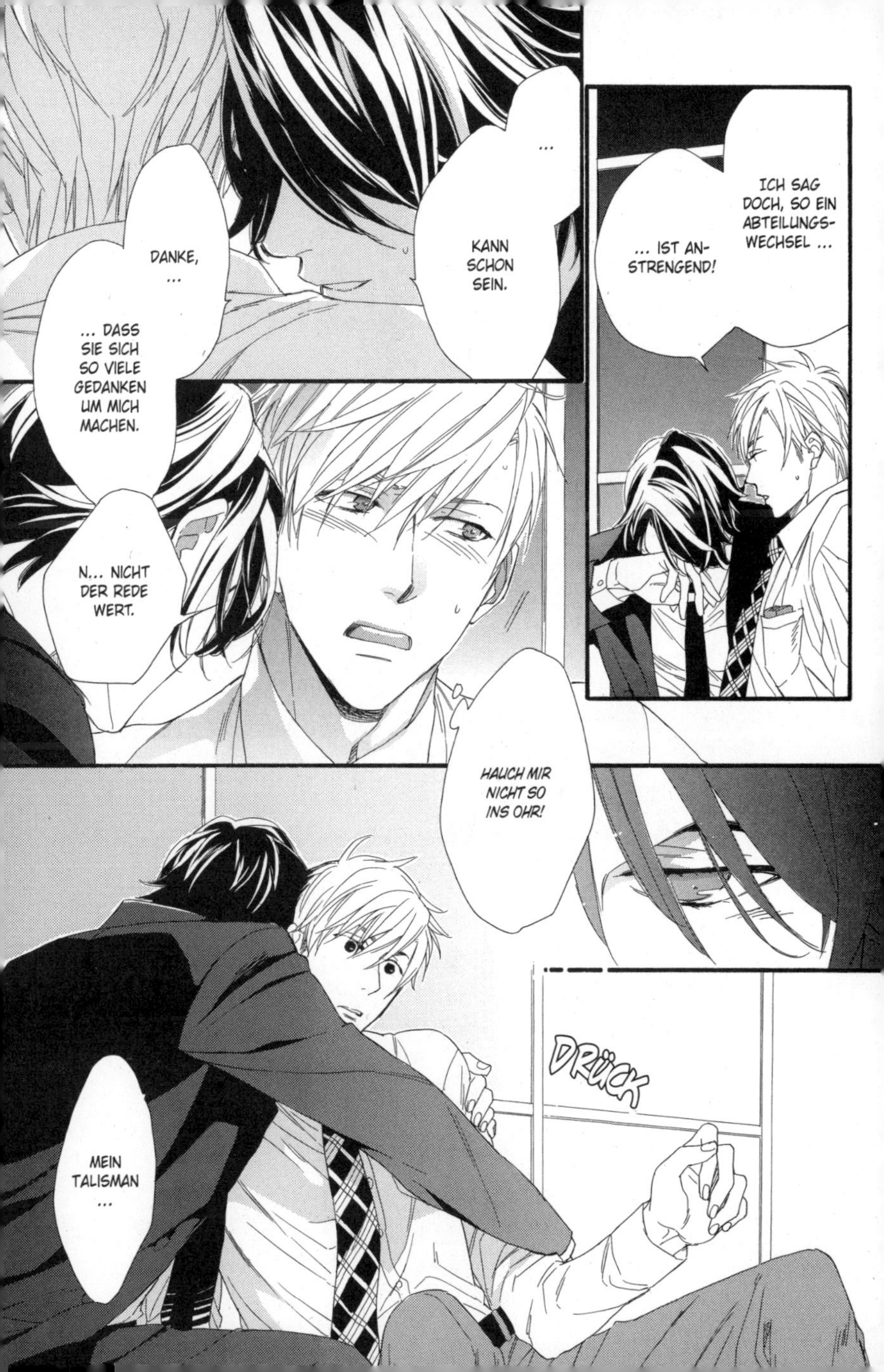
ICH SAG DOCH, SO EIN ABTEILUNGSWECHSEL …
… IST ANSTRENGEND!
…
KANN SCHON SEIN.
DANKE, …
… DASS SIE SICH SO VIELE GEDANKEN UM MICH MACHEN.
N… NICHT DER REDE WERT.
HAUCH MIR NICHT SO INS OHR!
DRÜCK
MEIN TALISMAN …

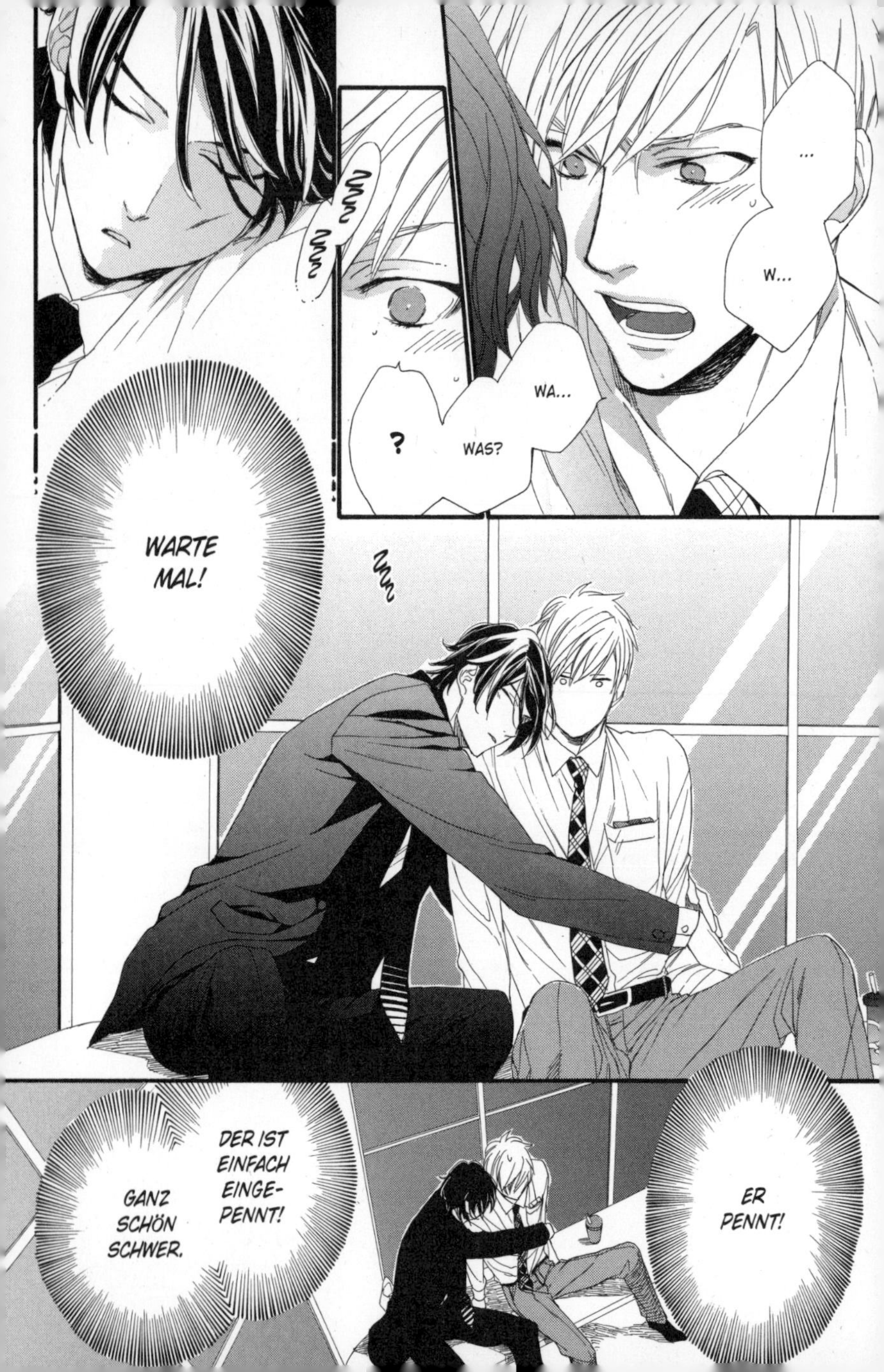
...
W...
WA...
WAS?
?
WARTE MAL!
ER PENNT!
DER IST EINFACH EINGE-PENNT!
GANZ SCHÖN SCHWER.

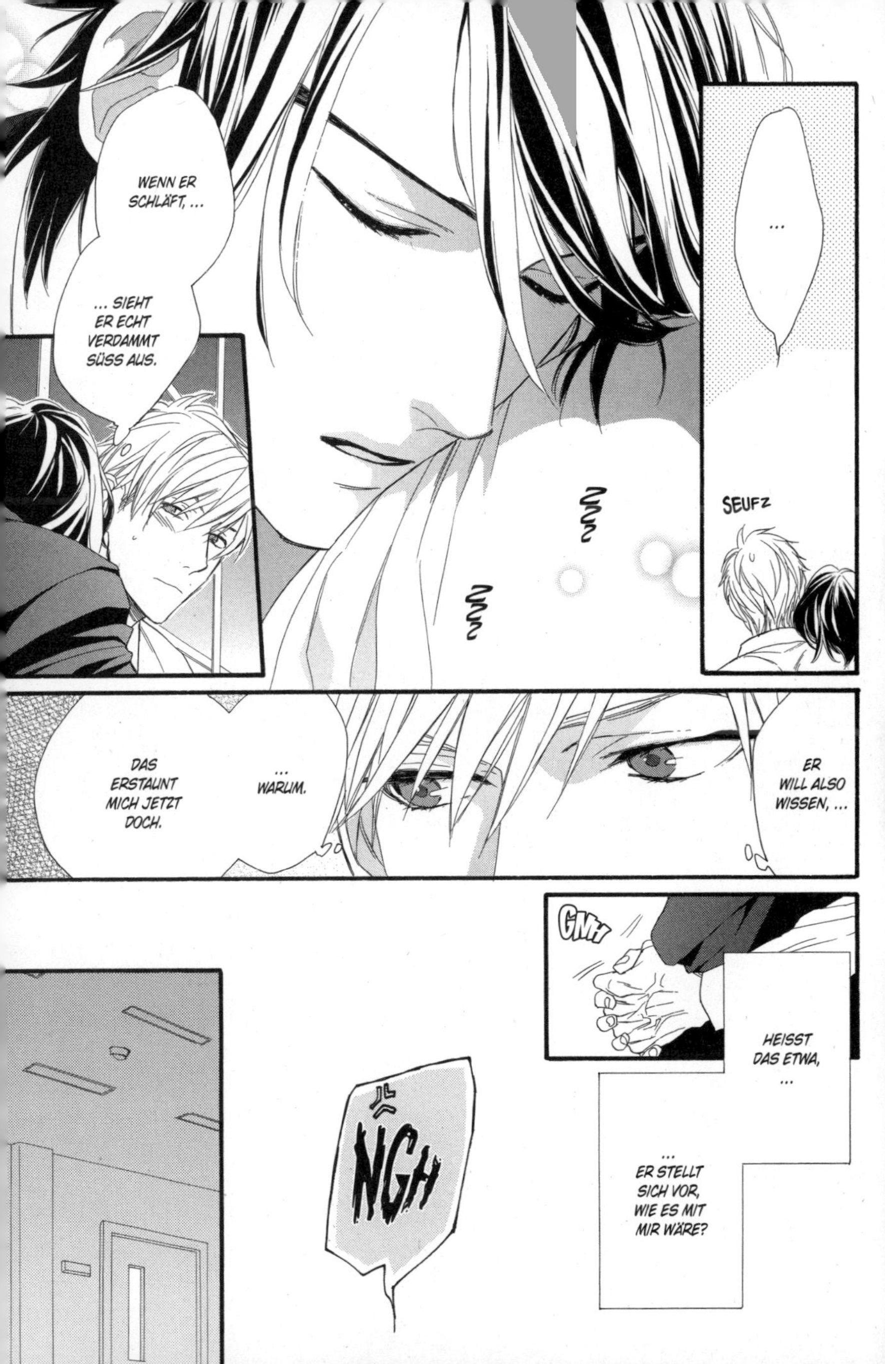
...
SEUFZ
WENN ER SCHLÄFT, ...
... SIEHT ER ECHT VERDAMMT SÜSS AUS.
ER WILL ALSO WISSEN, ...
... WARUM.
DAS ERSTAUNT MICH JETZT DOCH.
GMH
HEISST DAS ETWA, ...
... ER STELLT SICH VOR, WIE ES MIT MIR WÄRE?
NGH

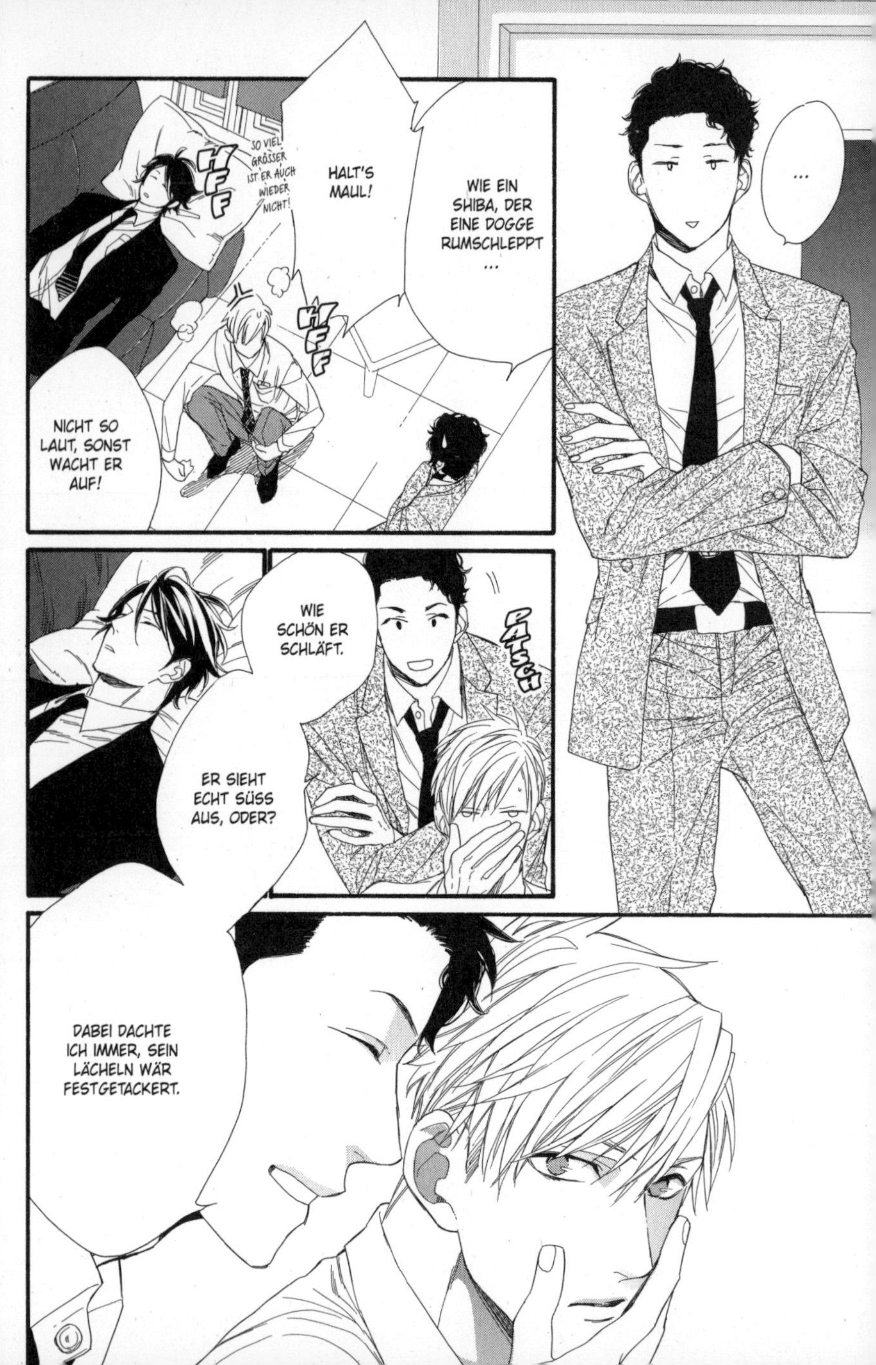
...
WIE EIN SHIBA, DER EINE DOGGE RUMSCHLEPPT ...
HALT'S MAUL!
SO VIEL GRÖSSER IST ER AUCH WIEDER NICHT!
HFF
HFF
NICHT SO LAUT, SONST WACHT ER AUF!
PATSCH
WIE SCHÖN ER SCHLÄFT.
ER SIEHT ECHT SÜSS AUS, ODER?
DABEI DACHTE ICH IMMER, SEIN LÄCHELN WÄR FESTGETACKERT.

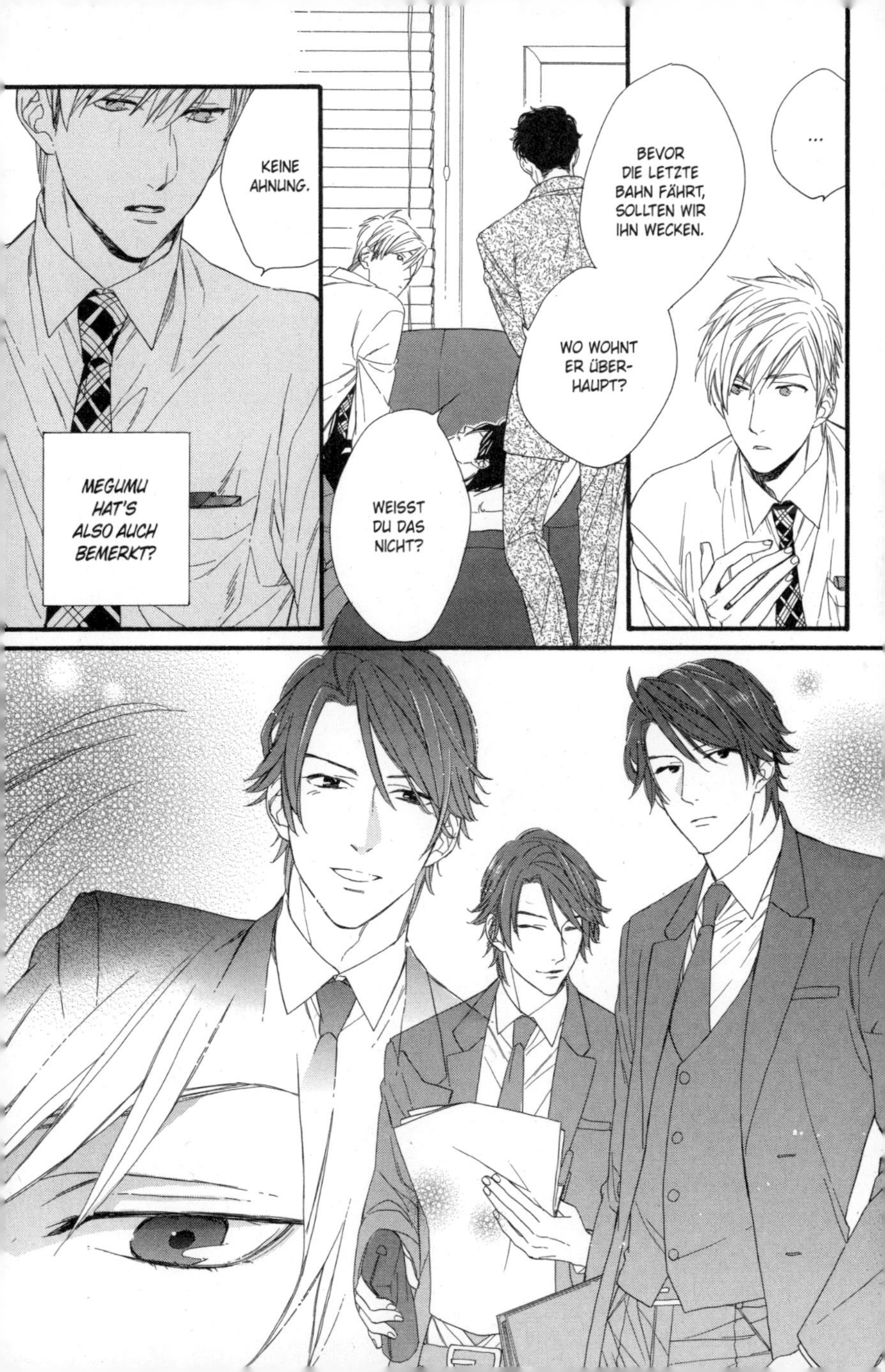
...
BEVOR DIE LETZTE BAHN FÄHRT, SOLLTEN WIR IHN WECKEN.
WO WOHNT ER ÜBER-HAUPT?
WEISST DU DAS NICHT?
KEINE AHNUNG.
MEGUMU HAT'S ALSO AUCH BEMERKT?

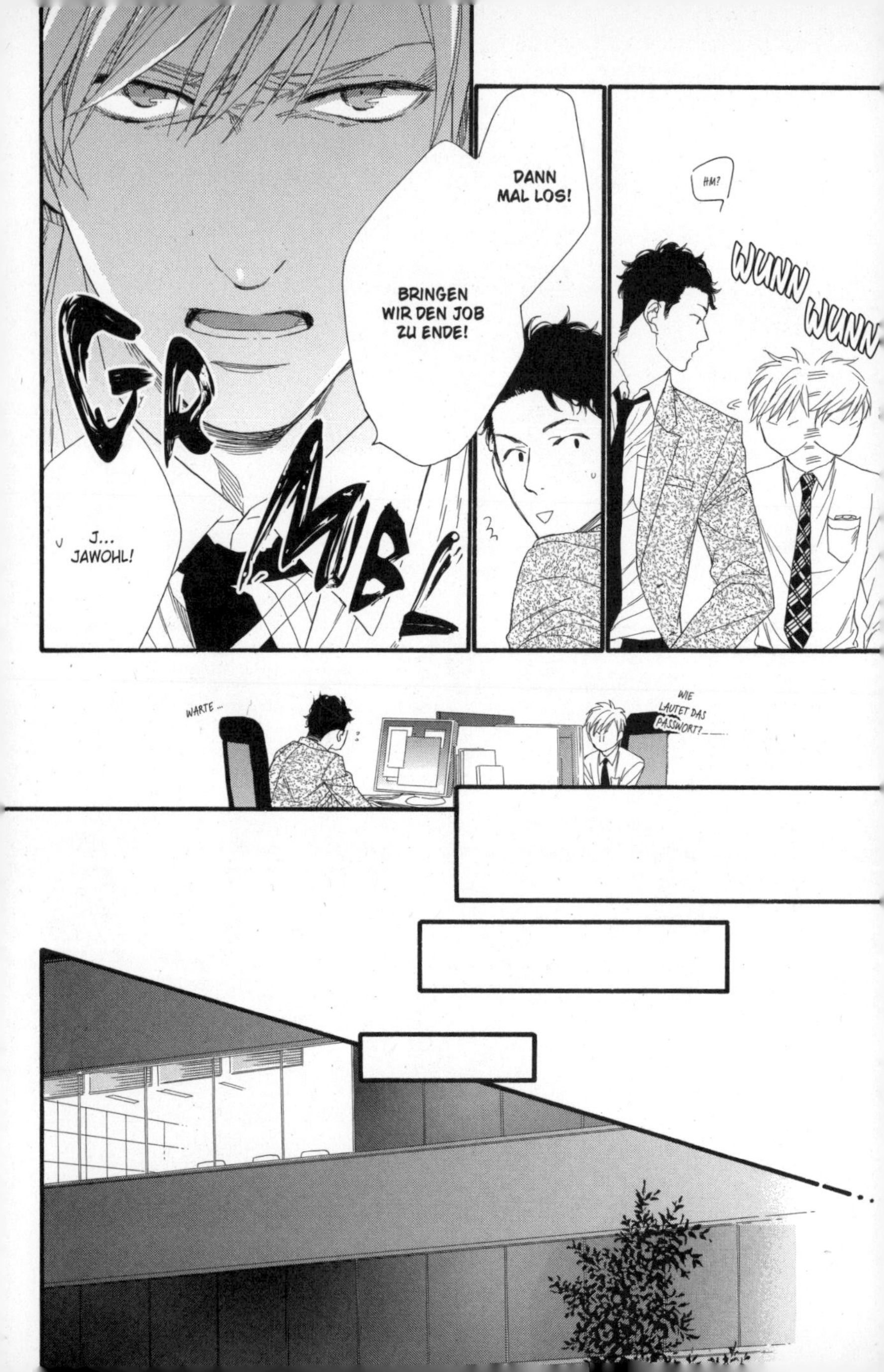
HM?
WUNN WUNN
DANN MAL LOS!
BRINGEN WIR DEN JOB ZU ENDE!
GRMBL
J... JAWOHL!
WIE LAUTET DAS PASSWORT?
WARTE ...

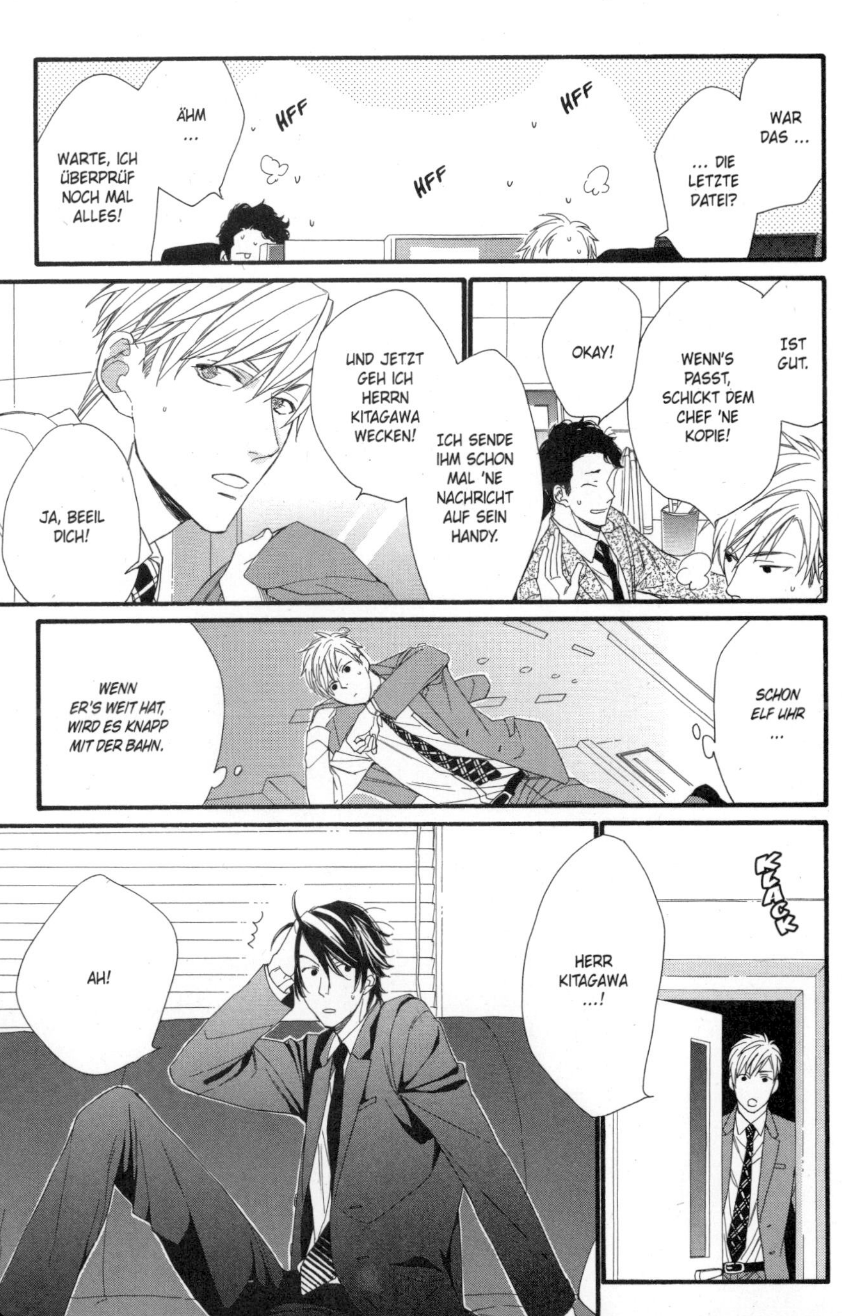
WAR DAS ...
... DIE LETZTE DATEI?
HFF
HFF
HFF
ÄHM ...
WARTE, ICH ÜBERPRÜF NOCH MAL ALLES!
IST GUT.
WENN'S PASST, SCHICKT DEM CHEF 'NE KOPIE!
OKAY!
ICH SENDE IHM SCHON MAL 'NE NACHRICHT AUF SEIN HANDY.
UND JETZT GEH ICH HERRN KITAGAWA WECKEN!
JA, BEEIL DICH!
SCHON ELF UHR ...
WENN ER'S WEIT HAT, WIRD ES KNAPP MIT DER BAHN.
KLACK
HERR KITAGAWA ...!
AH!

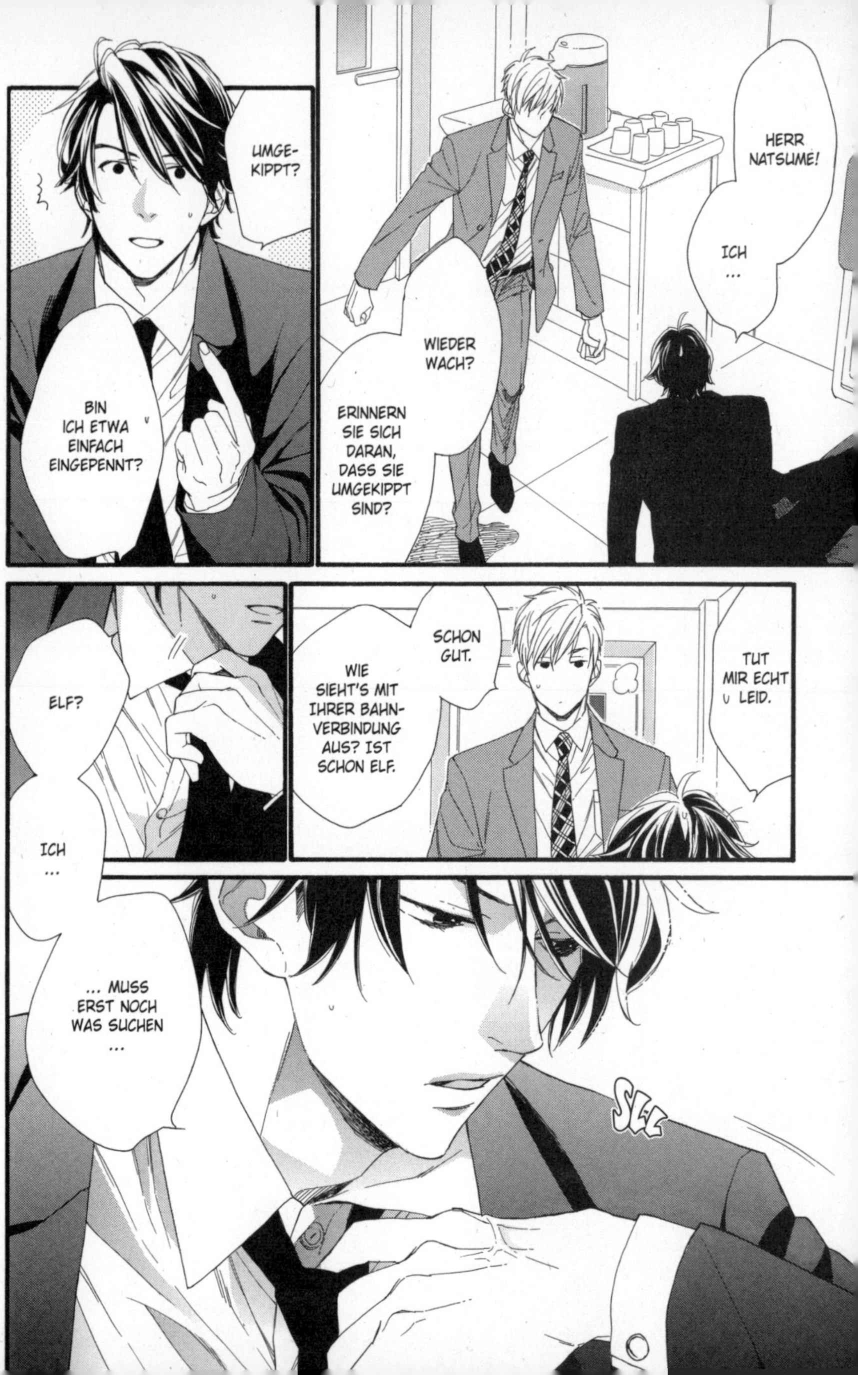

HERR NATSUME!
ICH …
WIEDER WACH?
ERINNERN SIE SICH DARAN, DASS SIE UMGEKIPPT SIND?
UMGE-KIPPT?
BIN ICH ETWA EINFACH EINGEPENNT?
TUT MIR ECHT LEID.
SCHON GUT.
WIE SIEHT'S MIT IHRER BAHN-VERBINDUNG AUS? IST SCHON ELF.
ELF?
ICH …
… MUSS ERST NOCH WAS SUCHEN …

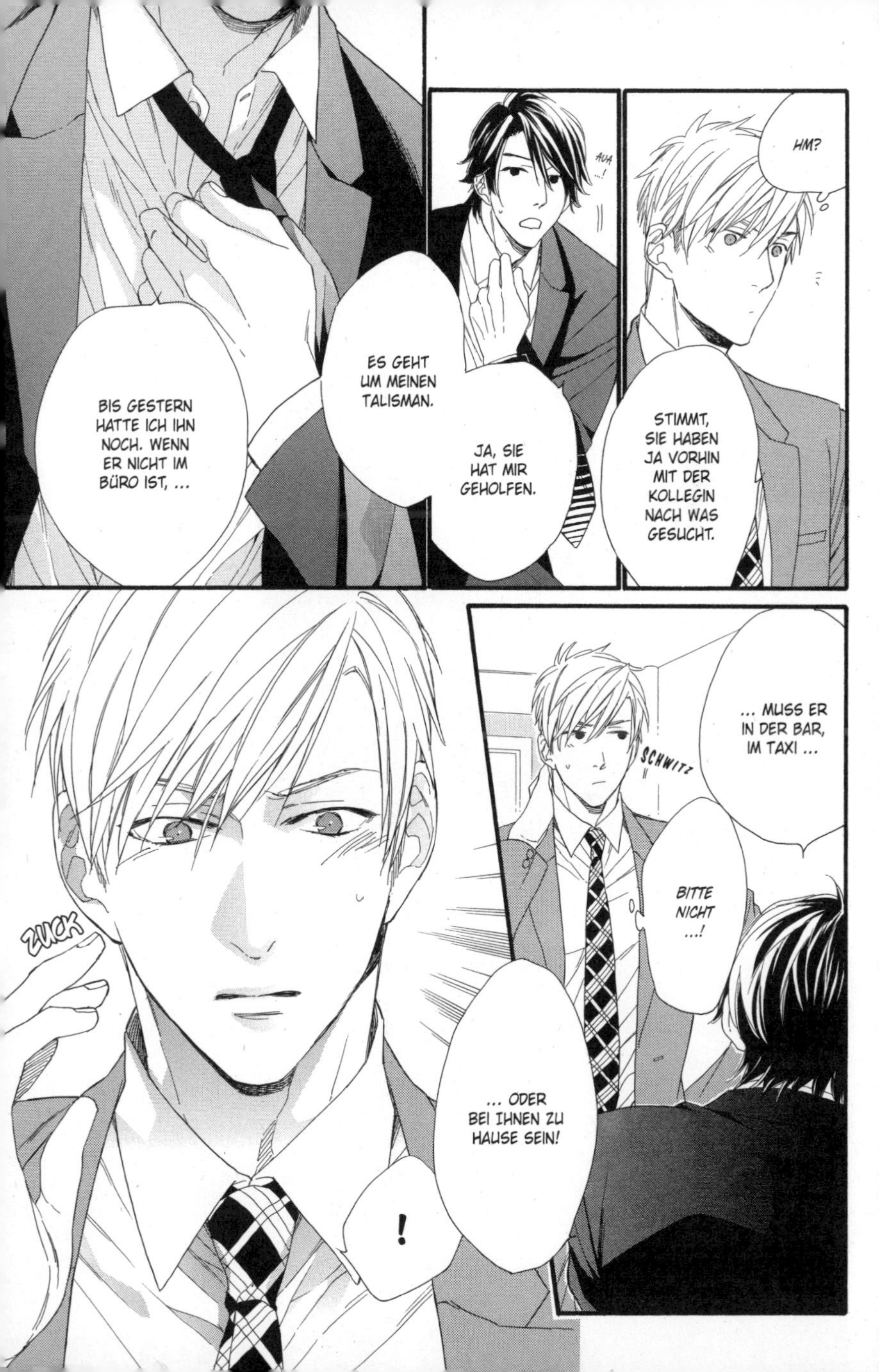
HM?
STIMMT, SIE HABEN JA VORHIN MIT DER KOLLEGIN NACH WAS GESUCHT.
AUA ...!
JA, SIE HAT MIR GEHOLFEN.
ES GEHT UM MEINEN TALISMAN.
BIS GESTERN HATTE ICH IHN NOCH. WENN ER NICHT IM BÜRO IST, ...
... MUSS ER IN DER BAR, IM TAXI ...
SCHWITZ
BITTE NICHT ...!
... ODER BEI IHNEN ZU HAUSE SEIN!
!
ZUCK

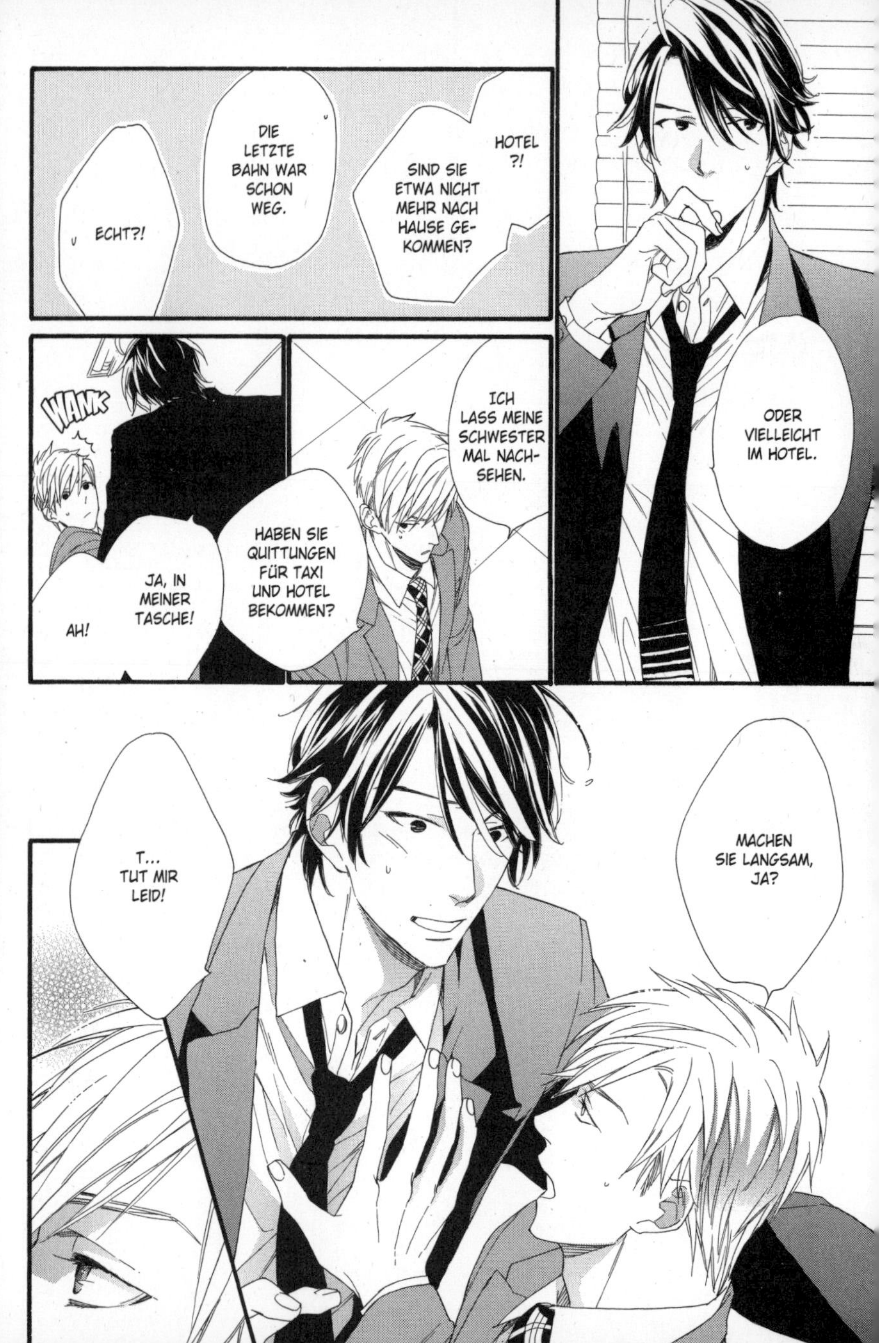
ODER VIELLEICHT IM HOTEL.
HOTEL ?!
SIND SIE ETWA NICHT MEHR NACH HAUSE GE-KOMMEN?
DIE LETZTE BAHN WAR SCHON WEG.
ECHT?!
ICH LASS MEINE SCHWESTER MAL NACH-SEHEN.
HABEN SIE QUITTUNGEN FÜR TAXI UND HOTEL BEKOMMEN?
WANK
JA, IN MEINER TASCHE!
AH!
MACHEN SIE LANGSAM, JA?
T... TUT MIR LEID!

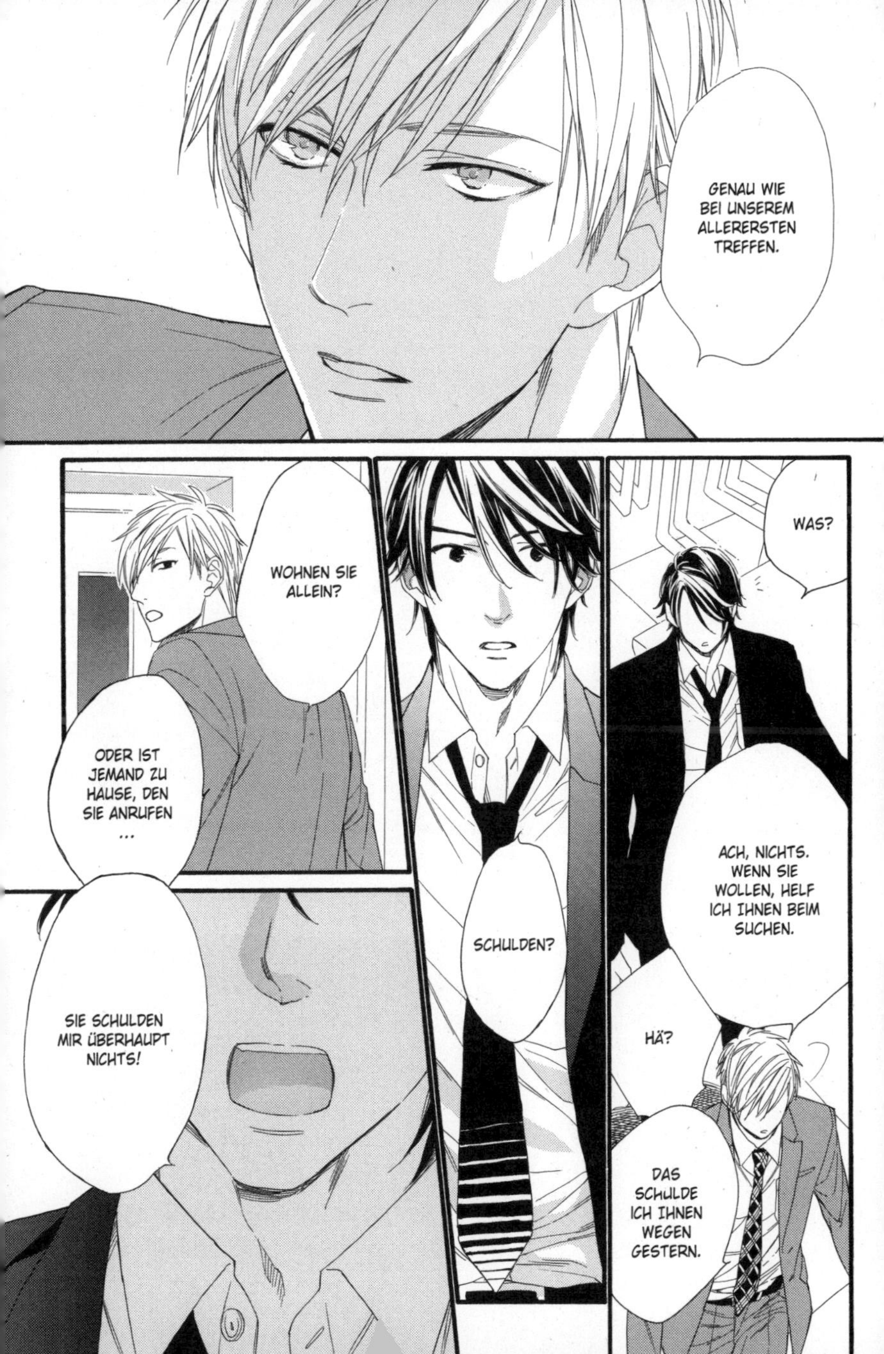
GENAU WIE BEI UNSEREM ALLERERSTEN TREFFEN.
WAS?
ACH, NICHTS. WENN SIE WOLLEN, HELF ICH IHNEN BEIM SUCHEN.
HÄ?
DAS SCHULDE ICH IHNEN WEGEN GESTERN.
SCHULDEN?
WOHNEN SIE ALLEIN?
ODER IST JEMAND ZU HAUSE, DEN SIE ANRUFEN ...
SIE SCHULDEN MIR ÜBERHAUPT NICHTS!

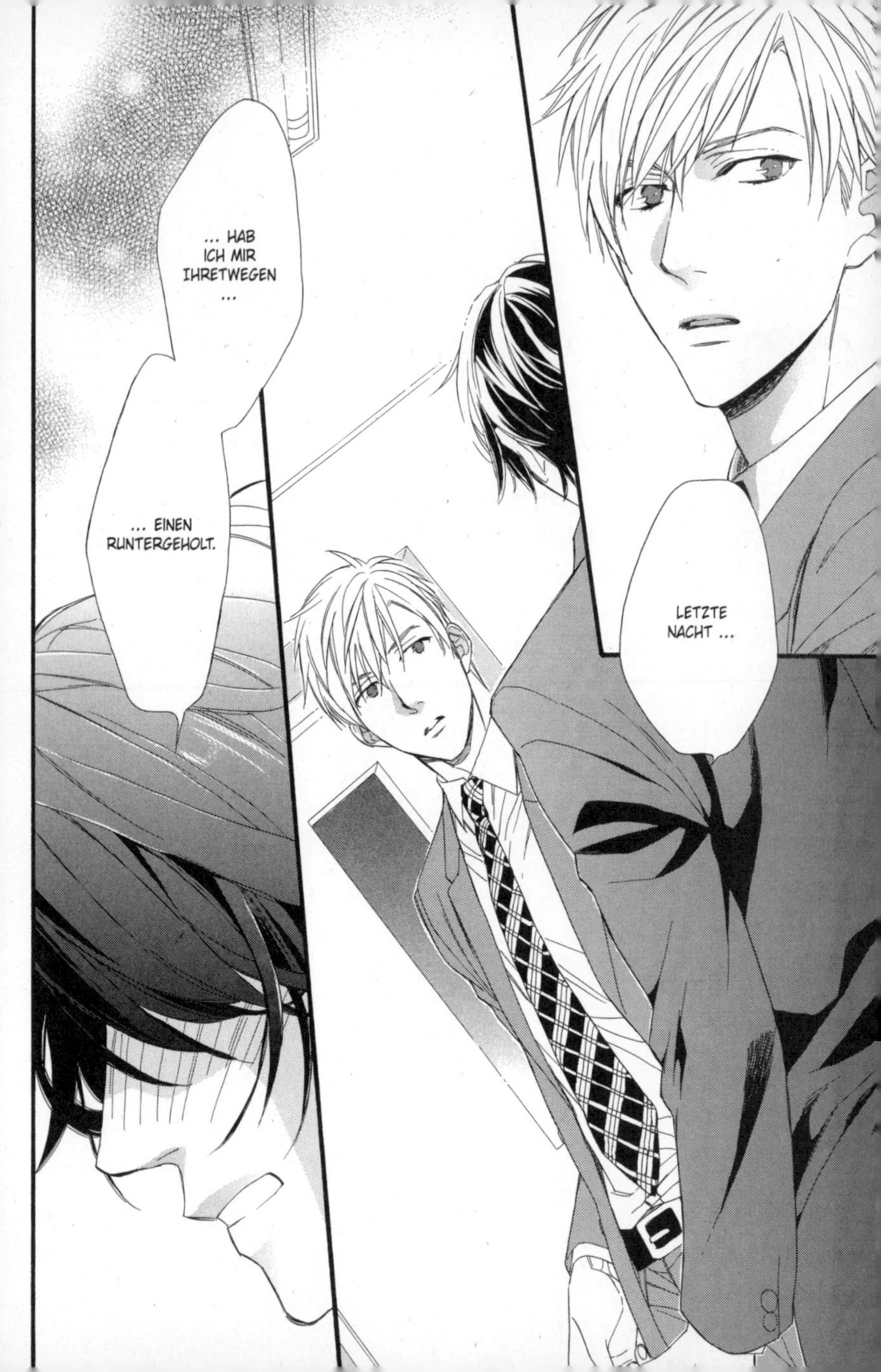
LETZTE NACHT …
… HAB ICH MIR IHRETWEGEN …
… EINEN RUNTERGEHOLT.

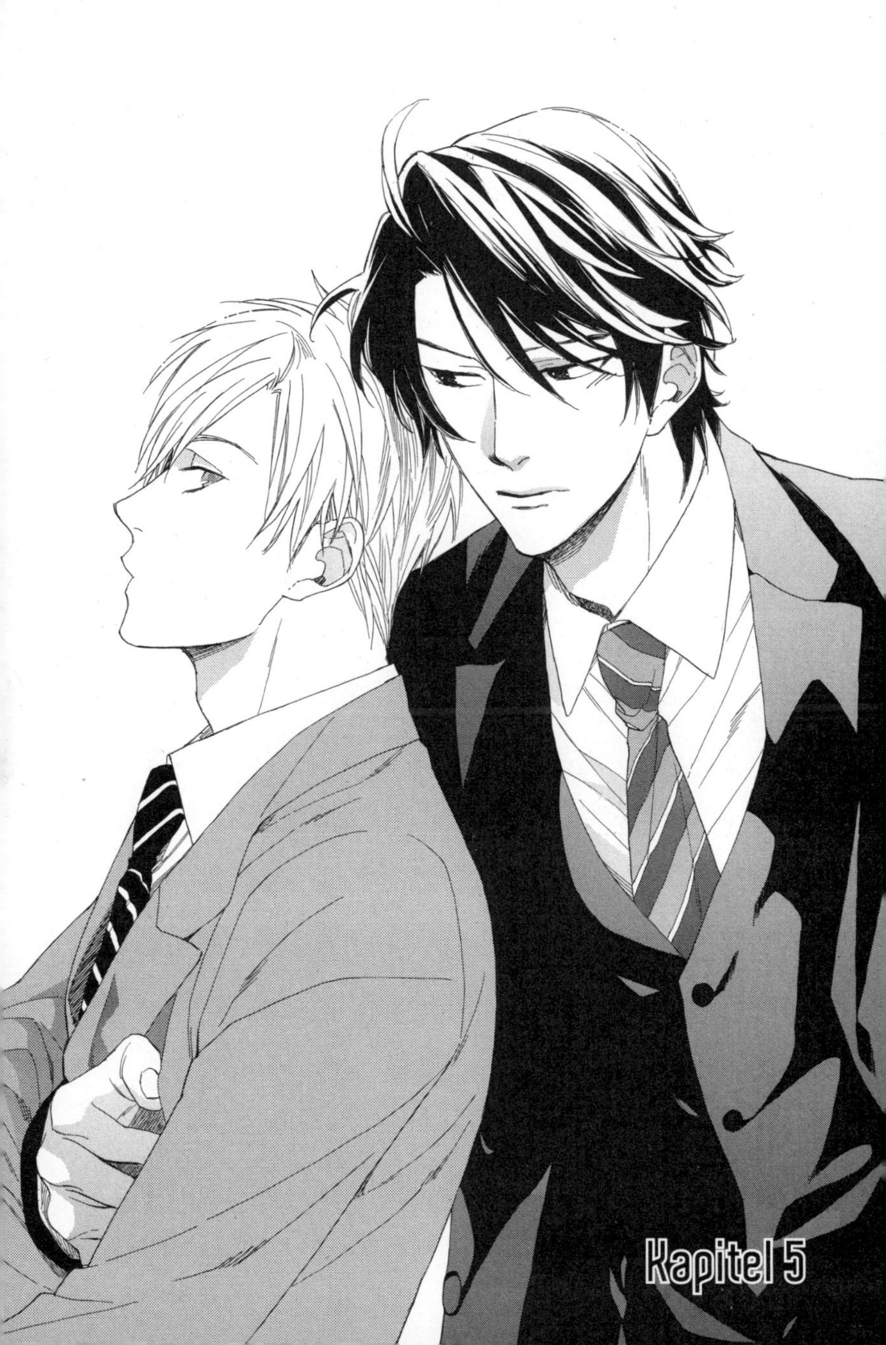
Kapitel 5

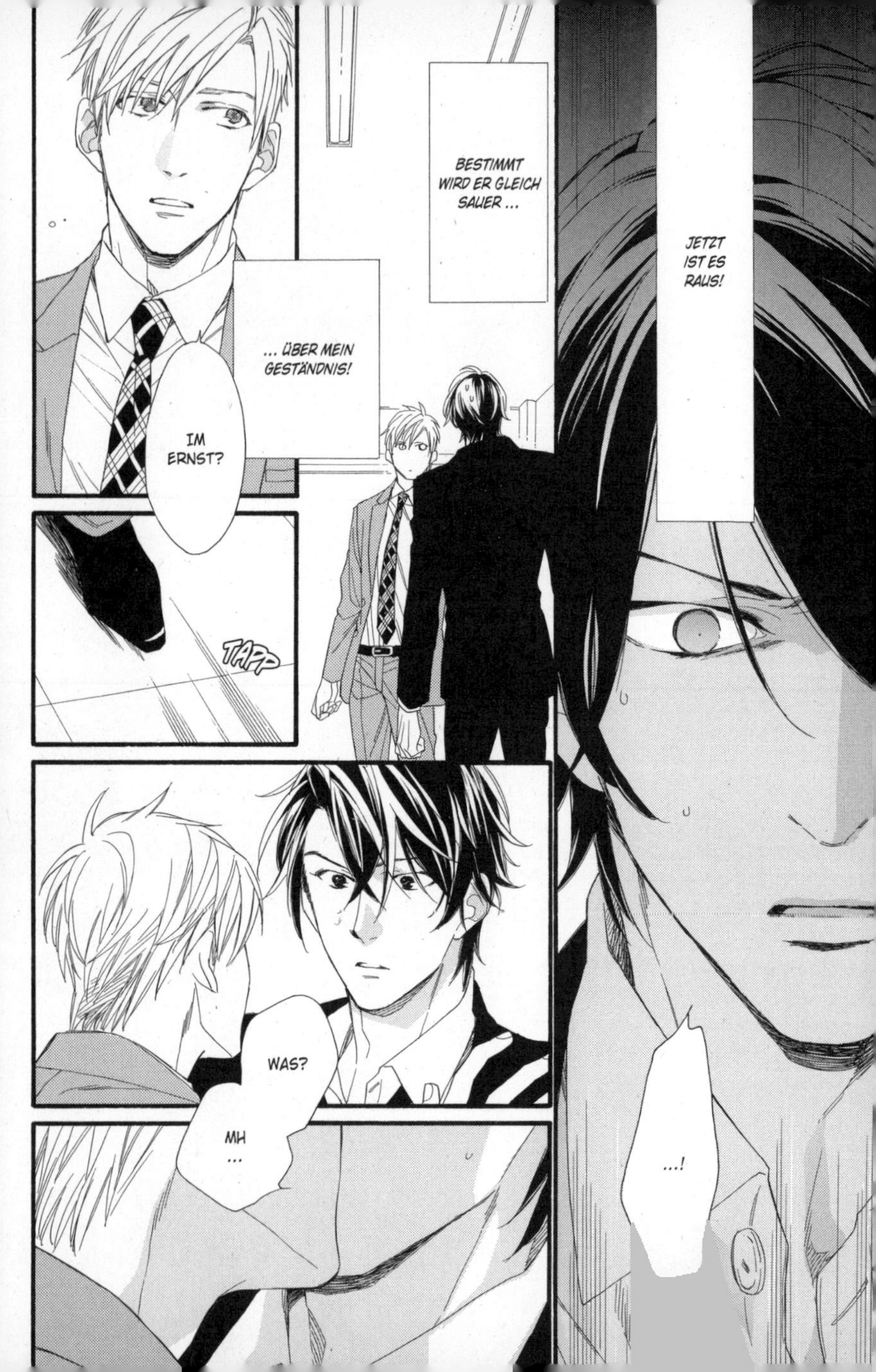

JETZT IST ES RAUS!
...!
BESTIMMT WIRD ER GLEICH SAUER ...
... ÜBER MEIN GESTÄNDNIS!
IM ERNST?
TAPP
WAS?
MH ...

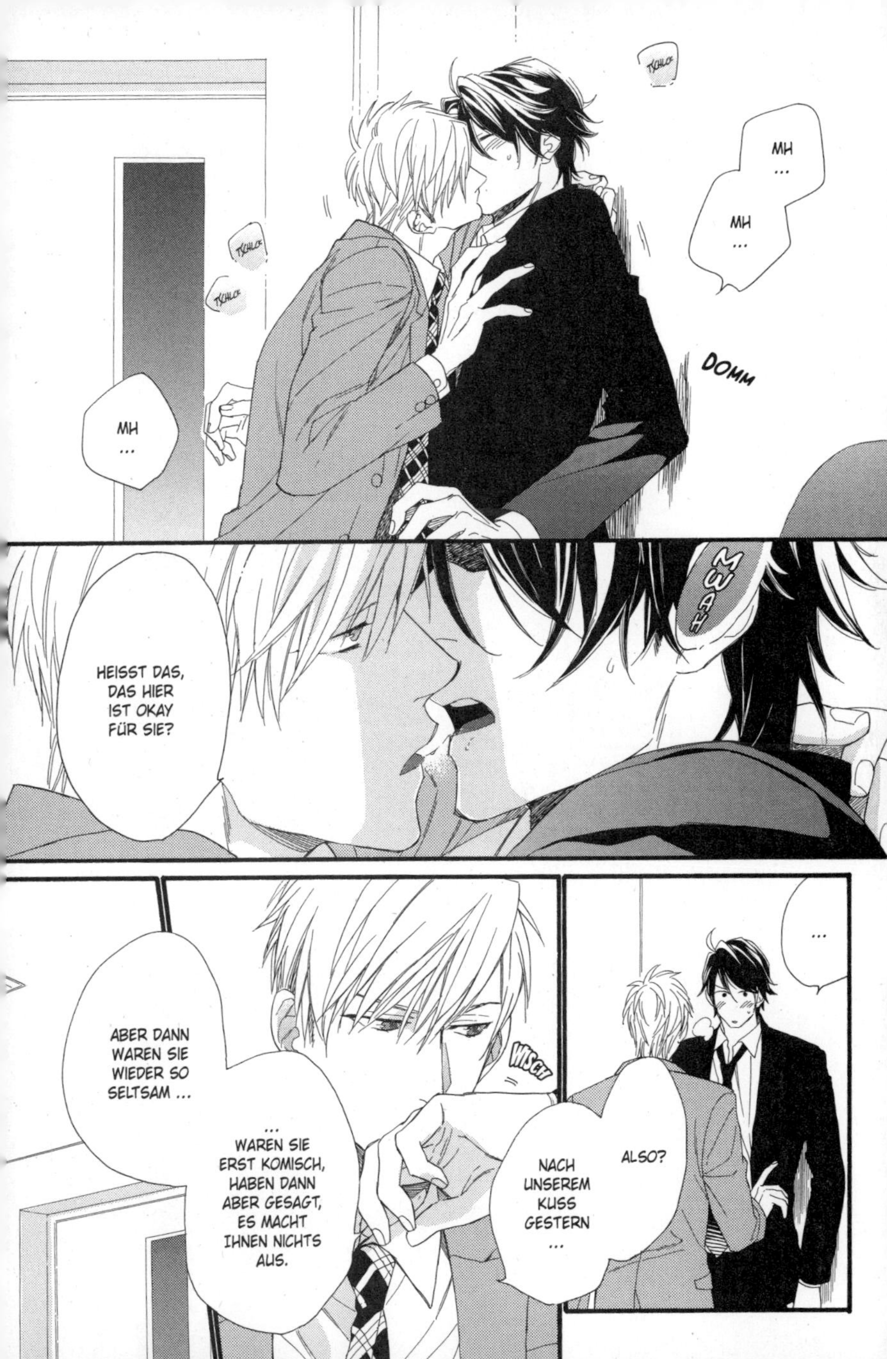
TSCHLCK
MH …
MH …
DOMM
TSCHLCK
TSCHLCK
MH …
MWAH
HEISST DAS, DAS HIER IST OKAY FÜR SIE?
…
ALSO?
NACH UNSEREM KUSS GESTERN …
WISCH
… WAREN SIE ERST KOMISCH, HABEN DANN ABER GESAGT, ES MACHT IHNEN NICHTS AUS.
ABER DANN WAREN SIE WIEDER SO SELTSAM …

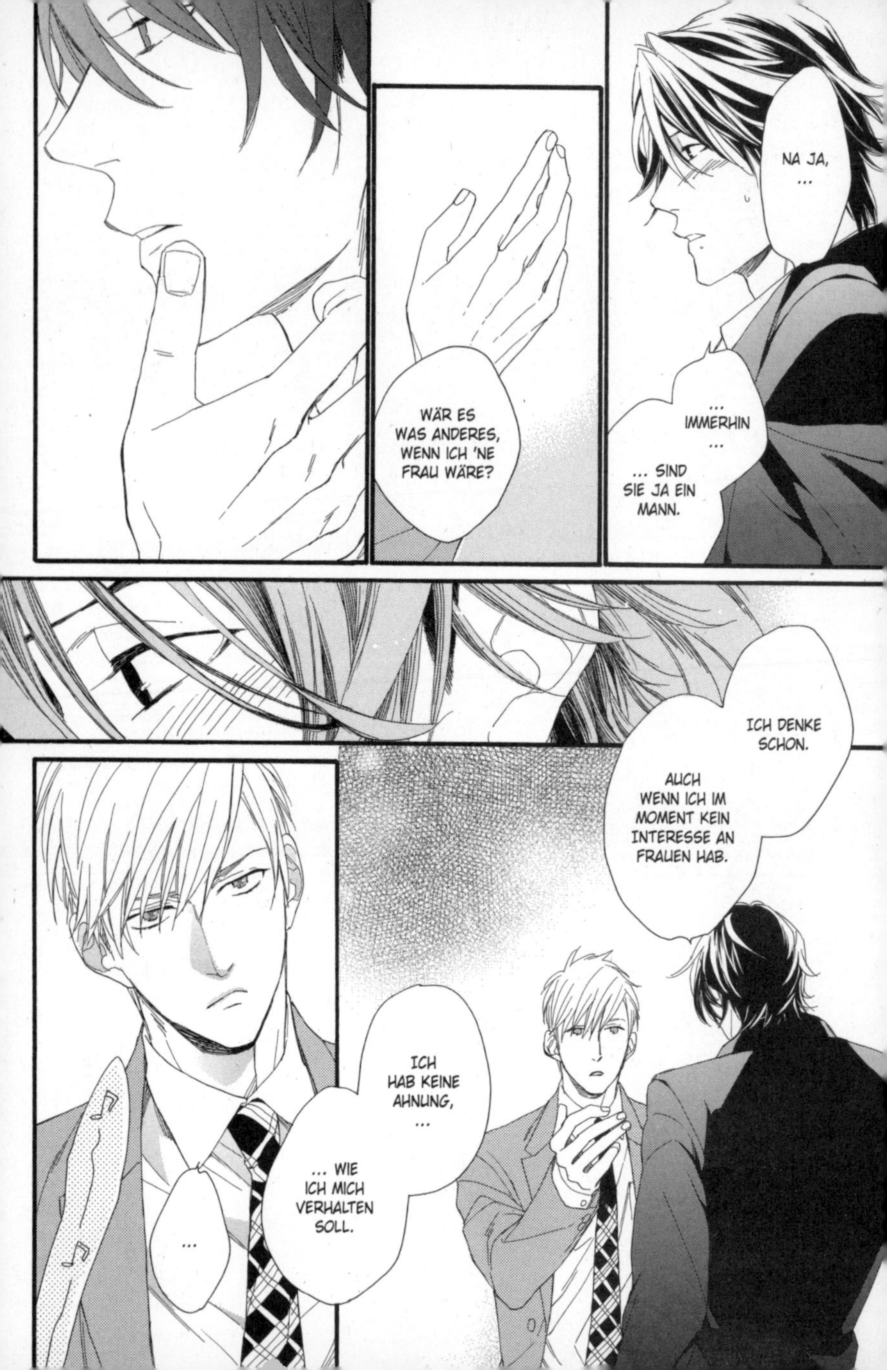
NA JA, ...
... IMMERHIN ...
... SIND SIE JA EIN MANN.
WÄR ES WAS ANDERES, WENN ICH 'NE FRAU WÄRE?
ICH DENKE SCHON.
AUCH WENN ICH IM MOMENT KEIN INTERESSE AN FRAUEN HAB.
ICH HAB KEINE AHNUNG, ...
... WIE ICH MICH VERHALTEN SOLL.
...

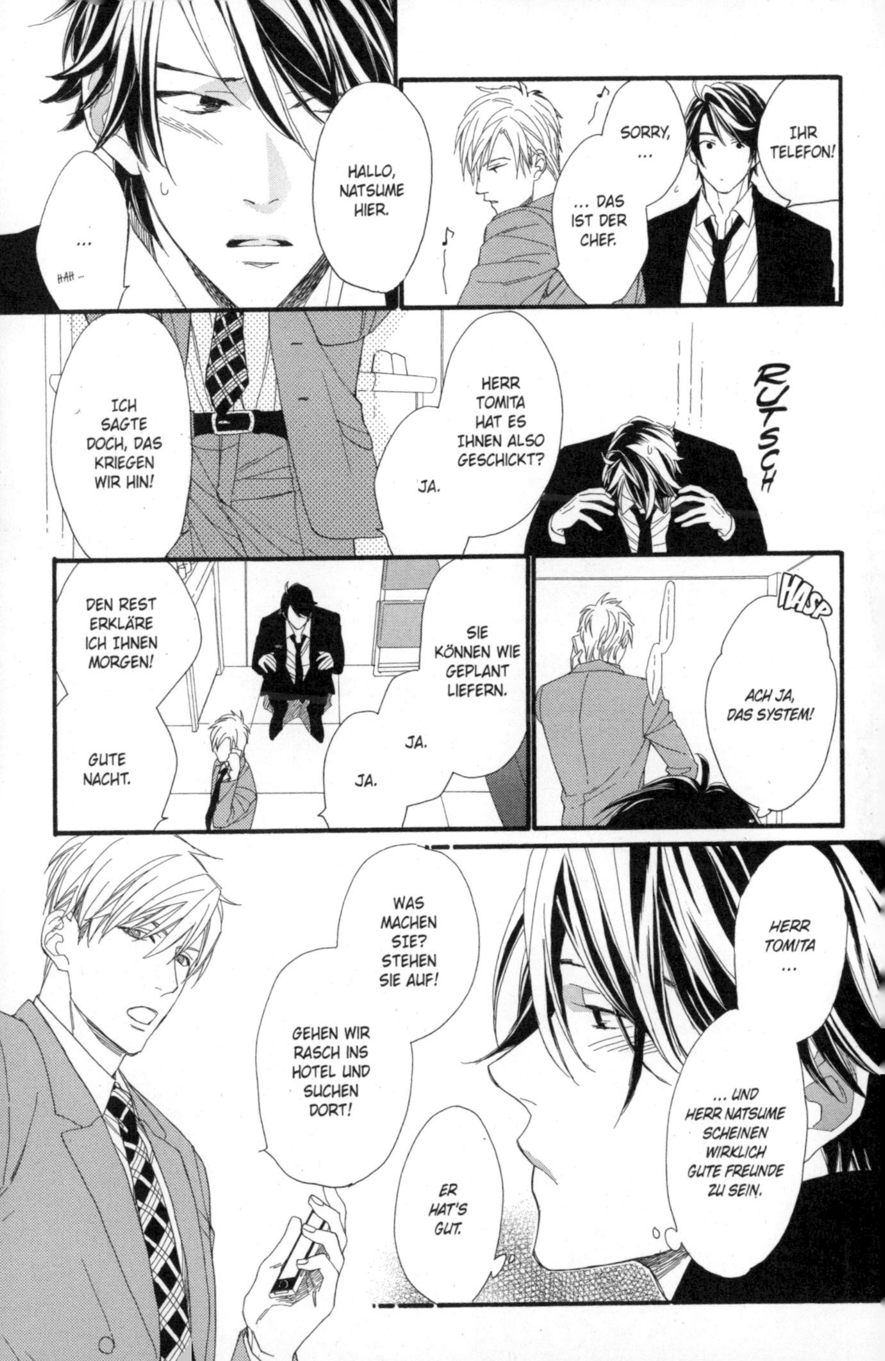
IHR TELEFON!
SORRY, ...
... DAS IST DER CHEF.
HALLO, NATSUME HIER.
...
HAH ...
RUTSCH
HERR TOMITA HAT ES IHNEN ALSO GESCHICKT?
JA.
ICH SAGTE DOCH, DAS KRIEGEN WIR HIN!
HASP
ACH JA, DAS SYSTEM!
SIE KÖNNEN WIE GEPLANT LIEFERN.
JA.
JA.
DEN REST ERKLÄRE ICH IHNEN MORGEN!
GUTE NACHT.
HERR TOMITA ...
... UND HERR NATSUME SCHEINEN WIRKLICH GUTE FREUNDE ZU SEIN.
ER HAT'S GUT.
WAS MACHEN SIE? STEHEN SIE AUF!
GEHEN WIR RASCH INS HOTEL UND SUCHEN DORT!

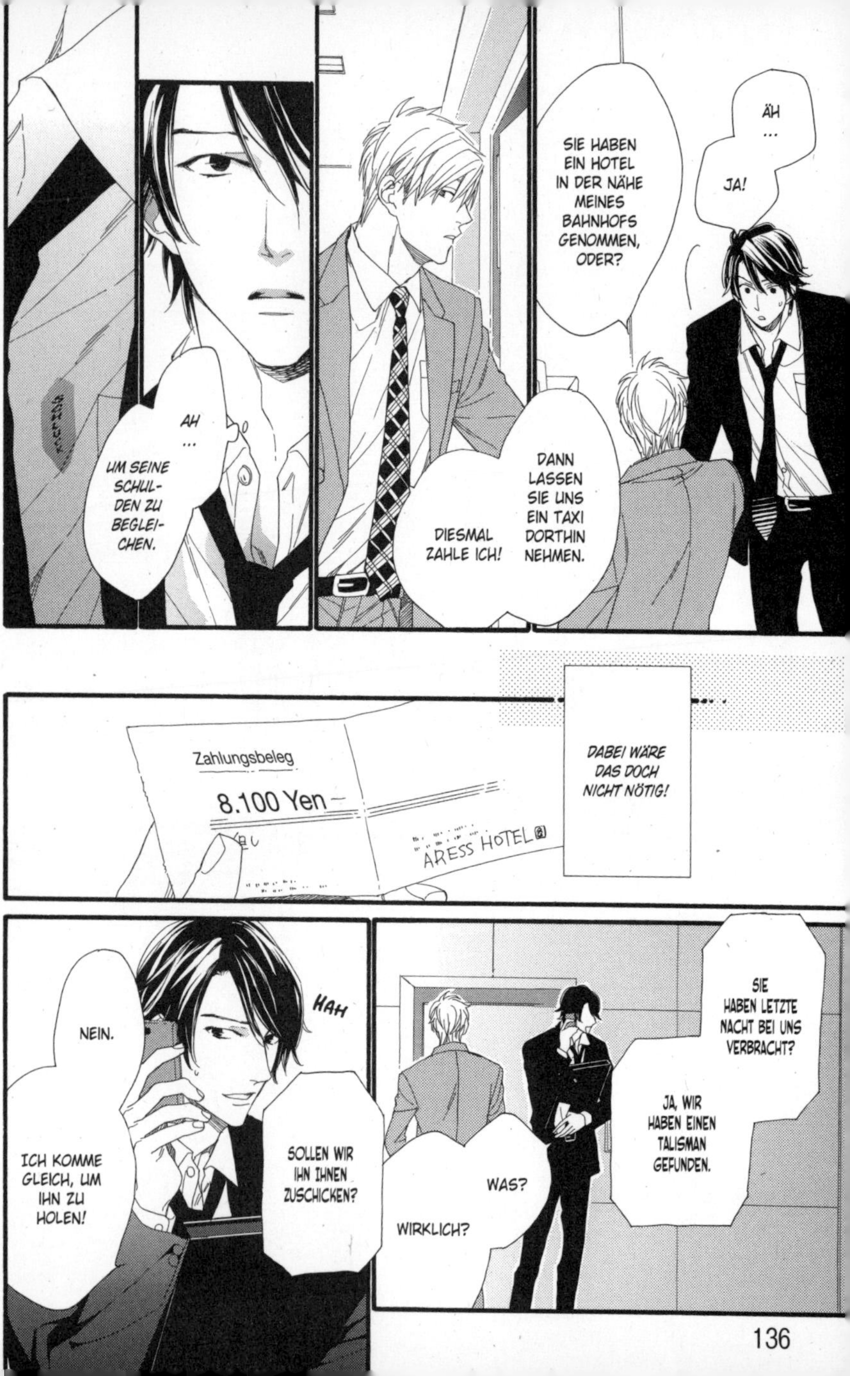

ÄH ... JA!
SIE HABEN EIN HOTEL IN DER NÄHE MEINES BAHNHOFS GENOMMEN, ODER?
DANN LASSEN SIE UNS EIN TAXI DORTHIN NEHMEN.
DIESMAL ZAHLE ICH!
AH ... UM SEINE SCHULDEN ZU BEGLEICHEN.
SCHLUCK
DABEI WÄRE DAS DOCH NICHT NÖTIG!
Zahlungsbeleg
8.100 Yen
ARESS HOTEL
SIE HABEN LETZTE NACHT BEI UNS VERBRACHT?
JA, WIR HABEN EINEN TALISMAN GEFUNDEN.
WAS?
WIRKLICH?
SOLLEN WIR IHN IHNEN ZUSCHICKEN?
HAH
NEIN.
ICH KOMME GLEICH, UM IHN ZU HOLEN!

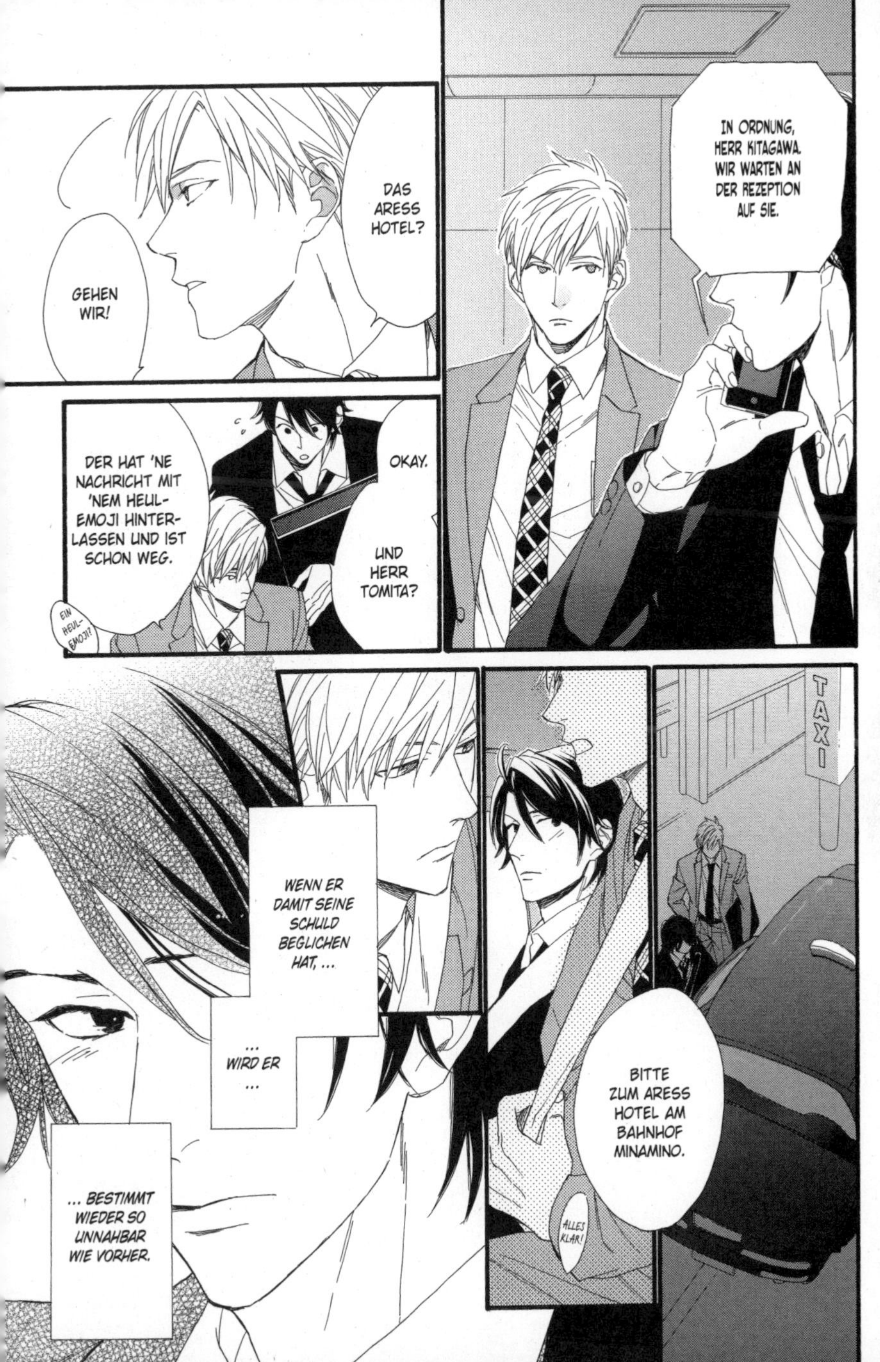
IN ORDNUNG, HERR KITAGAWA. WIR WARTEN AN DER REZEPTION AUF SIE.
DAS ARESS HOTEL?
GEHEN WIR!
OKAY.
UND HERR TOMITA?
DER HAT 'NE NACHRICHT MIT 'NEM HEUL-EMOJI HINTER-LASSEN UND IST SCHON WEG.
EIN HEUL-EMOJI?
TAXI
BITTE ZUM ARESS HOTEL AM BAHNHOF MINAMINO.
ALLES KLAR!
WENN ER DAMIT SEINE SCHULD BEGLICHEN HAT, ...
... WIRD ER ...
... BESTIMMT WIEDER SO UNNAHBAR WIE VORHER.

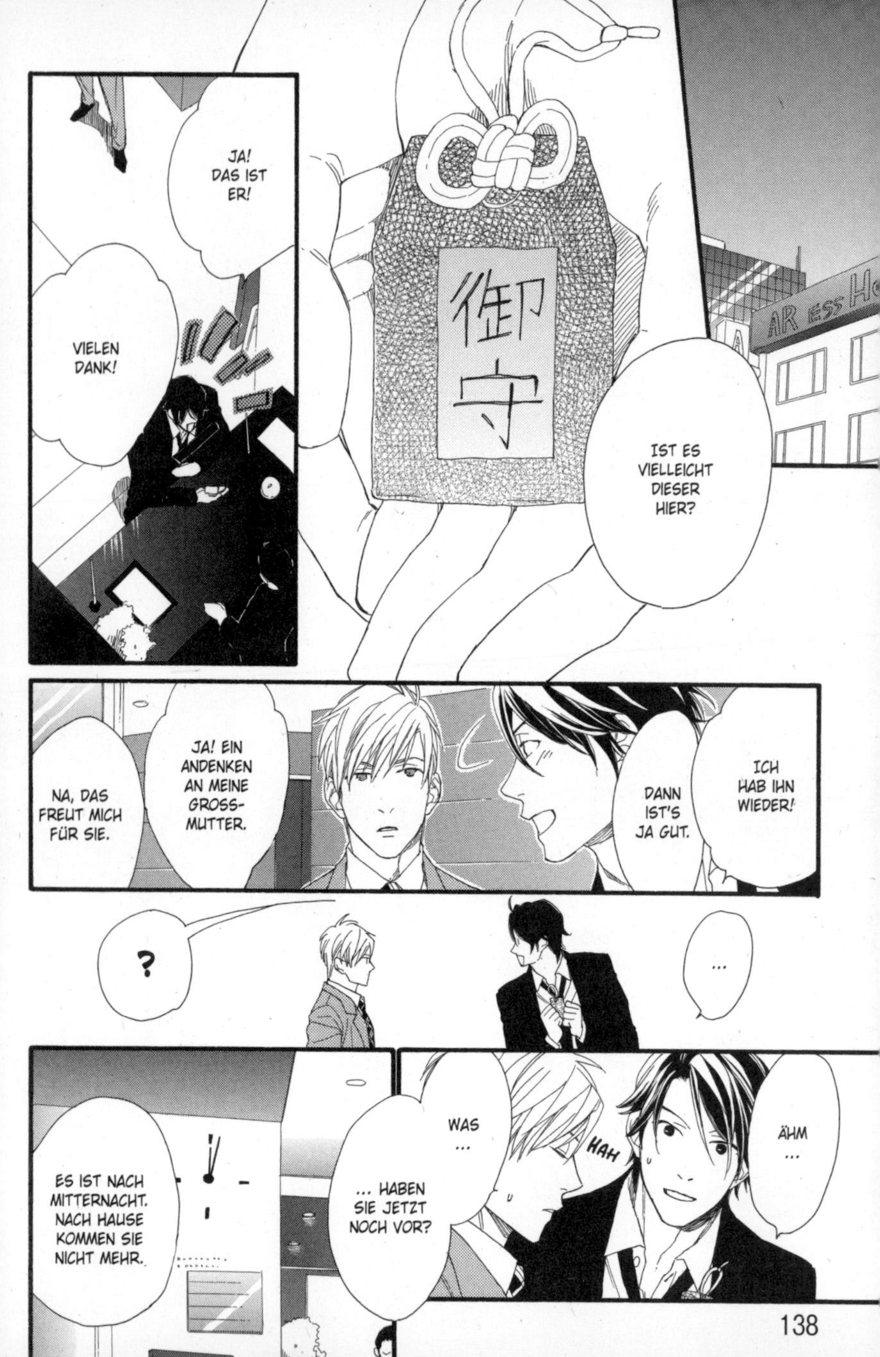
御守
IST ES VIELLEICHT DIESER HIER?
JA! DAS IST ER!
VIELEN DANK!
ICH HAB IHN WIEDER!
DANN IST'S JA GUT.
JA! EIN ANDENKEN AN MEINE GROSS-MUTTER.
NA, DAS FREUT MICH FÜR SIE.
...
?
ÄHM ...
HAH
WAS ...
... HABEN SIE JETZT NOCH VOR?
ES IST NACH MITTERNACHT. NACH HAUSE KOMMEN SIE NICHT MEHR.

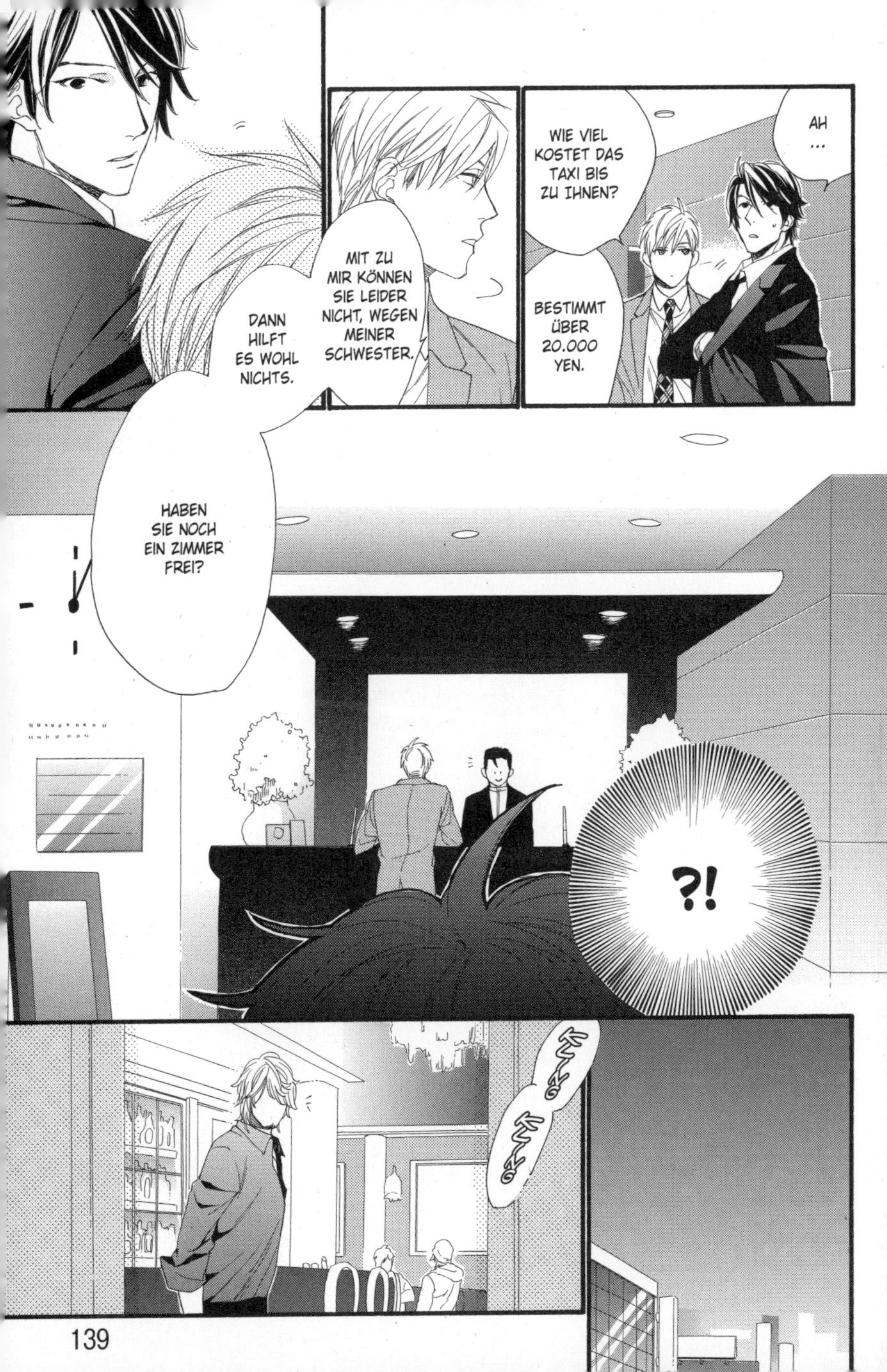
AH ...
WIE VIEL KOSTET DAS TAXI BIS ZU IHNEN?
BESTIMMT ÜBER 20.000 YEN.
MIT ZU MIR KÖNNEN SIE LEIDER NICHT, WEGEN MEINER SCHWESTER.
DANN HILFT ES WOHL NICHTS.
HABEN SIE NOCH EIN ZIMMER FREI?
?!
KLING KLING

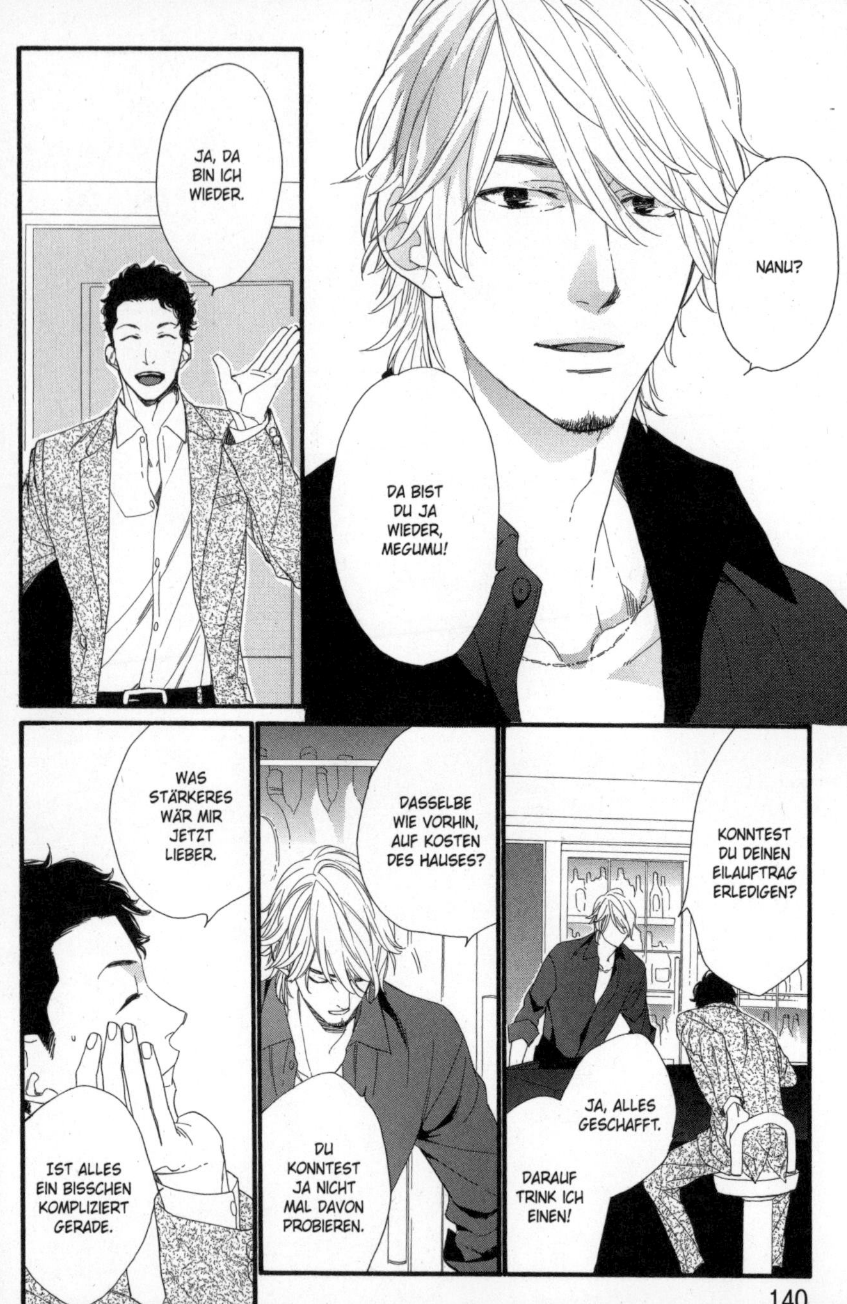
NANU?
DA BIST DU JA WIEDER, MEGUMU!
JA, DA BIN ICH WIEDER.
KONNTEST DU DEINEN EILAUFTRAG ERLEDIGEN?
JA, ALLES GESCHAFFT.
DARAUF TRINK ICH EINEN!
DASSELBE WIE VORHIN, AUF KOSTEN DES HAUSES?
DU KONNTEST JA NICHT MAL DAVON PROBIEREN.
WAS STÄRKERES WÄR MIR JETZT LIEBER.
IST ALLES EIN BISSCHEN KOMPLIZIERT GERADE.

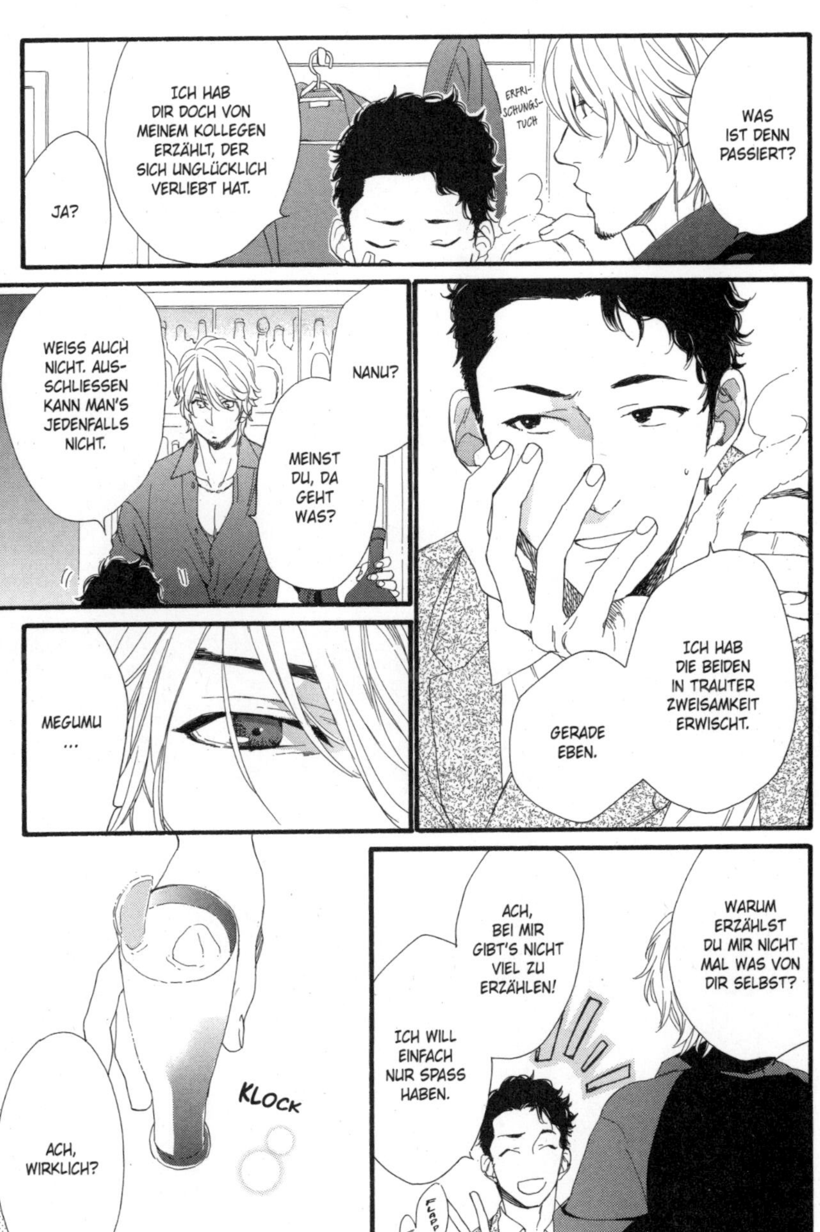
WAS IST DENN PASSIERT?
ERFRISCHUNGSTUCH
ICH HAB DIR DOCH VON MEINEM KOLLEGEN ERZÄHLT, DER SICH UNGLÜCKLICH VERLIEBT HAT.
JA?
ICH HAB DIE BEIDEN IN TRAUTER ZWEISAMKEIT ERWISCHT.
GERADE EBEN.
NANU?
MEINST DU, DA GEHT WAS?
WEISS AUCH NICHT. AUSSCHLIESSEN KANN MAN'S JEDENFALLS NICHT.
MEGUMU …
WARUM ERZÄHLST DU MIR NICHT MAL WAS VON DIR SELBST?
ACH, BEI MIR GIBT'S NICHT VIEL ZU ERZÄHLEN!
ICH WILL EINFACH NUR SPASS HABEN.
KLOCK
ACH, WIRKLICH?

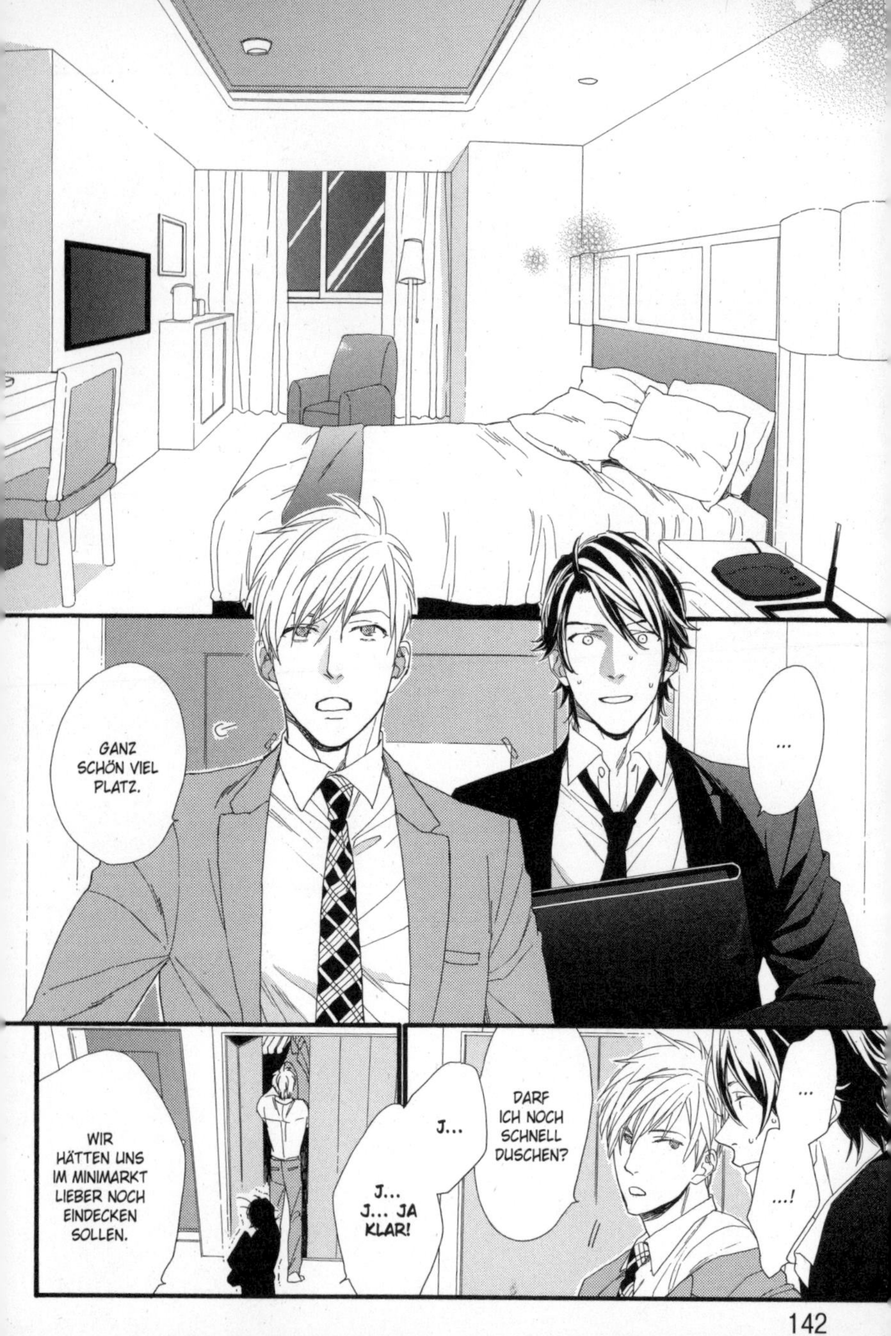
…
GANZ SCHÖN VIEL PLATZ.
…
…!
DARF ICH NOCH SCHNELL DUSCHEN?
J…
J… J… JA KLAR!
WIR HÄTTEN UNS IM MINIMARKT LIEBER NOCH EINDECKEN SOLLEN.

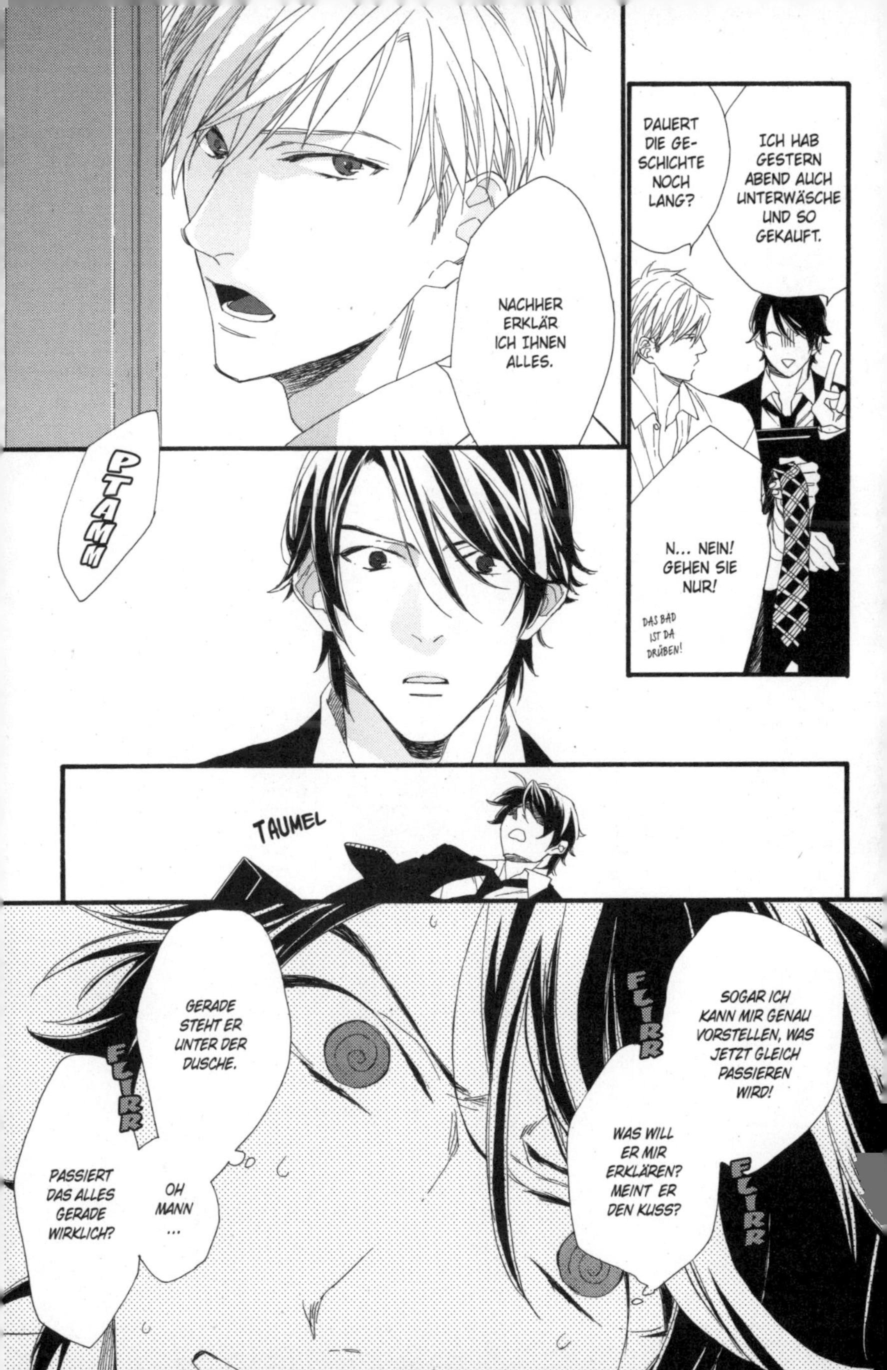
ICH HAB GESTERN ABEND AUCH UNTERWÄSCHE UND SO GEKAUFT.
DAUERT DIE GESCHICHTE NOCH LANG?
N... NEIN! GEHEN SIE NUR!
DAS BAD IST DA DRÜBEN!
NACHHER ERKLÄR ICH IHNEN ALLES.
PTAMM
TAUMEL
SOGAR ICH KANN MIR GENAU VORSTELLEN, WAS JETZT GLEICH PASSIEREN WIRD!
FLIRR
WAS WILL ER MIR ERKLÄREN? MEINT ER DEN KUSS?
FLIRR
GERADE STEHT ER UNTER DER DUSCHE.
FLIRR
OH MANN ...
PASSIERT DAS ALLES GERADE WIRKLICH?

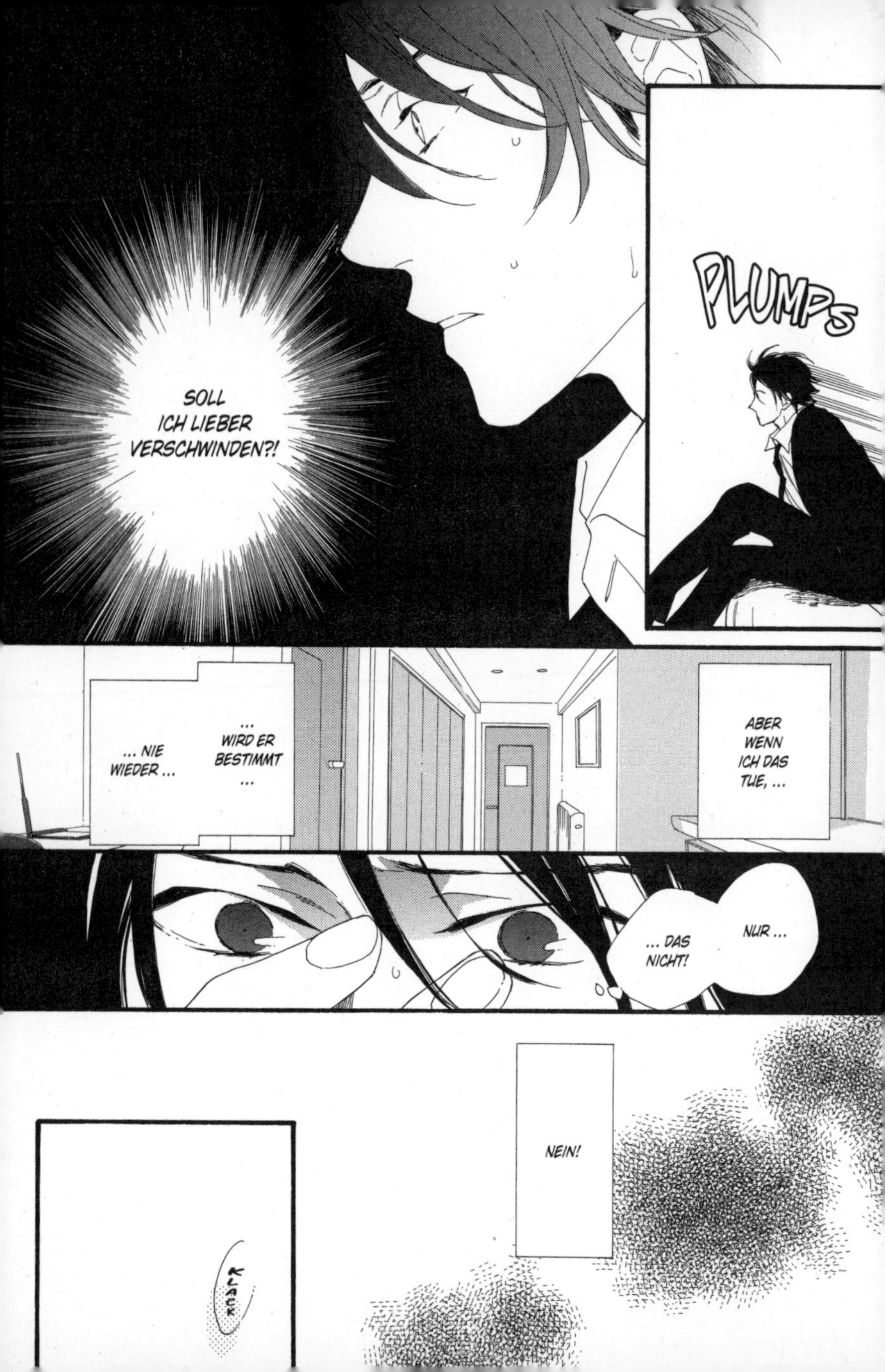
PLUMPS
SOLL ICH LIEBER VERSCHWINDEN?!
ABER WENN ICH DAS TUE, ...
... WIRD ER BESTIMMT ...
... NIE WIEDER ...
NUR ...
... DAS NICHT!
NEIN!
KLACK

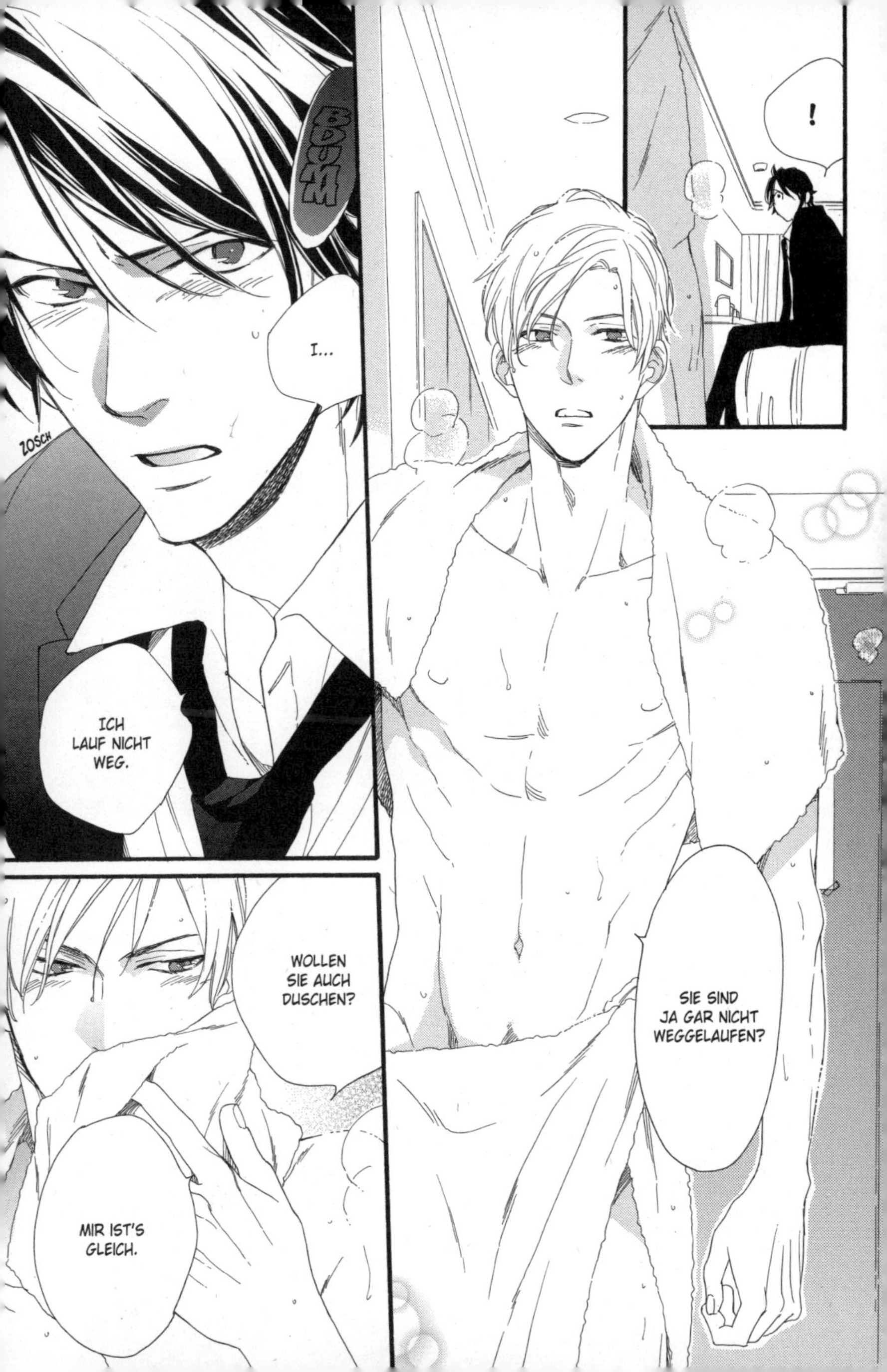
!
SIE SIND JA GAR NICHT WEGGELAUFEN?
BDUM
I...
ZOSCH
ICH LAUF NICHT WEG.
WOLLEN SIE AUCH DUSCHEN?
MIR IST'S GLEICH.

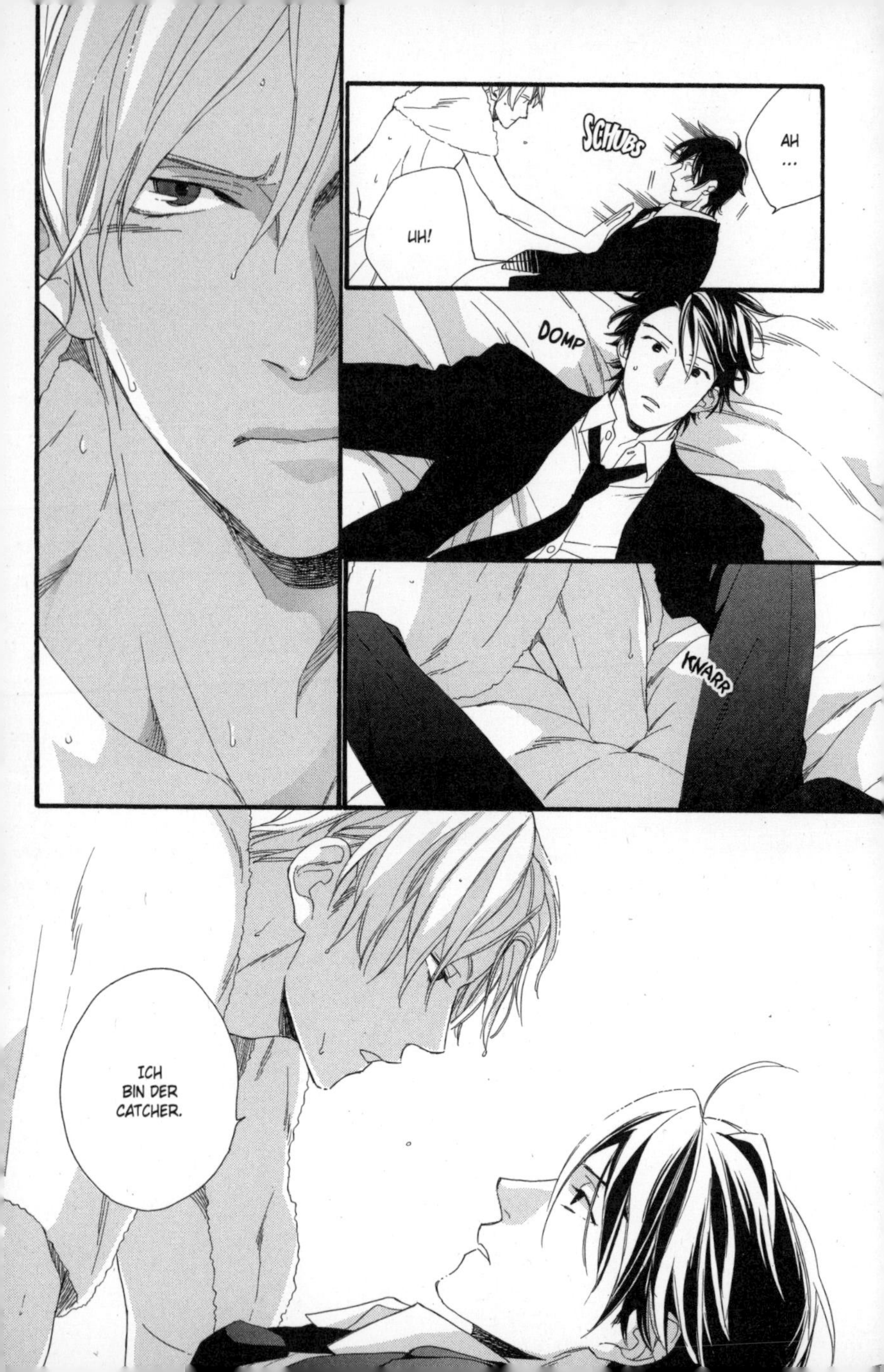
AH ...
SCHUBS
UH!
DOMP
KNARR
ICH BIN DER CATCHER.

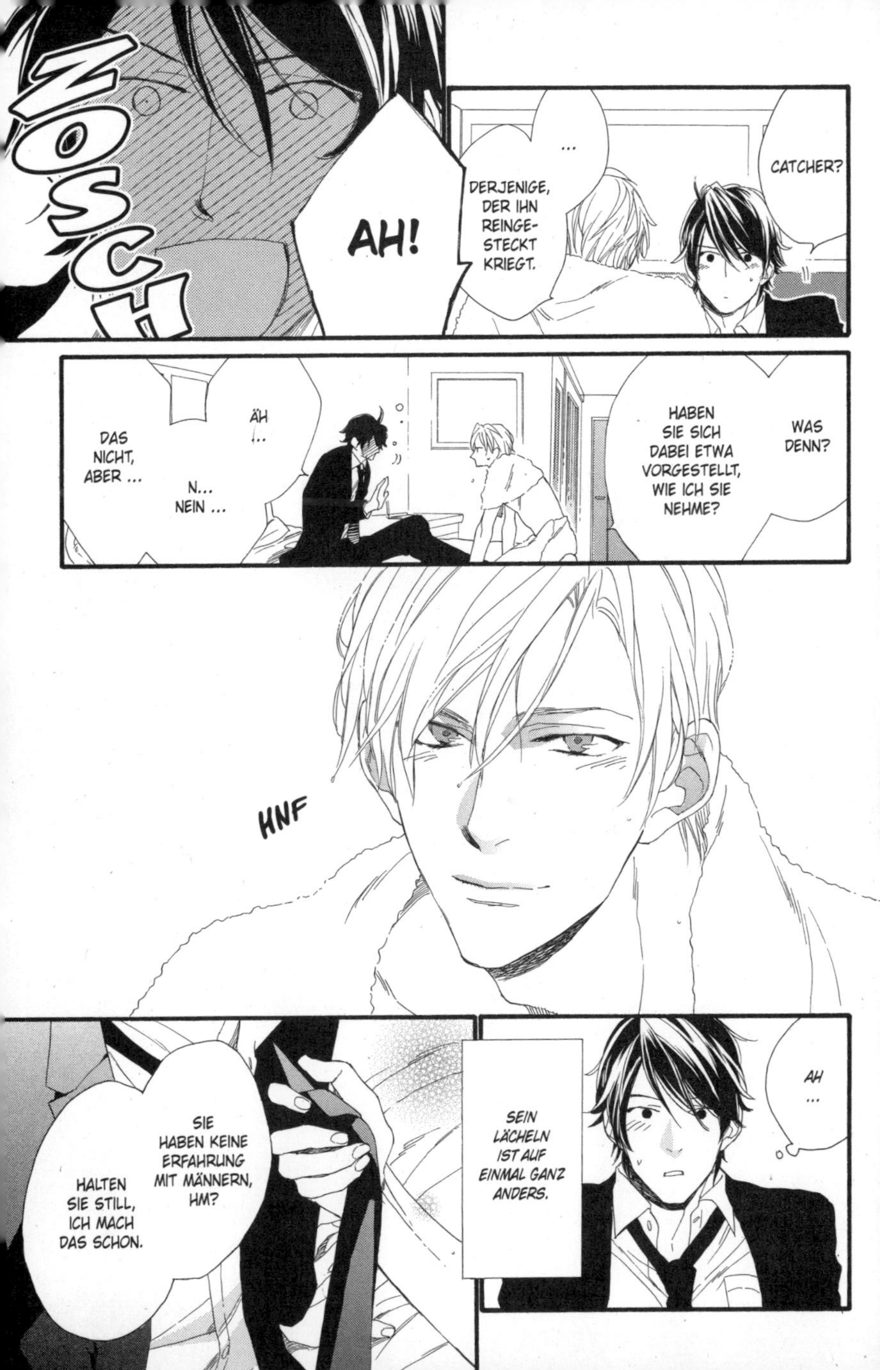
CATCHER?
...
DERJENIGE, DER IHN REINGE-STECKT KRIEGT.
AH!
ZOOSCH
WAS DENN?
HABEN SIE SICH DABEI ETWA VORGESTELLT, WIE ICH SIE NEHME?
ÄH ...
N... NEIN ...
DAS NICHT, ABER ...
HNF
AH ...
SEIN LÄCHELN IST AUF EINMAL GANZ ANDERS.
SIE HABEN KEINE ERFAHRUNG MIT MÄNNERN, HM?
HALTEN SIE STILL, ICH MACH DAS SCHON.

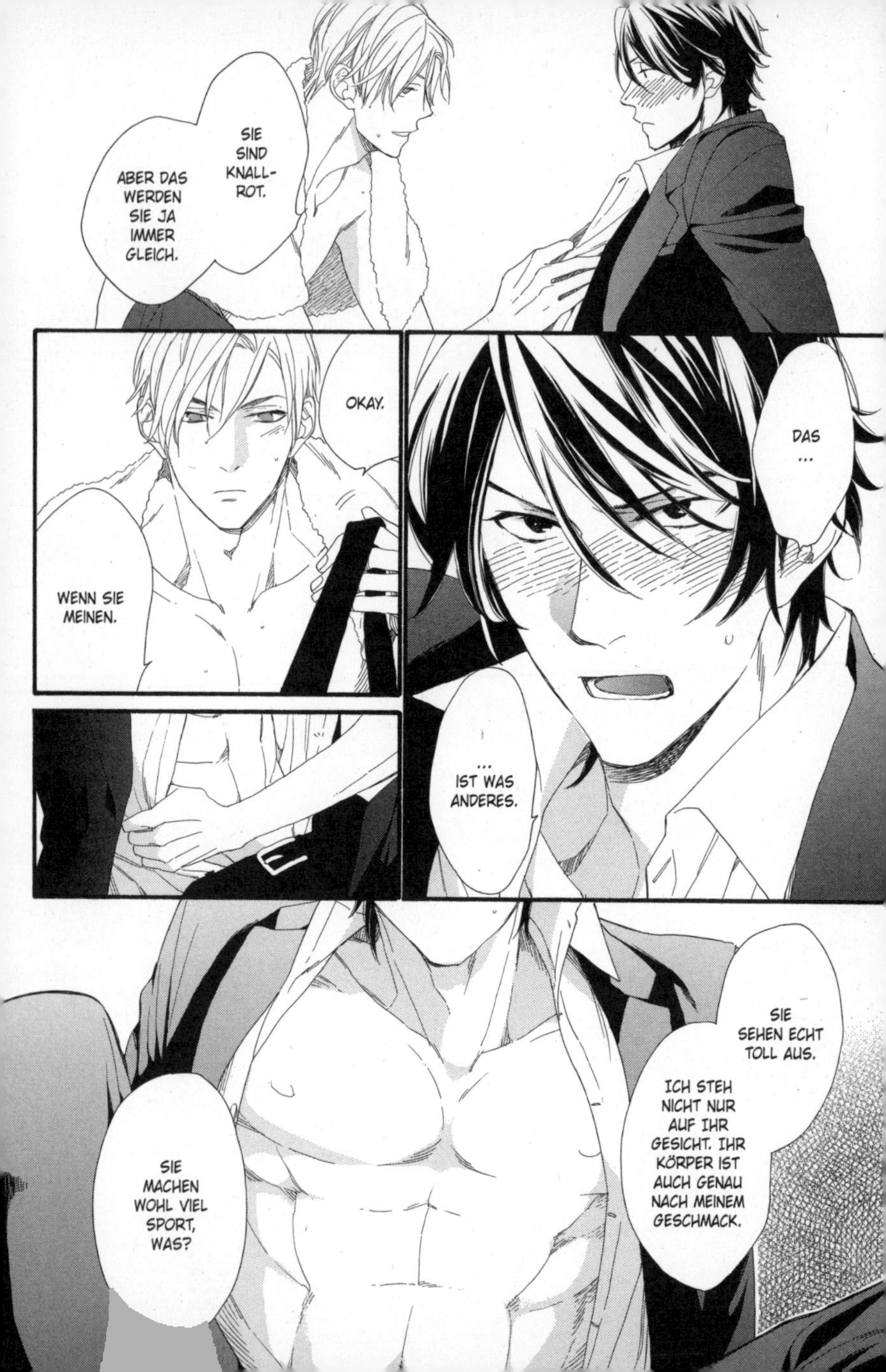
SIE SIND KNALL-ROT.
ABER DAS WERDEN SIE JA IMMER GLEICH.
DAS ...
... IST WAS ANDERES.
OKAY.
WENN SIE MEINEN.
SIE SEHEN ECHT TOLL AUS.
ICH STEH NICHT NUR AUF IHR GESICHT. IHR KÖRPER IST AUCH GENAU NACH MEINEM GESCHMACK.
SIE MACHEN WOHL VIEL SPORT, WAS?

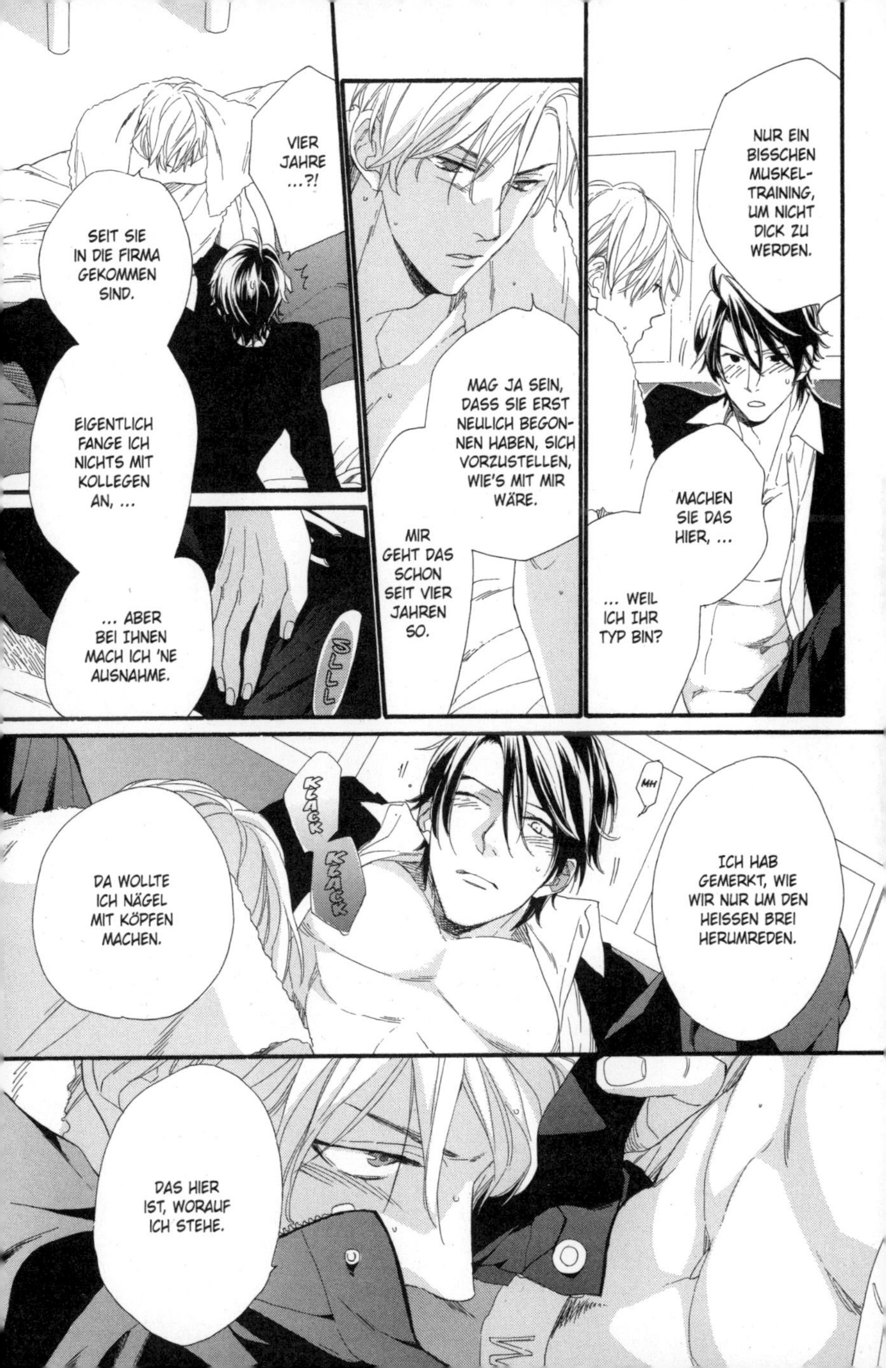
NUR EIN BISSCHEN MUSKEL-TRAINING, UM NICHT DICK ZU WERDEN.
MACHEN SIE DAS HIER, ...
... WEIL ICH IHR TYP BIN?
MAG JA SEIN, DASS SIE ERST NEULICH BEGONNEN HABEN, SICH VORZUSTELLEN, WIE'S MIT MIR WÄRE.
MIR GEHT DAS SCHON SEIT VIER JAHREN SO.
VIER JAHRE ...?!
SEIT SIE IN DIE FIRMA GEKOMMEN SIND.
EIGENTLICH FANGE ICH NICHTS MIT KOLLEGEN AN, ...
... ABER BEI IHNEN MACH ICH 'NE AUSNAHME.
SLLL
MH
ICH HAB GEMERKT, WIE WIR NUR UM DEN HEISSEN BREI HERUMREDEN.
KLACK
KLACK
DA WOLLTE ICH NÄGEL MIT KÖPFEN MACHEN.
DAS HIER IST, WORAUF ICH STEHE.

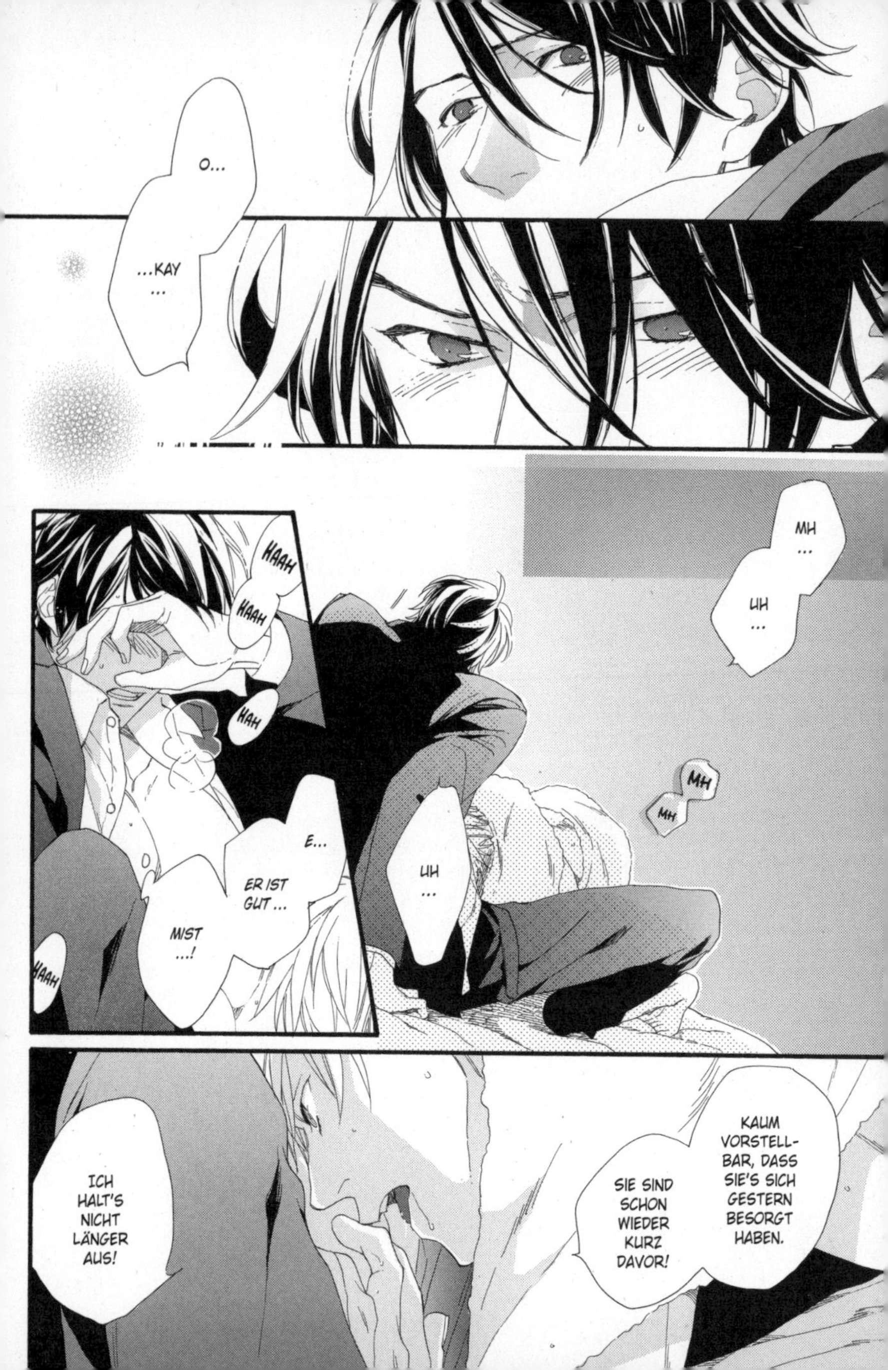
O...
...KAY ...
MH ...
UH ...
HAAH
HAAH
HAH
MH
MH
UH ...
E...
ER IST GUT ...
MIST ...!
HAAH
KAUM VORSTELL-BAR, DASS SIE'S SICH GESTERN BESORGT HABEN.
SIE SIND SCHON WIEDER KURZ DAVOR!
ICH HALT'S NICHT LÄNGER AUS!

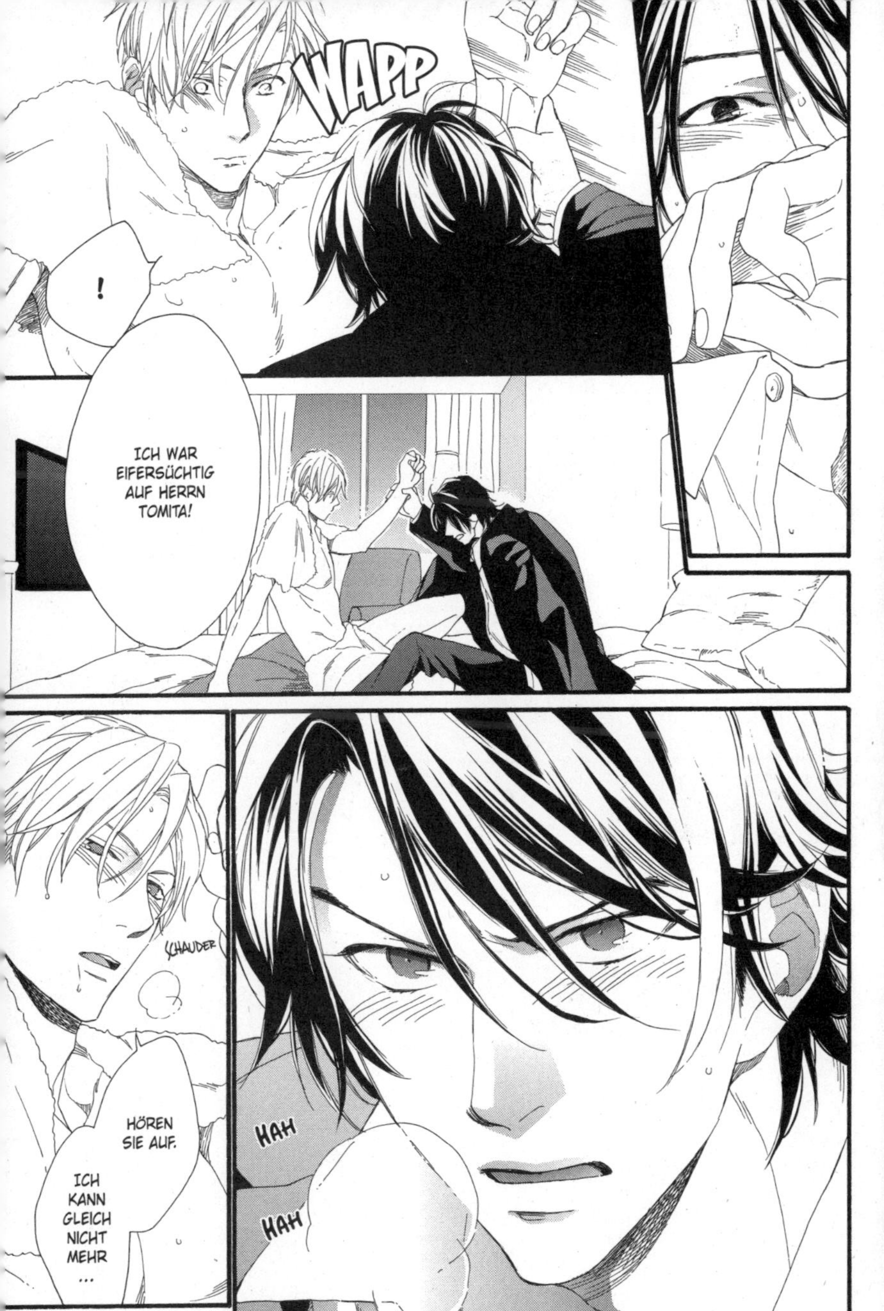
WAPP
!
ICH WAR EIFERSÜCHTIG AUF HERRN TOMITA!
SCHAUDER
HAH
HAH
HÖREN SIE AUF.
ICH KANN GLEICH NICHT MEHR ...

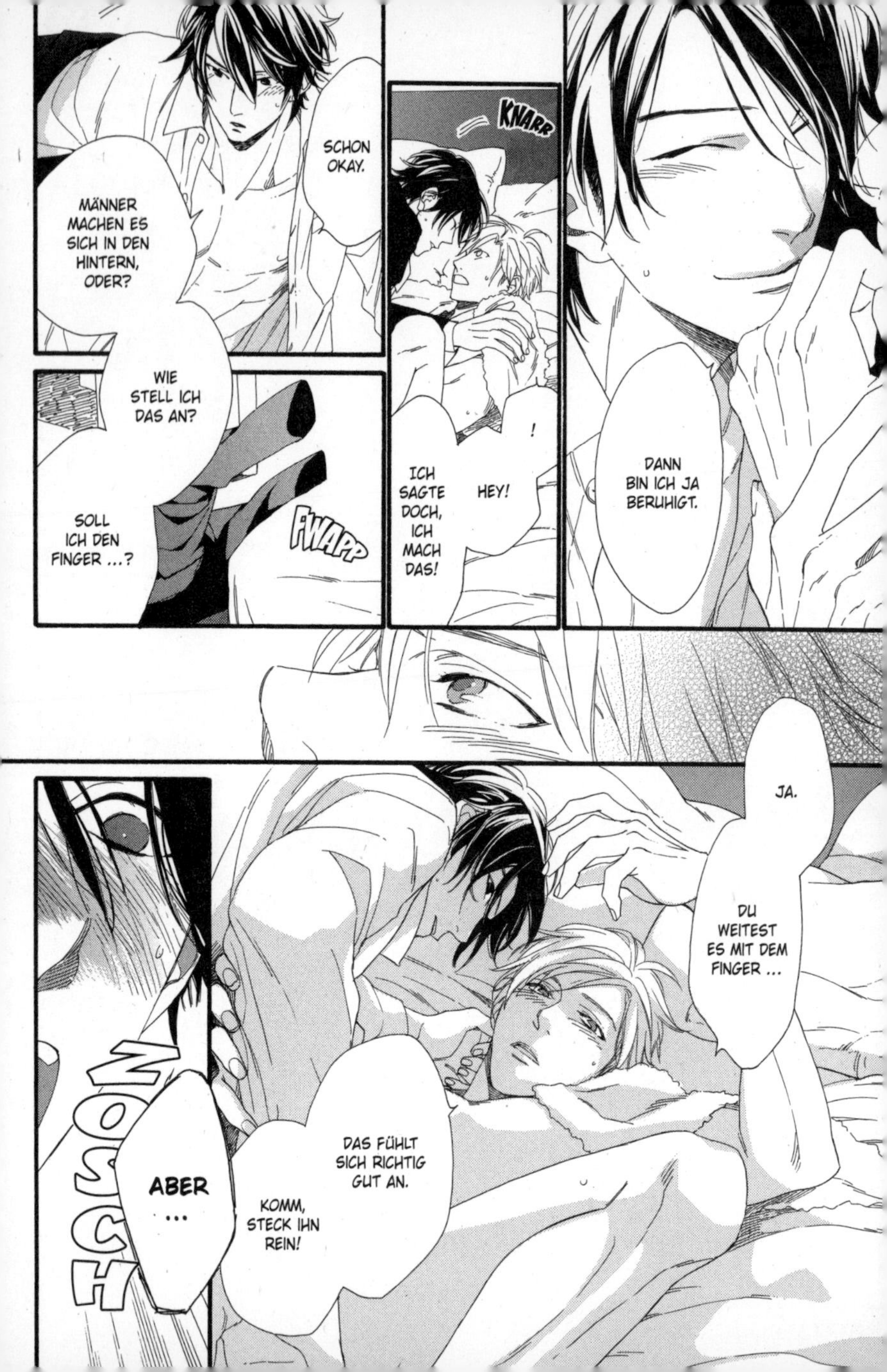
DANN BIN ICH JA BERUHIGT.
KNARR
!
HEY!
ICH SAGTE DOCH, ICH MACH DAS!
SCHON OKAY.
MÄNNER MACHEN ES SICH IN DEN HINTERN, ODER?
WIE STELL ICH DAS AN?
SOLL ICH DEN FINGER ...?
FWAPP
JA.
DU WEITEST ES MIT DEM FINGER ...
DAS FÜHLT SICH RICHTIG GUT AN.
KOMM, STECK IHN REIN!
ABER ...
WOSCH

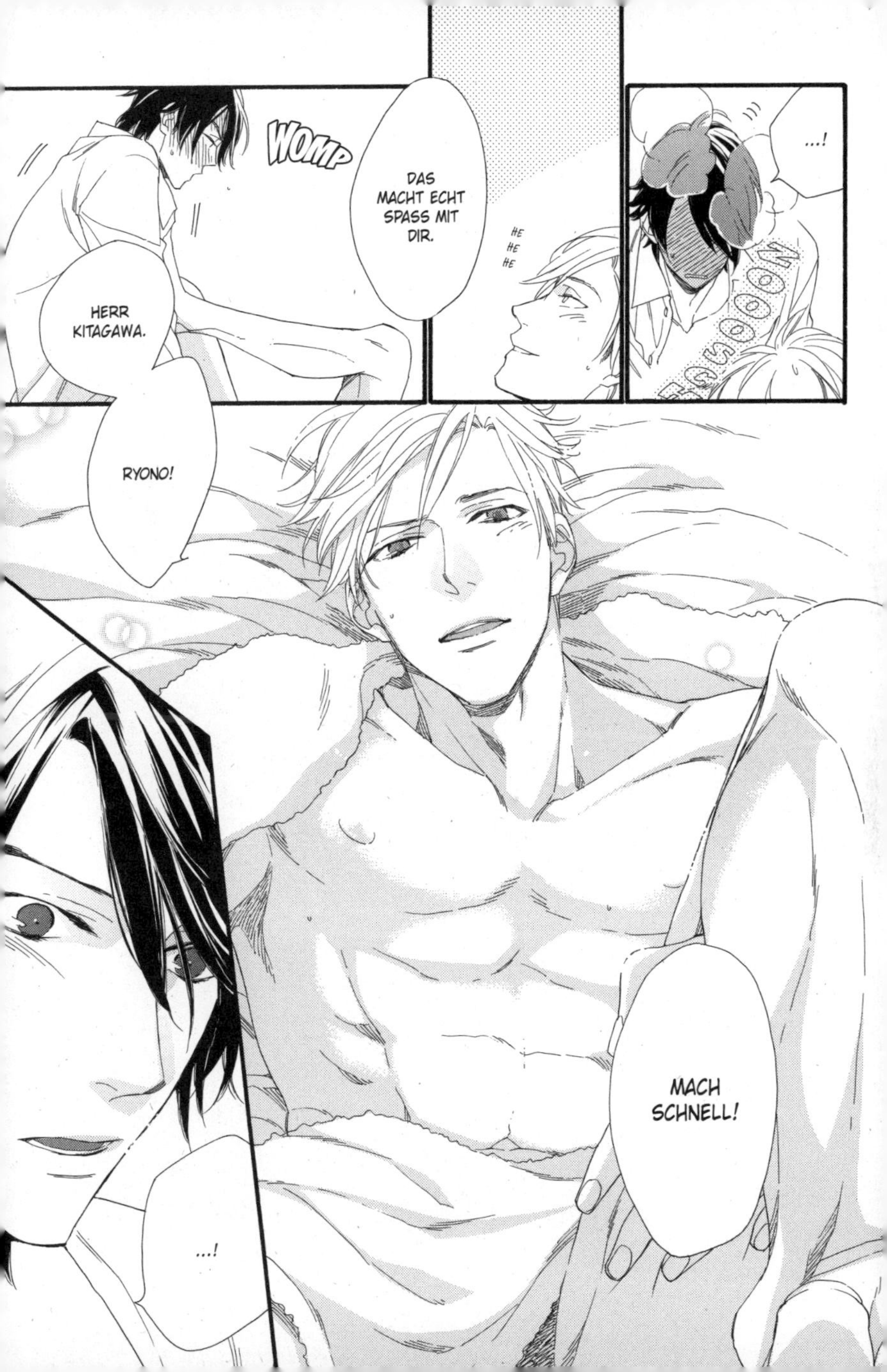
...!
HE
HE
HE
DAS MACHT ECHT SPASS MIT DIR.
WOMP
HERR KITAGAWA.
RYONO!
MACH SCHNELL!
...!

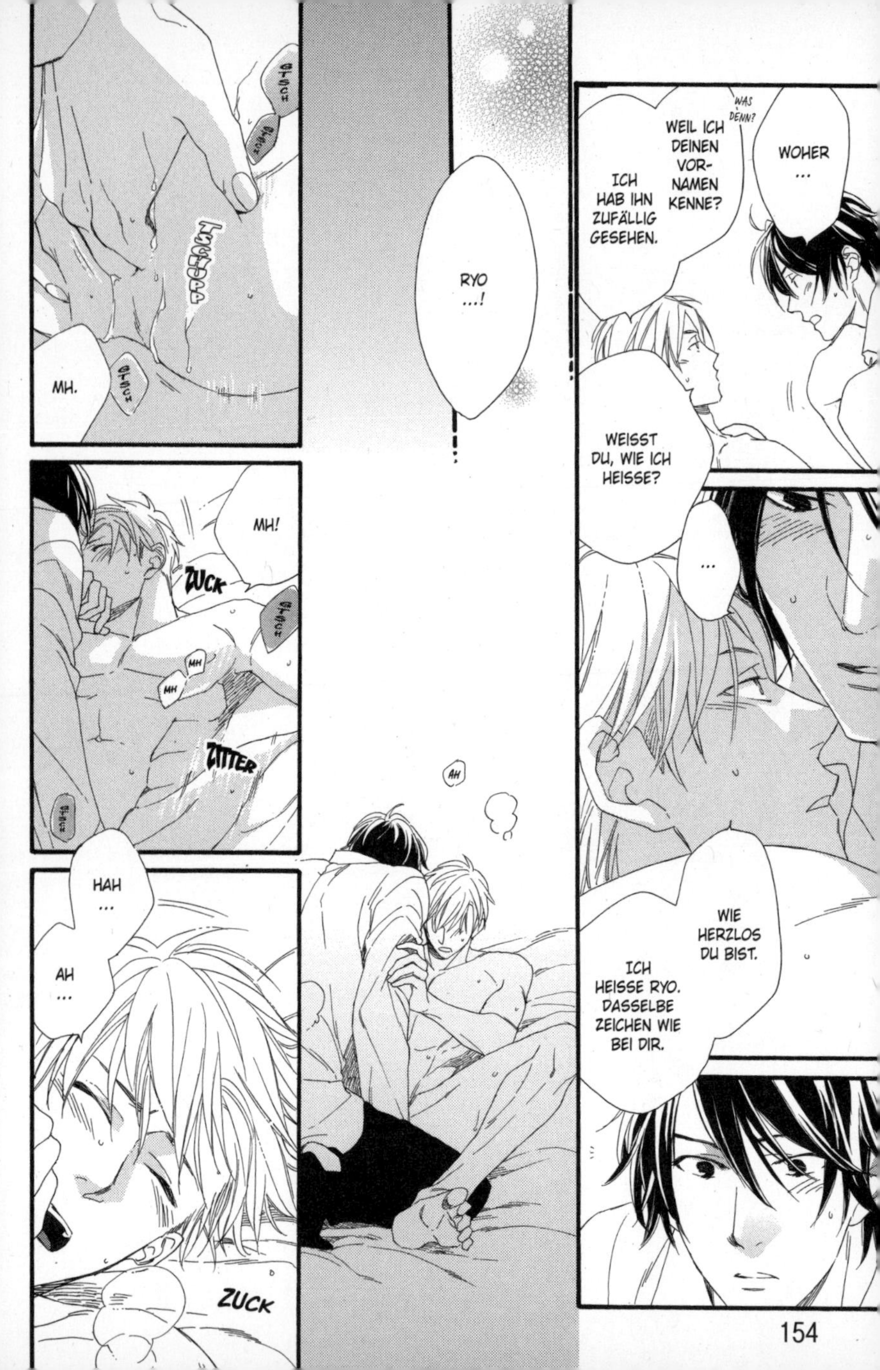
WOHER ...
WAS DENN?
WEIL ICH DEINEN VORNAMEN KENNE?
ICH HAB IHN ZUFÄLLIG GESEHEN.
WEISST DU, WIE ICH HEISSE?
...
WIE HERZLOS DU BIST.
ICH HEISSE RYO. DASSELBE ZEICHEN WIE BEI DIR.
RYO ...!
AH
GTSCH
TSCHUPP
GTSCH
MH.
MH!
ZUCK
GTSCH
MH
MH
ZITTER
HAH ...
AH ...
ZUCK

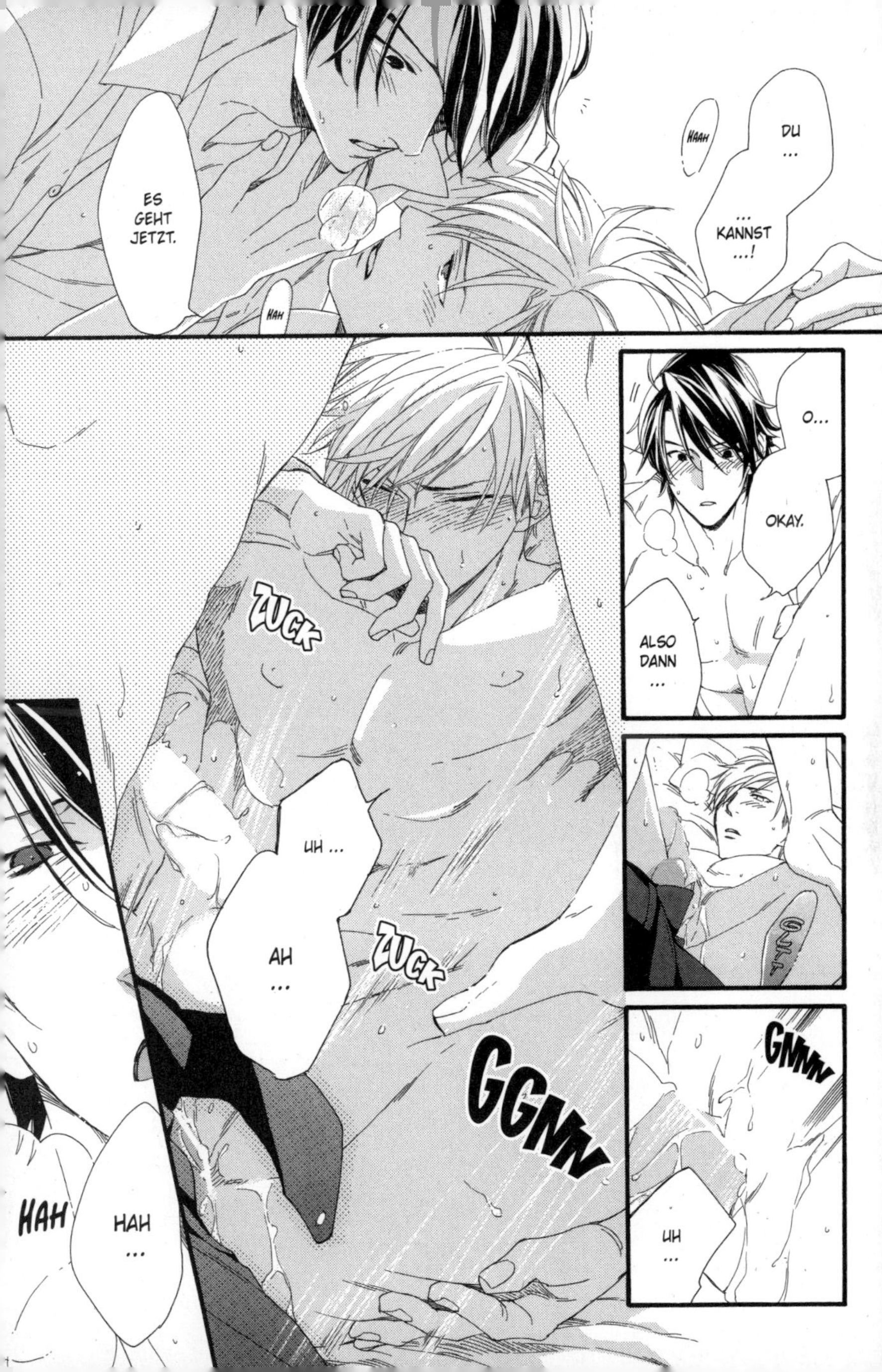
DU … … KANNST …!
HAAH
ES GEHT JETZT.
HAH
O… OKAY.
ALSO DANN …
GNNN
UH …
ZUCK
UH … AH …
ZUCK
GGMN
HAH …
HAH

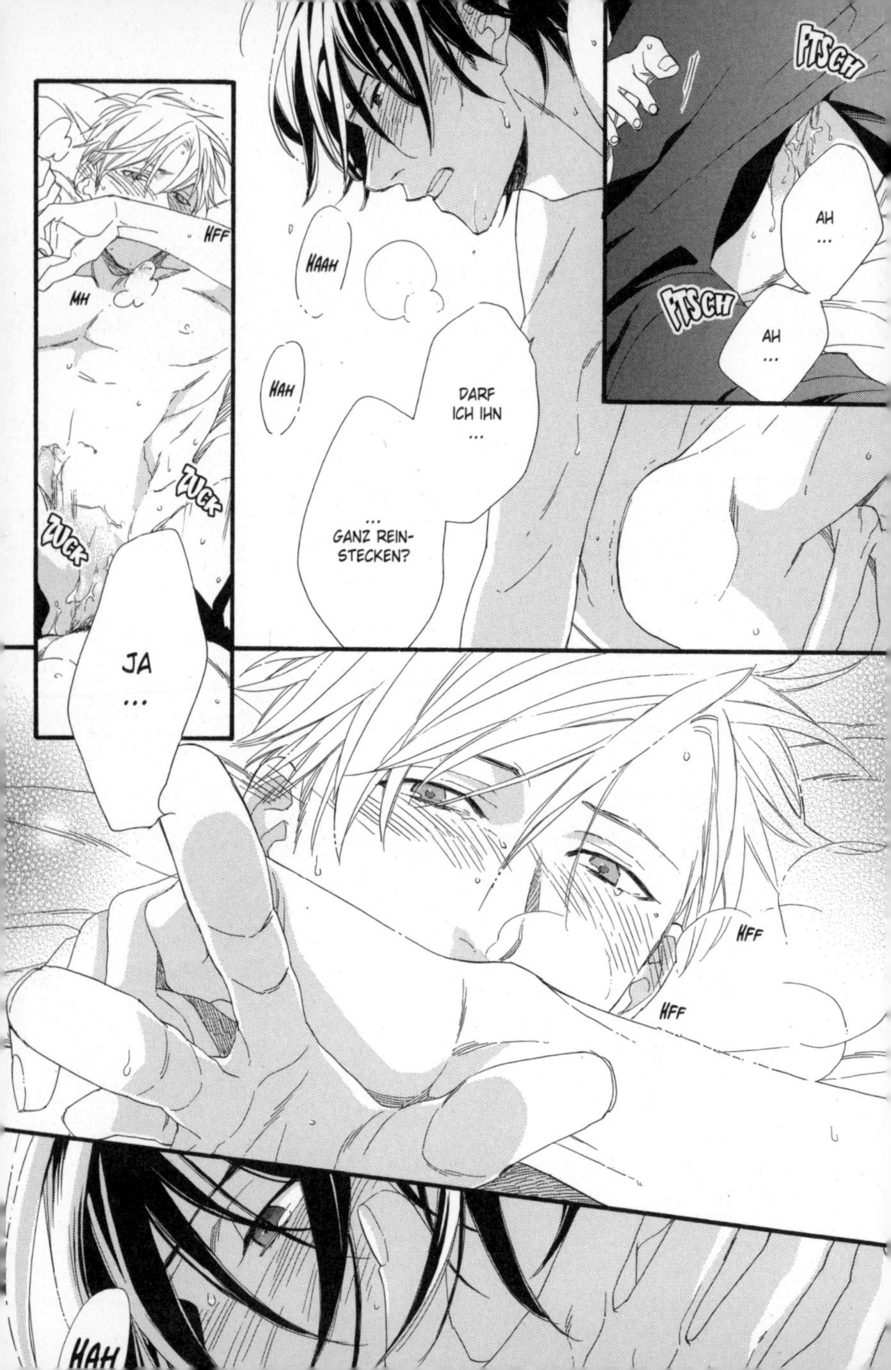
FTSCH
AH ...
FTSCH
AH ...
HAAH
HAH
DARF ICH IHN ...
... GANZ REIN-STECKEN?
HFF
MH
ZUCK
ZUCK
JA ...
HFF
HFF
HAH

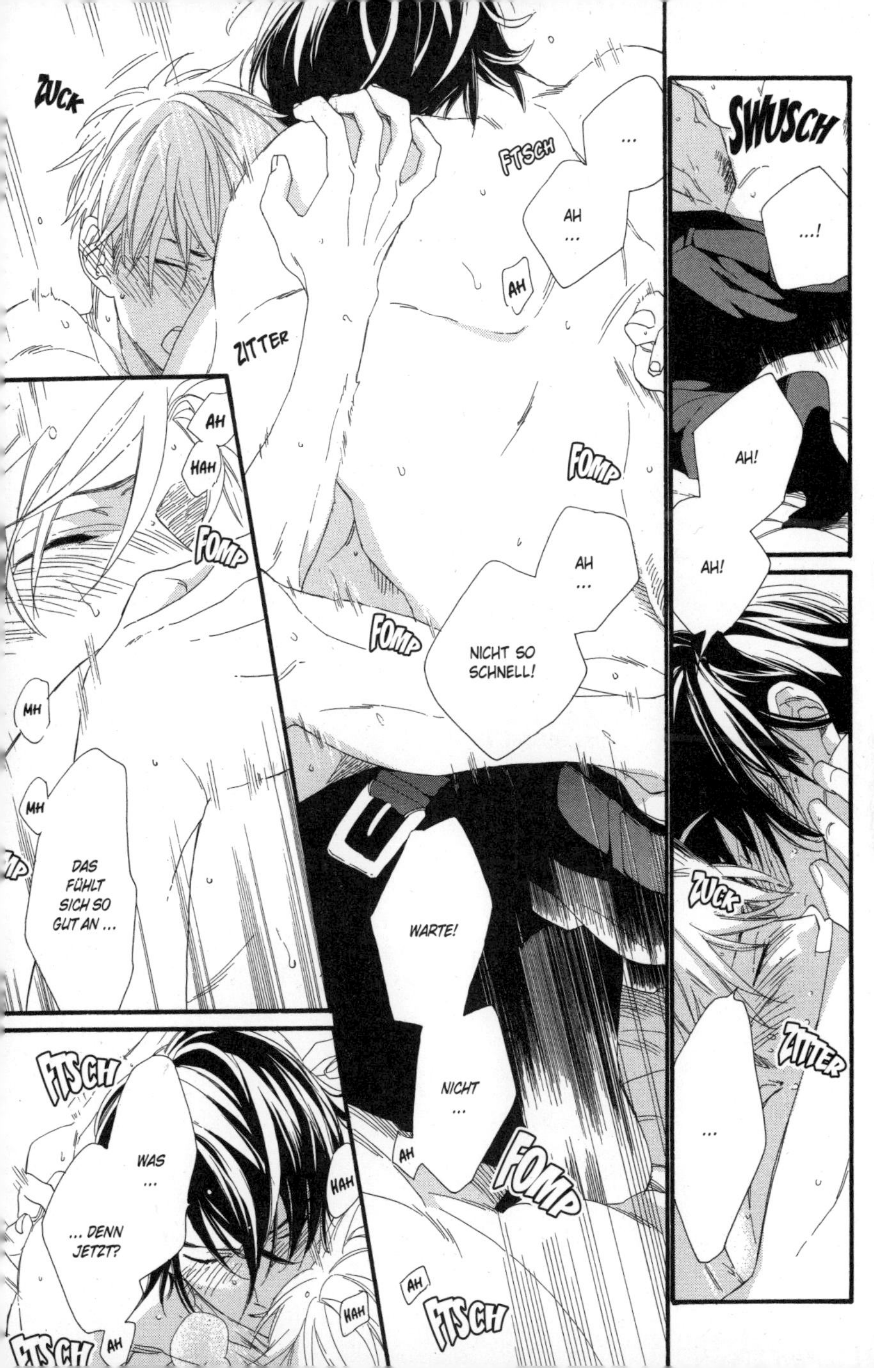

SWUSCH
...!
AH!
AH!
...
ZUCK
ZITTER
...
AH ...
FTSCH
AH
ZUCK
ZITTER
FOMP
AH ...
NICHT SO SCHNELL!
FOMP
AH
HAH
FOMP
MH
MH
DAS FÜHLT SICH SO GUT AN ...
WARTE!
NICHT ...
AH
FOMP
AH
FTSCH
HAH
WAS ...
... DENN JETZT?
FTSCH
HAH
AH
FTSCH

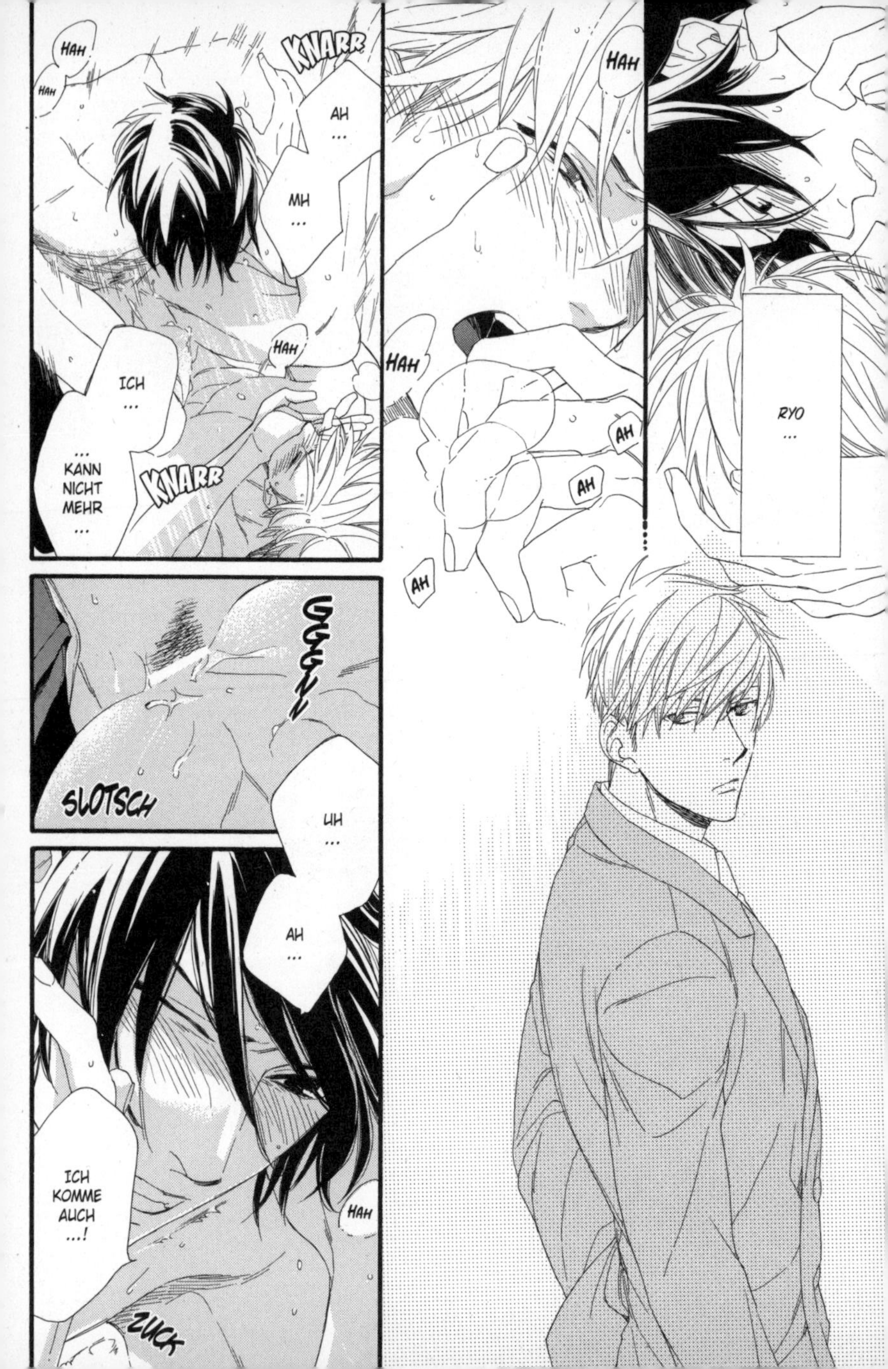
RYO ...
HAH
HAH
AH
AH
AH
HAH
HAH
KNARR
AH ...
MH ...
HAH
ICH ...
... KANN NICHT MEHR ...
KNARR
GGGGNN
SLOTSCH
UH ...
AH ...
HAH
ICH KOMME AUCH ...!
ZUCK

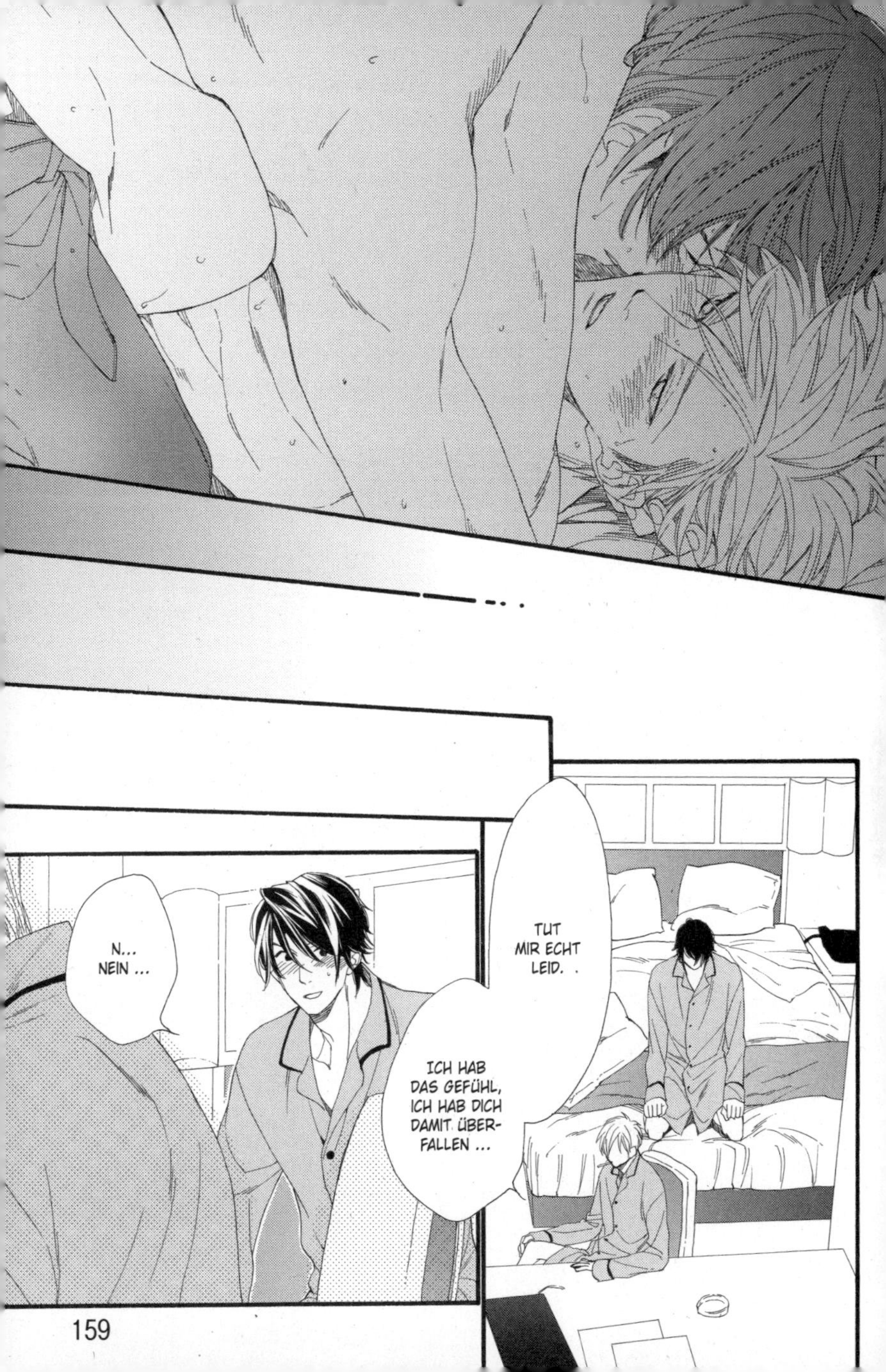
TUT MIR ECHT LEID. .
ICH HAB DAS GEFÜHL, ICH HAB DICH DAMIT ÜBER-FALLEN ...
N... NEIN ...

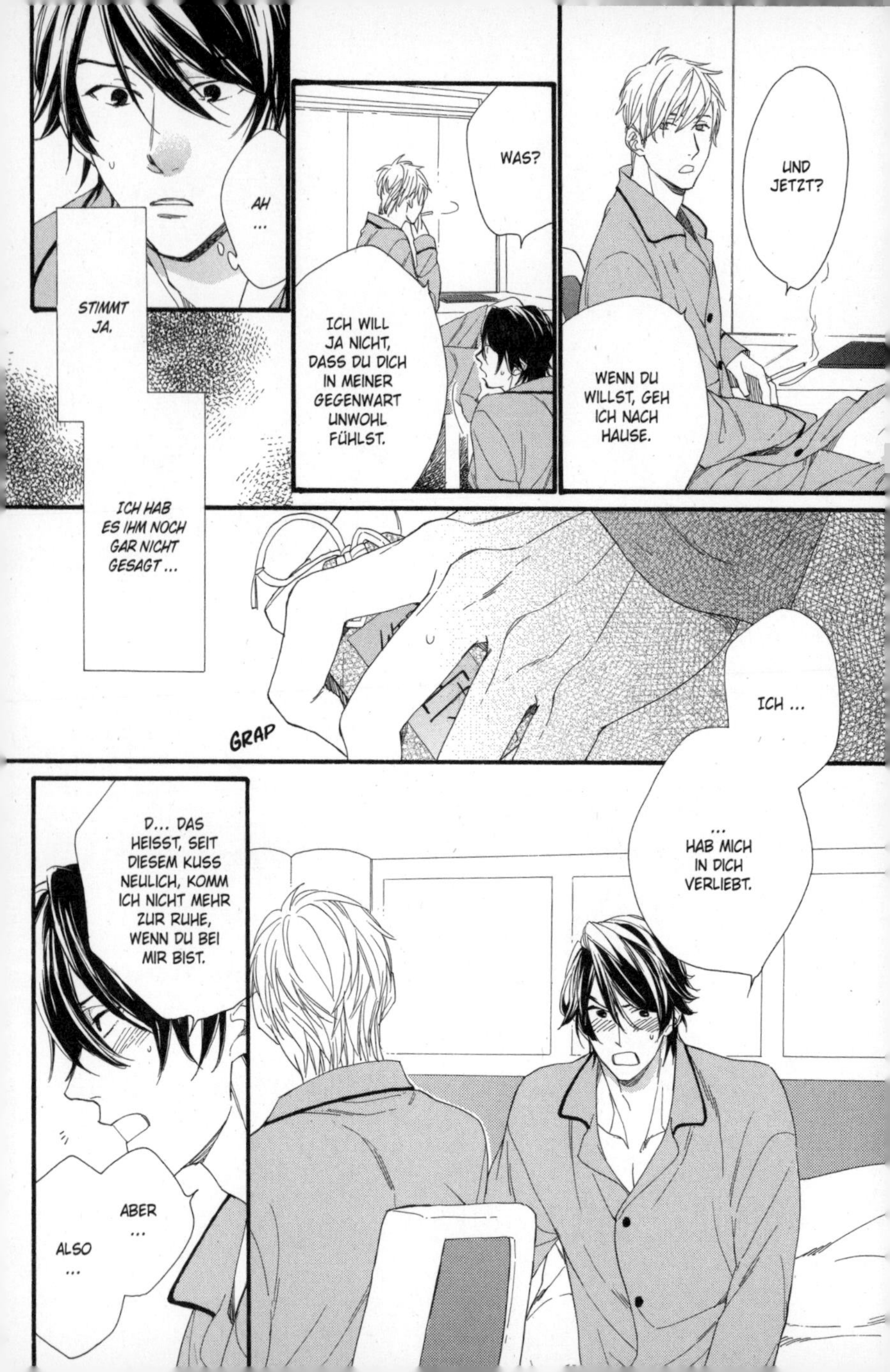
UND JETZT?
WENN DU WILLST, GEH ICH NACH HAUSE.
WAS?
ICH WILL JA NICHT, DASS DU DICH IN MEINER GEGENWART UNWOHL FÜHLST.
AH ...
STIMMT JA.
ICH HAB ES IHM NOCH GAR NICHT GESAGT ...
ICH ...
GRAP
... HAB MICH IN DICH VERLIEBT.
D... DAS HEISST, SEIT DIESEM KUSS NEULICH, KOMM ICH NICHT MEHR ZUR RUHE, WENN DU BEI MIR BIST.
ABER ...
ALSO ...

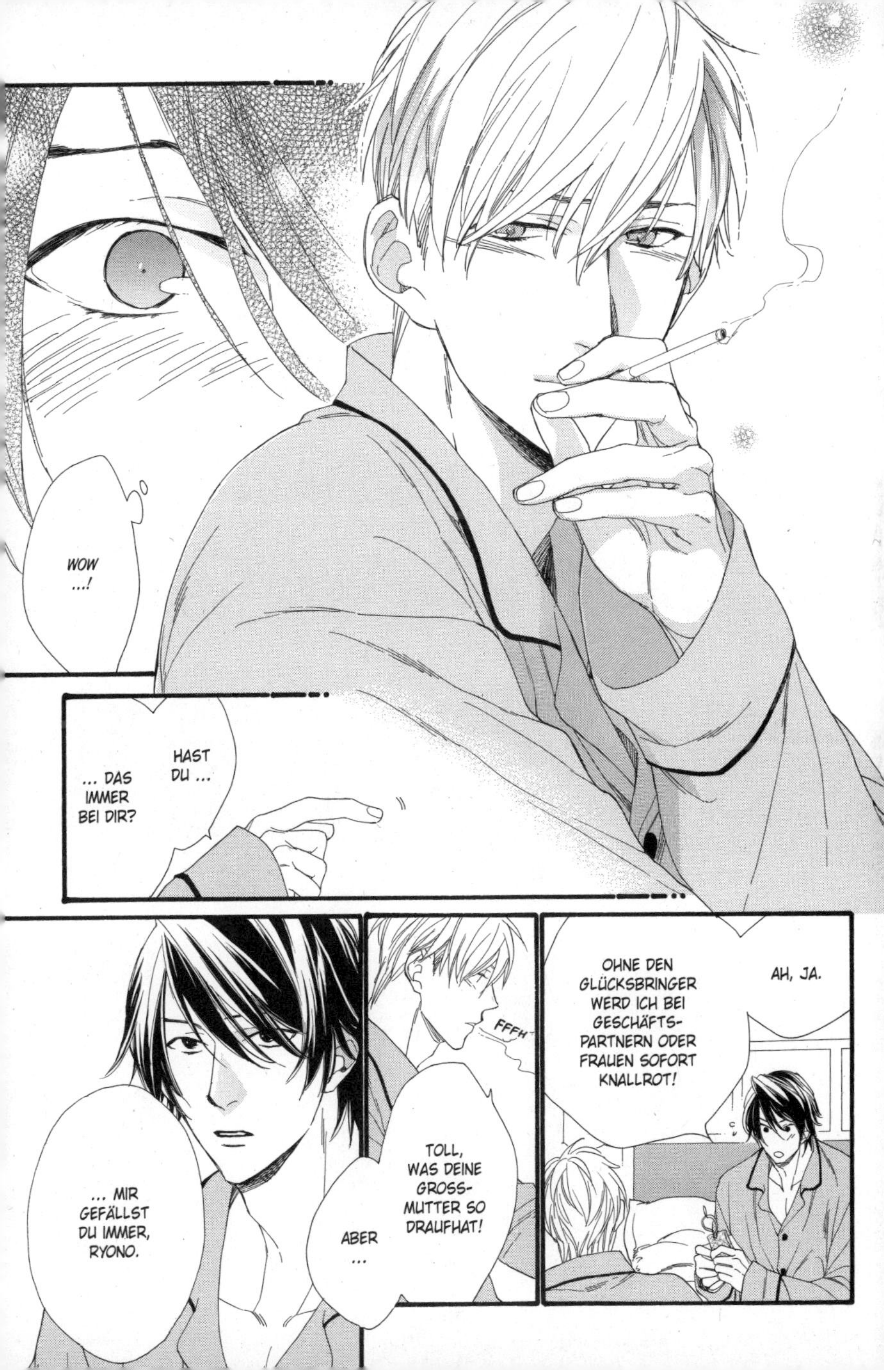
WOW ...!
HAST DU ...
... DAS IMMER BEI DIR?
AH, JA.
OHNE DEN GLÜCKSBRINGER WERD ICH BEI GESCHÄFTS-PARTNERN ODER FRAUEN SOFORT KNALLROT!
FFFH
TOLL, WAS DEINE GROSS-MUTTER SO DRAUFHAT!
ABER ...
... MIR GEFÄLLST DU IMMER, RYONO.

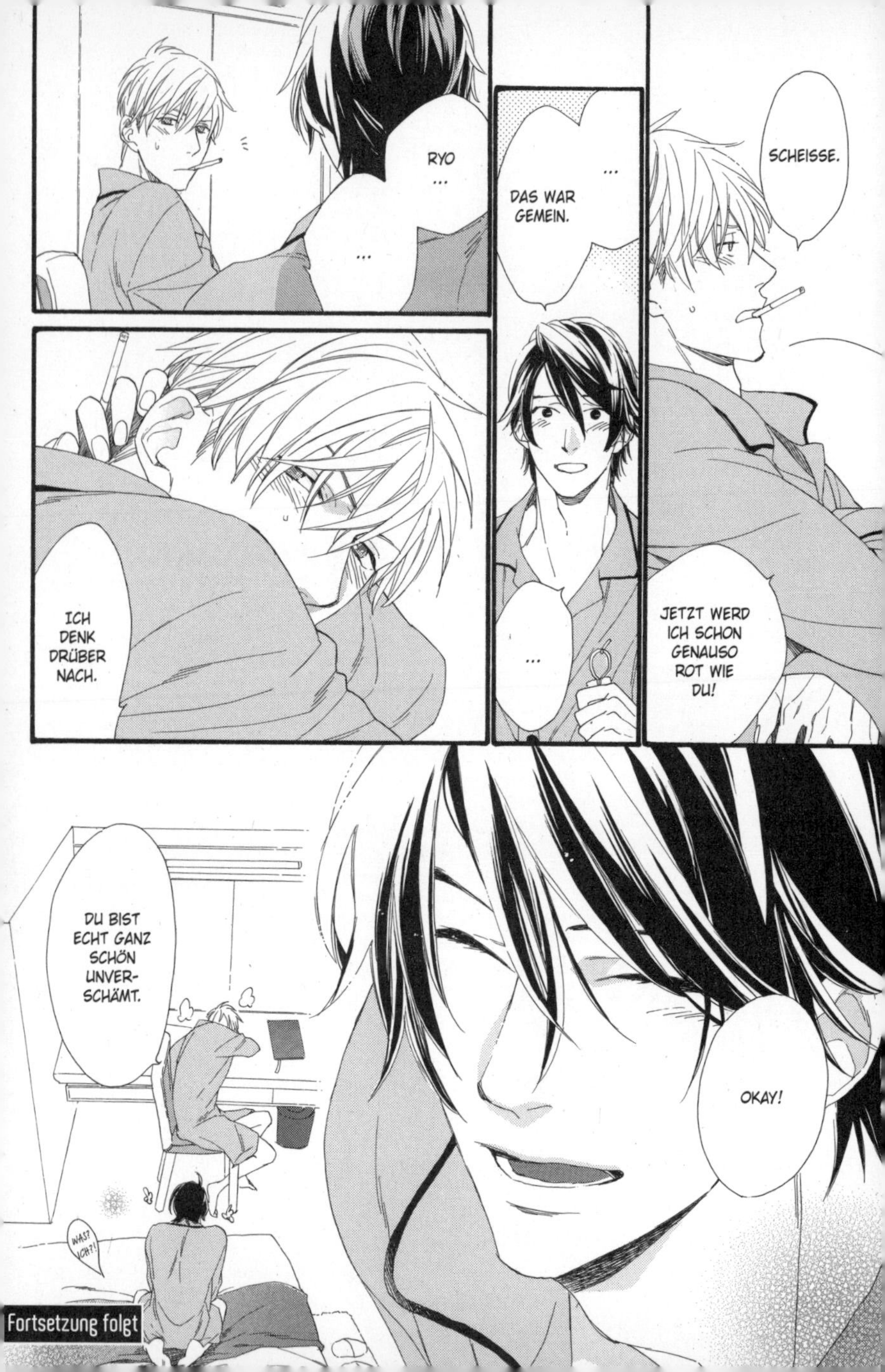
SCHEISSE.
JETZT WERD ICH SCHON GENAUSO ROT WIE DU!
... DAS WAR GEMEIN.
...
RYO ...
...
ICH DENK DRÜBER NACH.
OKAY!
DU BIST ECHT GANZ SCHÖN UNVER-SCHÄMT.
WAS? ICH?!
Fortsetzung folgt

Runde zwei

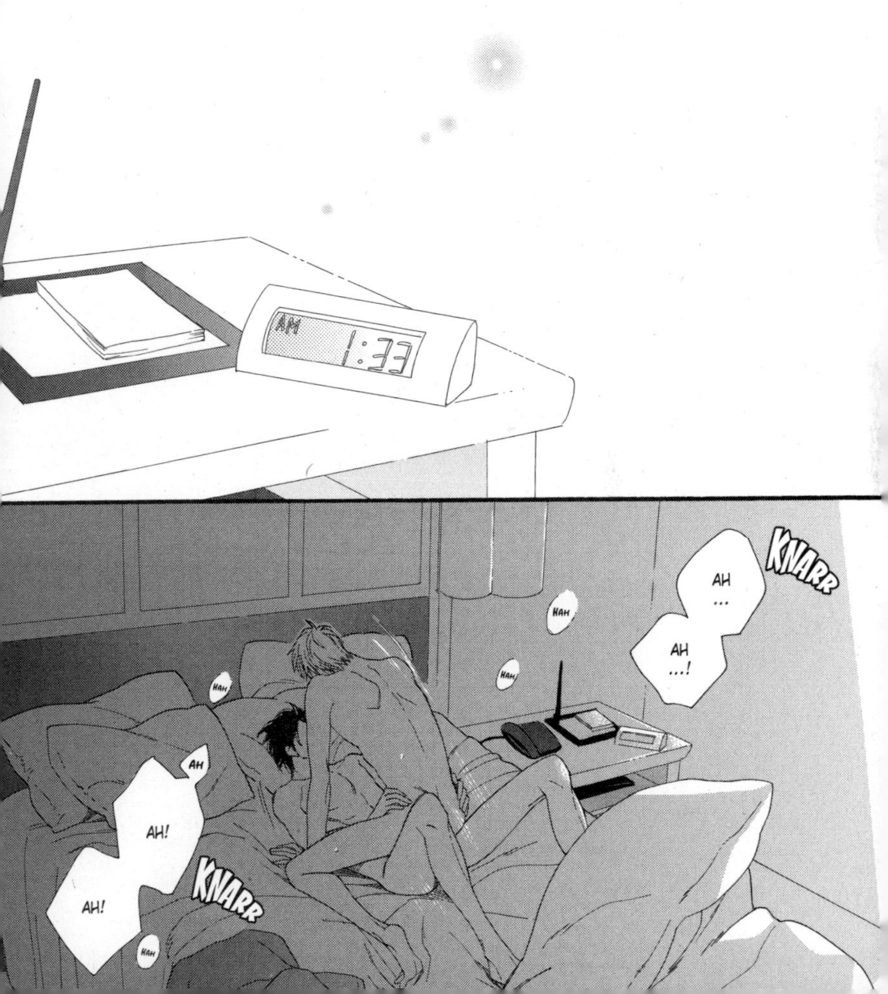

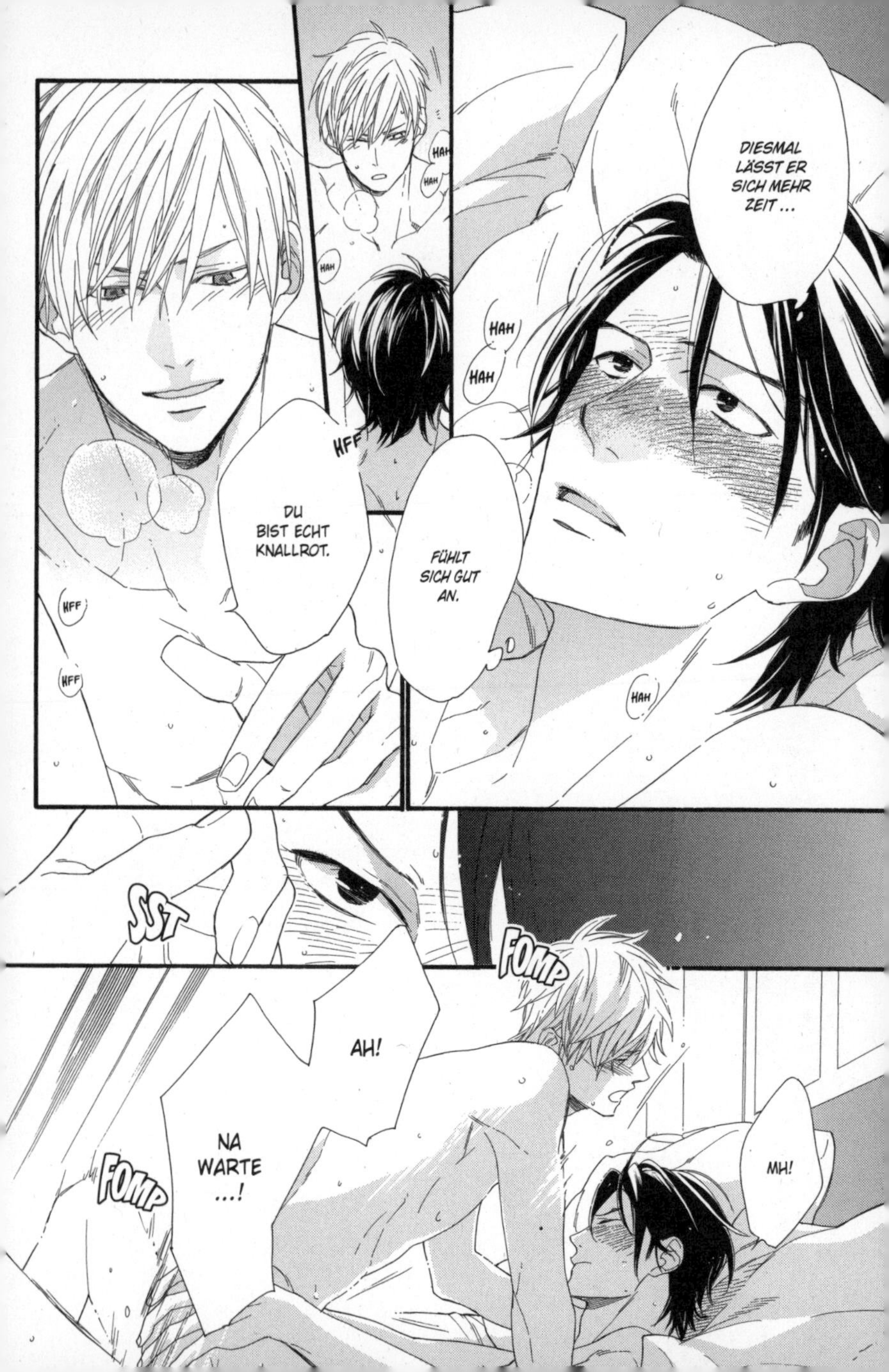
DIESMAL LÄSST ER SICH MEHR ZEIT …
HAH
HAH
FÜHLT SICH GUT AN.
HAH
HAH
HAH
HAH
HFF
DU BIST ECHT KNALLROT.
HFF
HFF
FOMP
SST
MH!
AH!
NA WARTE …!
FOMP

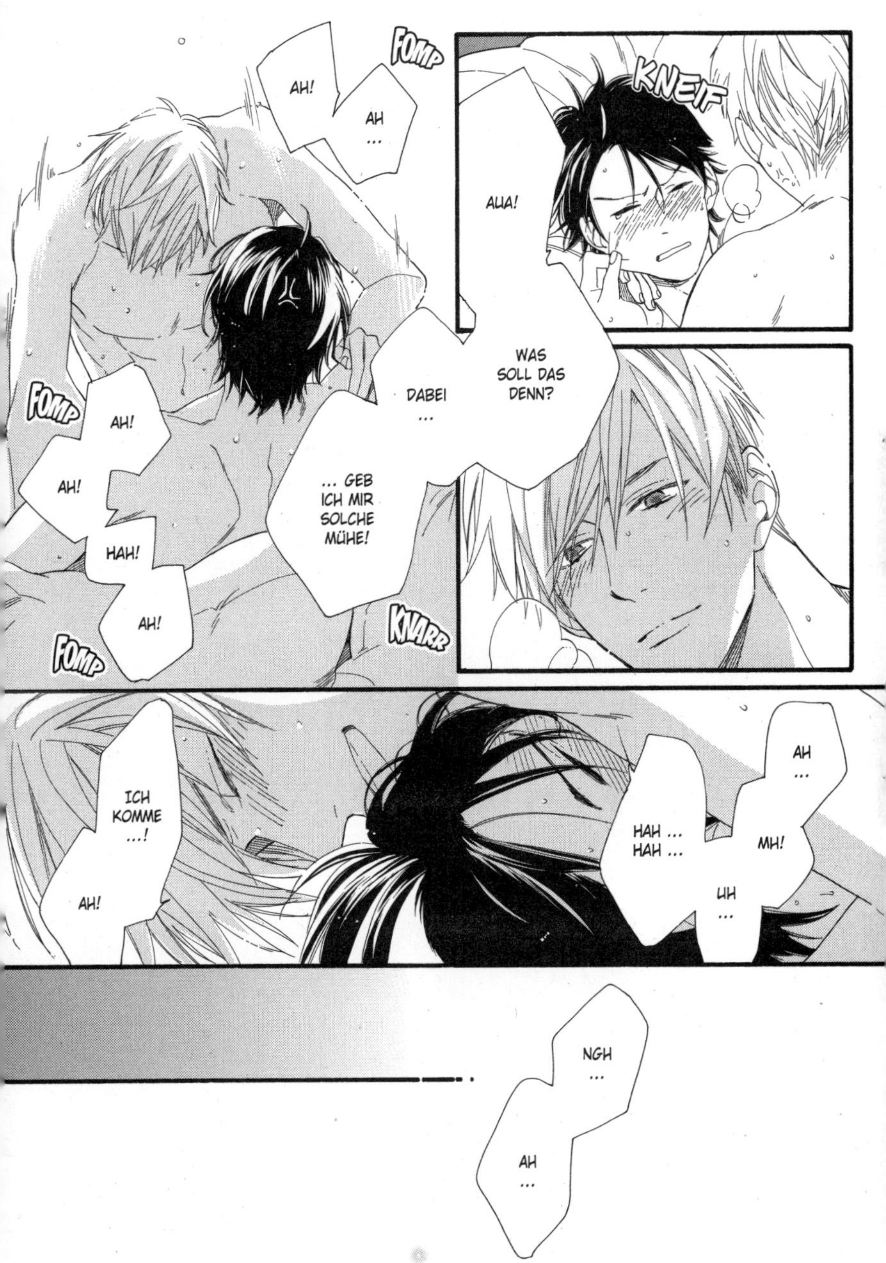
KNEIF
AUA!
FOMP
AH!
AH ...
WAS SOLL DAS DENN?
DABEI ...
... GEB ICH MIR SOLCHE MÜHE!
FOMP
AH!
AH!
HAH!
AH!
FOMP
KNARR
AH ...
MH!
HAH ... HAH ...
UH ...
ICH KOMME ...!
AH!
NGH ...
AH ...

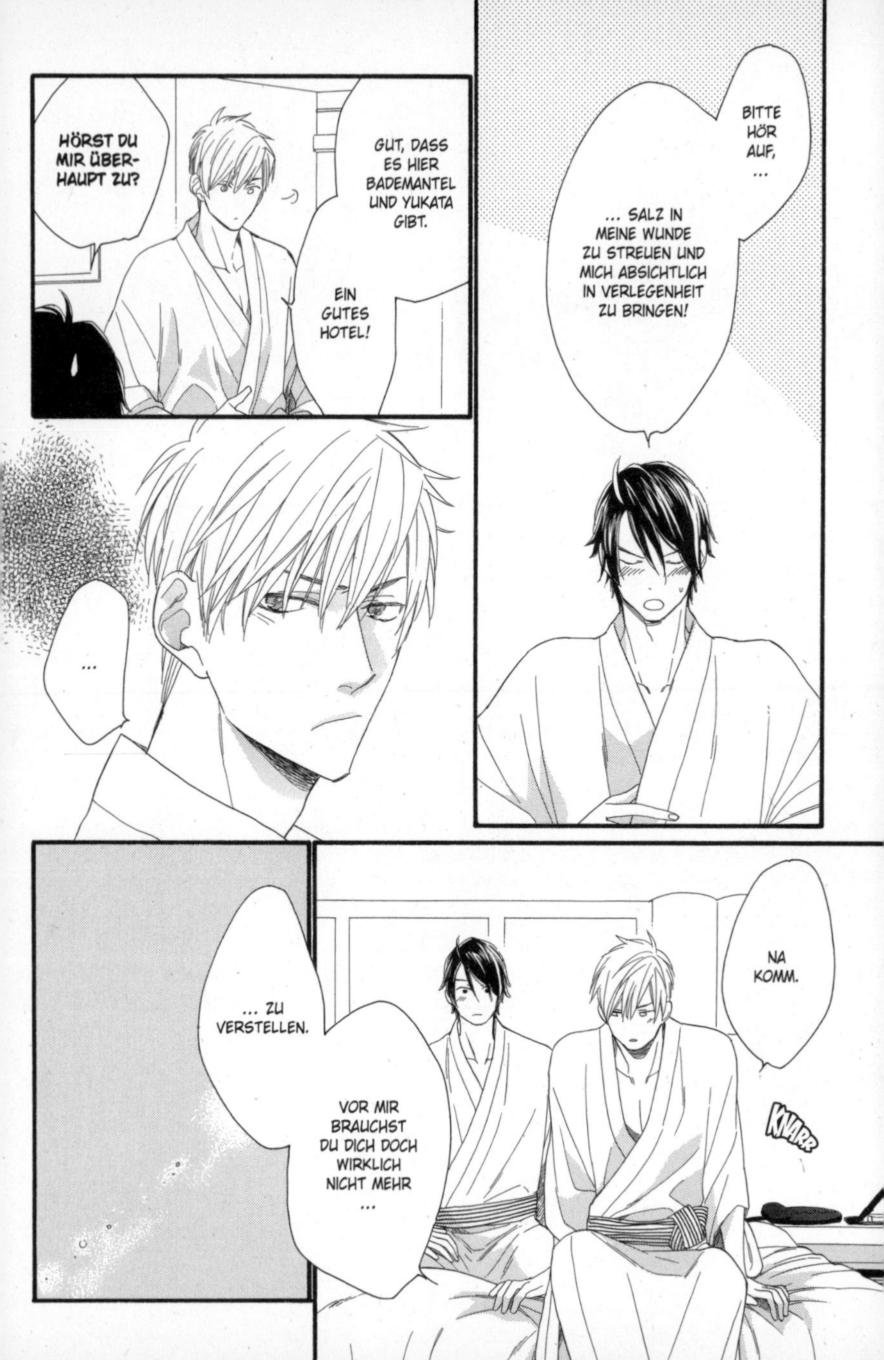

BITTE HÖR AUF, ...
... SALZ IN MEINE WUNDE ZU STREUEN UND MICH ABSICHTLICH IN VERLEGENHEIT ZU BRINGEN!
GUT, DASS ES HIER BADEMANTEL UND YUKATA GIBT.
EIN GUTES HOTEL!
HÖRST DU MIR ÜBER-HAUPT ZU?
...
NA KOMM.
KNARR
VOR MIR BRAUCHST DU DICH DOCH WIRKLICH NICHT MEHR ...
... ZU VERSTELLEN.

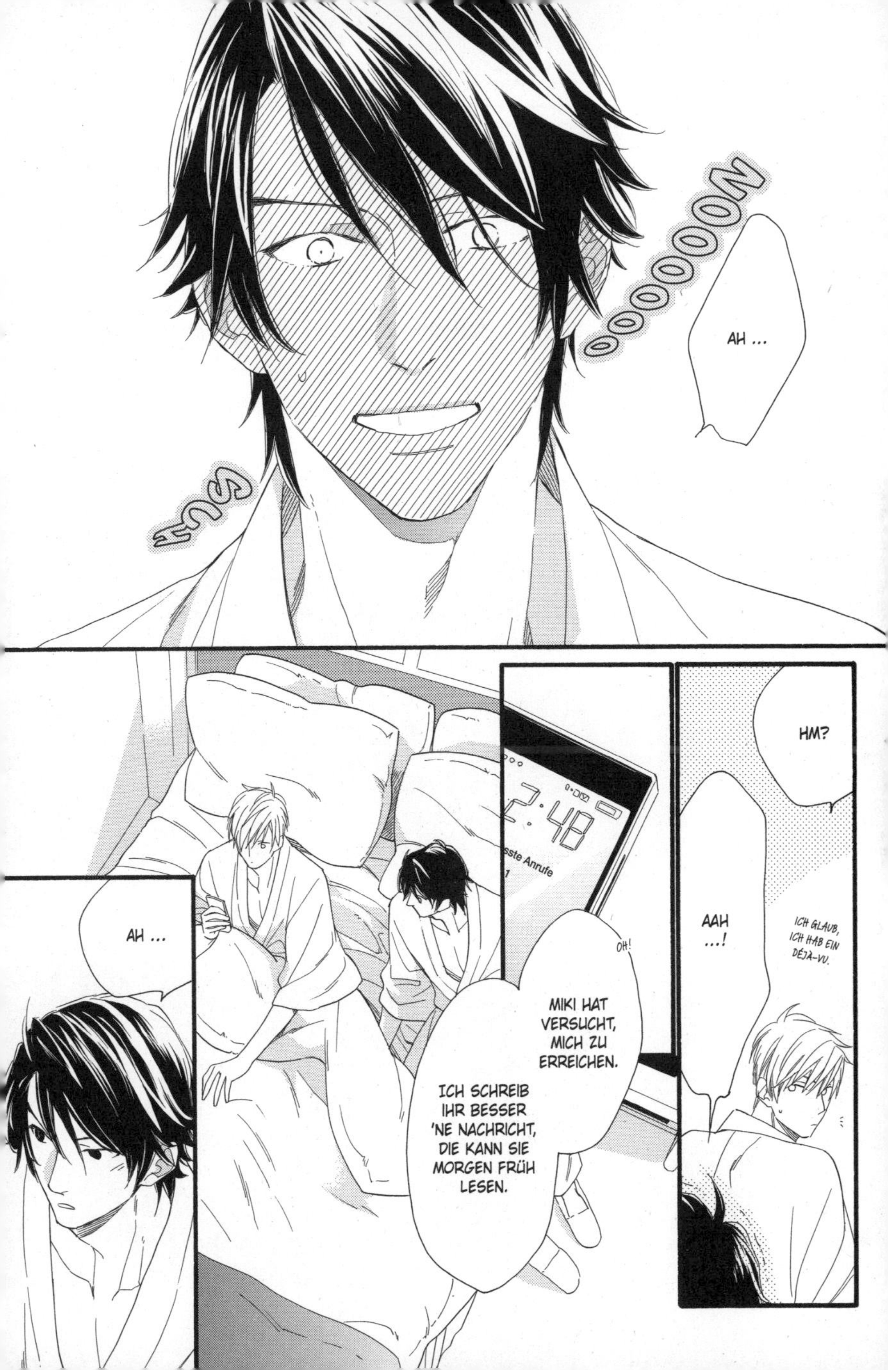
AH ...
SCH
OOOOOOOON
HM?
ICH GLAUB, ICH HAB EIN DÉJÀ-VU.
AAH ...!
OH!
MIKI HAT VERSUCHT, MICH ZU ERREICHEN.
ICH SCHREIB IHR BESSER 'NE NACHRICHT, DIE KANN SIE MORGEN FRÜH LESEN.
AH ...

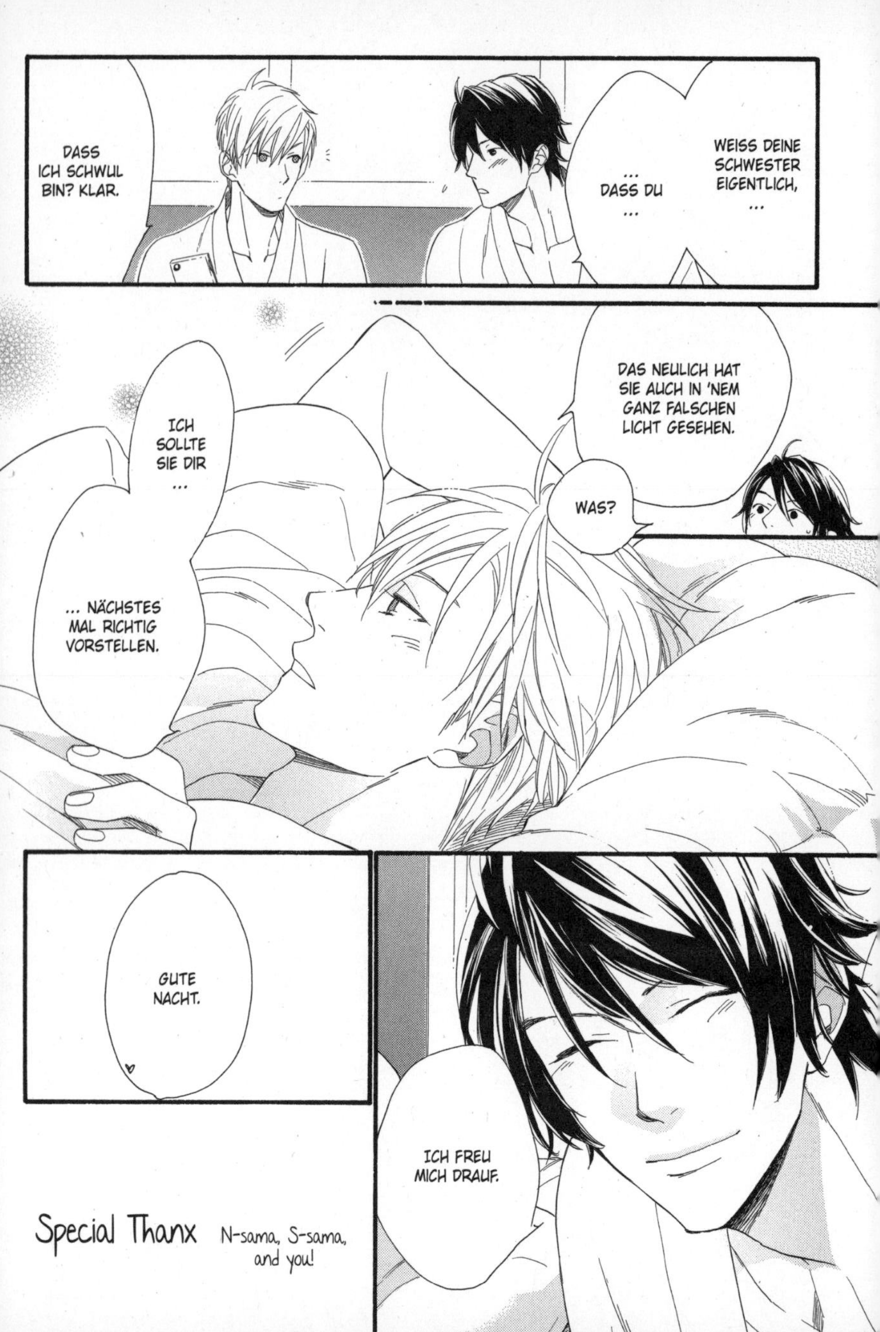
WEISS DEINE SCHWESTER EIGENTLICH, …
… DASS DU …
DASS ICH SCHWUL BIN? KLAR.
DAS NEULICH HAT SIE AUCH IN 'NEM GANZ FALSCHEN LICHT GESEHEN.
WAS?
ICH SOLLTE SIE DIR …
… NÄCHSTES MAL RICHTIG VORSTELLEN.
ICH FREU MICH DRAUF.
GUTE NACHT.
Special Thanx
N-sama, S-sama, and you!

Unverschämt
verliebt

Unverschämt verliebt

First published in Japan in 2017 by HOUBUNSHA CO., LTD., Tokyo.
German translation rights arranged with HOUBUNSHA CO., LTD
through Tuttle-Mori Agency, Inc., Tokyo

CH-1007 LAUSANNE
2.Auflage

Verlegt unter dem Label KAZÉ MANGA
durch Crunchyroll SA

Aus dem Japanischen von Alexandra Klepper

Redaktion: Kristina Yanaga

Produktion: Dorothea Styra

Lettering: Studio CHARON

Druck und Bindung: GGP Media GmbH, Pößneck

ISBN: 978-2-88951-138-9